Anton Quack

Hexer, Heiler und Schamanen

Anton Quack

Hexer, Heiler und Schamanen

Die Religion der Stammeskulturen

Wissenschaftliche Buchgesellschaft

Einbandgestaltung: Peter Lohse, Büttelborn
Abbildung: Schamanin der Puyuma, Taiwan
(Foto: Anton Quack, Sankt Augustin)

Gedruckt auf säurefreiem und alterungsbeständigem Papier
Printed in Germany

Besuchen Sie uns im Internet: www.wbg-darmstadt.de

ISBN 3-534-17473-9

INHALT

1 EINLEITUNG

Die Religionsethnologie befasst sich mit den »Stammesreligionen«, wie die Ethnologie allgemein sich mit den »Stammeskulturen« befasst. Unter dem Begriff »Stammeskulturen« kann man jene Völker zusammenfassen, die durch viele Jahre im Zentrum der Aufmerksamkeit der Ethnologie oder Völkerkunde standen, also deren bevorzugten Forschungsgegenstand bildeten und immer noch bilden.

Der Gegenstand der Ethnologie und Religionsethnologie

Die Blickrichtung und Perspektive der Ethnologen änderte sich im Laufe der Zeit je nach dem theoretischen Ansatz, der jeweils zeitgemäß erschien (vgl. Quack 1987; Fischer 1998). So untersuchte die Ethnologie evolutionistischer Richtung etwa die Kulturen primitiver, d.h. ursprünglicher Völker; im deutschen Sprachgebrauch ist dieser Ausdruck seit langem obsolet geworden, und er wird vor allem wegen seines abwertenden Beigeschmacks vermieden. Man spricht in der Ethnologie nicht mehr von »primitiven Völkern«, von »Primitivkulturen« und von »Primitivreligionen«. Doch noch im 1971 erschienenen »Handbuch der Religionsgeschichte« findet sich der Eintrag »Primitive Religion« (Gronbech 1971; Johansen 1971). Im englischen Sprachgebrauch konnten sich Ausdrücke wie »primitive cultures«, »primitive peoples«, »primitive religion«, »religion in primitive cultures«, »the primitive« usw. länger halten (Gill 1982; Dupre 1975).

Spätere Richtungen der deutschen Ethnologie bevorzugten den Ausdruck Naturvölker. Mit diesem Begriff verbanden sich mehrere theoretische Ansätze: Einmal wurden damit in zivilisationskritischer Absicht Völker bezeichnet, mit denen man das Ideal der Naturnähe und Natürlichkeit (der »edlen Wilden«) assoziierte; zum andern glaubte man, im Studium »einfacherer« Völker leichter auf grundlegende Gesetzmäßigkeiten der Kulturen stoßen zu können; schließlich sah man in den »Naturvölkern« Gruppen mit größerer Naturabhängigkeit, was gemeinhin mit geringerer Technologiebeherrschung gleichgesetzt wurde. Zudem wurde hier dem Missverständnis des Gegensatzes Naturvölker/Kulturvölker Vorschub geleistet, so als gäbe es Völker mit Kultur und Völker ohne Kultur. Die Gegenüberstellung von Naturvölkern einerseits und Kulturvölkern andererseits hält sich in der allgemeinen deutschen Umgangssprache hartnäckig; das hängt wohl auch damit zusammen, dass hier ein engeres Verständnis von »Kultur« vorherrscht, dass man mit diesem Begriff vor allem »höhere Bildung« in Verbindung bringt, all das, was in den Feuilleton-Teil einer Zeitung gehört. Jedenfalls haben bis heute Begriffe wie »Naturvölker« und »Naturreligionen« ihren Platz in der ethnologischen Literatur behalten; so kann etwa E. Dammann in aller Offenheit und Unschuld schreiben: »Der Ausdruck Naturreligion ist irreführend, weil er sich nicht auf die Natur als auf den Gegenstand religiöser Verehrung beschränkt. Aber auch andere Bezeichnungen sind unbefriedigend«, und so benutzt er auch weiterhin den Ausdruck »Naturreligionen« (Dammann 1978, 10; vgl. auch Thiel 1984).

Bei einer eher historisch orientierten Richtung der Ethnologie wurde dem Begriff schriftlose Völker (illiterate oder nonliterate peoples) der Vorzug gegeben; man verstand darunter Völker, deren Geschichte überwiegend aus nichtschriftlichen Quellen eruiert werden musste, die ihre Traditionen mündlich überlieferten. In der einschlägigen Literatur tauchen weitere Begriffe auf, mit denen der Forschungsgegenstand der Ethnologie benannt werden soll: »vorstaatliche«, »nichtstaatliche«, »vorindustrielle«, »nichtindustrialisierte«, »traditionelle«, »autochthone«, »indigene« Gesellschaften (Kohl 1993; Fischer 1998). Bis heute fand die Ethnologie keinen Begriff, der für alle, für Wissenschaftler wie für Laien, gleichermaßen verständlich den Gegenstand ihrer Forschung bezeichnen könnte. Die Idee des Fremden ist für die Ethnologie verschiedener Zeiten und Richtungen allerdings immer bestimmend gewesen; Ethnologie sieht sich auch heute als Wissenschaft, die fremde Völker und Kulturen verstehen und verständlich machen will (vgl. Kohl 1993).

Bei einigen Religionswissenschaftlern wird der Gegenstand der Religionsethnologie mit dem auf den ersten Blick seltsam erscheinenden Begriff ethnische Religionen bezeichnet: »Der Begriff ›ethnische Religionen‹ (von griechisch ethnos = Volk) wird vielfach in der Religionswissenschaft benutzt, um einen Typos von Religionen zu bezeichnen, für den früher – zum Teil sogar noch heute – diverse, abschätzige Begriffe gebraucht wurden: Naturreligionen, primitive Religionen, schriftlose Kulturen, traditionelle bzw. traditionale, archaische oder auch Stammesreligionen«, schreibt U. Tworuschka, der die Vorzüge und Nachteile der verschiedenen Ausdrücke aufzählt und kurz andiskutiert (1992, 405 f.; vgl. Greschat 1996). Er gibt dem Begriff »ethnische Religion« den Vorzug, »weil er der am wenigsten wertende sein dürfte« (1992, 406). Ich meine freilich, dass es von »ethnischen Religionen« kein weiter Weg sein dürfte zu »ethnischen Kulturen« und von da zu »ethnischen Völkern«, womit denn endlich auch noch der letzte Rest von Klarheit beseitigt wäre. Der Terminus »Elementarreligionen«, den G. Weiss vor einigen Jahren einzuführen versuchte, fand kaum Anklang (1987).

Stamm, Stammeskulturen, Stammesgesellschaften, Stammesreligionen

Auf dem Hintergrund dieser begriffsgeschichtlichen Erwägungen bevorzuge ich daher im Zusammenhang dieses Buches die wertneutralen und keineswegs abschätzigen Ausdrücke Stammeskulturen und Stammesreligionen. Ich befinde mich damit in guter Gesellschaft; immerhin erschien noch vor wenigen Jahren ein Buch mit gleichem Titel (»Stammesreligionen«; Schulz 1993). Stammesreligionen werden hier vor allem gesehen als Gegenpart zu den großen Welt- und Universalreligionen.

Im Sprachgebrauch der Ethnologie und Soziologie bezeichnet »Stamm« die Menschen einer ethnischen Einheit mit gemeinsamer oder verwandter Sprache, Religion und Kultur, die eine gemeinsame Verwandtschaft und Geschichte, bzw. der Glaube daran, verbindet und deren Mitglieder ein Siedlungsgebiet teilen. Ein Stamm kann eine politische Organisationseinheit bilden (z.B. Häuptlingstümer), in der Regel fehlt ihm jedoch eine politische und rechtliche Zentralautorität; man spricht dann von akephalen oder segmentären Gesellschaften. Charakteristisch für den Stamm ist das Wir-Gefühl seiner Mitglieder; er bildet vielfach den Rahmen für religiöse Riten und Feiern. Mehrere Stämme können sich zweck- und zielgerichtet zu Konföderationen zusammenschließen, die meist zeitlich eng befristet sind.

Auch über die Nützlichkeit und Brauchbarkeit der Begriffe »Stamm«, »Stammesgesellschaften«, »Stammesreligionen« usw. lässt sich bei Ethnologen keine Einmütigkeit feststellen. Während J.-F. Thiel ein wenig apodiktisch dekretiert: »Der Begriff ›Stamm‹ ist nach unserem heutigen Sprachempfinden untragbar« (1992, 86), urteilen andere Kollegen zurückhaltender. K.-H. Kohl lässt den Begriff durchaus gelten; zum einen sei etwa der Begriff »Stammesgesellschaften« wertneutraler als andere Termini, zum anderen verweise der Begriff »auf die große Bedeutung, die der realen oder auch fiktiven verwandtschaftlichen Zugehörigkeit als Grundlage sozialer Organisation in nicht-staatlichen Gesellschaften zukommt« (1993, 25). Doch die meisten der einschlägigen Einführungs- und Nachschlagewerke enthalten sich jeglicher wertender Kommentierung; allenfalls schließt man sich E. W. Müller an, der lapidar festhält: »Der Gebrauch dieses Terminus ist in der Ethnosoziologie uneinheitlich« (1969, 1121).

Eine gewisse Unschärfe ist dem Begriff »Stamm« freilich nicht abzusprechen; eine Studie zum Rassismusproblem in Schulbüchern habe zudem ergeben, teilt U. Tworuschka mit, dass das Wort »Stamm«, obwohl es eher unverdächtig sei, sprachlich diskriminierend wirke (1992, 406). Allerdings hat es nicht die pejorative Konnotation, die dem englischen und französischen Äquivalent tribe bzw. tribu zugeschrieben wird. Im Übrigen gilt auch hier die bekannte Weisheit, dass solche Begriffe und Termini nur »Arbeitsbegriffe« sind, provisorische, operationelle Definitionen; ihr Zweck ist es, einen Sachverhalt möglichst genau zu erfassen und zu beschreiben, heuristische Werkzeuge zu sein, also brauchbar und nützlich zu sein, mehr nicht. Ein höherer Anspruch ist nicht mit ihnen verbunden.

Kultur

Was Stammeskulturen von anderen, komplizierteren kulturellen Organisationsformen also abhebt und sie eigentlich charakterisiert, ist die Tatsache, dass bei ihnen Kultur und Religion dem Umfang nach deckungsgleich sind. Kultur und Religion sind allen Mitgliedern einer solchen kulturellen Gruppe gemeinsam, in der Regel jedenfalls.

»Kultur« sei hier in einem weiten Sinn verstanden (vgl. Quack 1993). Dieser holistische, umfassende Kulturbegriff der Ethnologie unterscheidet sich von dem engeren, wie er dem landläufigen Sprachgebrauch eigen ist. Man denkt bei Letzterem eher an »geistige Kultur, Geistesleben«, etwa im Sinne der deutschen Umgangssprache, und assoziiert damit Begriffe wie Bildung, Erziehung, Literatur, Kunst, das Schöngeistige. Kultur in diesem Verständnis umfasst also all das, und nur das, was sich im Feuilleton einer Zeitung wieder findet. So lässt sich von höherer und niederer Kultur reden, von Kulturgesellschaften gegenüber Naturgesellschaften; so kann man sagen, jemand habe Kultur oder jemand habe keine Kultur.

Demgegenüber hat sich seit über 120 Jahren in der Ethnologie ein holistischer, ein ganzheitlicher Kulturbegriff eingebürgert. Der englische Ethnologe E. Tylor definiert 1871 im ersten Satz seines berühmten und immer wieder zitierten Hauptwerkes »Primitive Culture« Kultur so: »Kultur oder Zivilisation, in ihrem weiten ethnographischen Sinn genommen, ist das komplexe Ganze, das umschließt: Wissen, Glaube, Kunst, Moral, Gesetz, Brauchtum und alle anderen Fähigkeiten und Gewohnheiten, die ein Mensch als Mitglied einer Gesellschaft erwirbt« (1871/1, 1).

Eine neuere Begriffsbestimmung gibt W. Rudolph: Er versteht unter der Kultur eines Volkes »die Gesamtheit der gesellschaftlich bezogenen und akzeptierten Phänomene menschlicher Daseinsgestaltung, die für eine bestimmte ethnische Einheit charakteristisch ist« (1971, 55); noch komprimierter, und daher auch erklärungsbedürftiger wirkt Rudolphs jüngste Definitionsbemühung: Kultur ist zu definieren als »die Gesamtheit der Ergebnisse von Innovationen«; sie »umfasst alles Materielle und Nichtmaterielle, was im menschlichen Dasein nicht von Natur aus vorgegeben ist, sondern von Menschen durch ›Innovationen‹ zielgerichtet hinzugefügt wurde« (1998, 57).

Definitionen wie die von Tylor oder von Rudolph zeichnen sich durch eine »totalistische« oder holistische Betrachtungsweise aus, die mit dem Begriff »Kultur« die Gesamtheit der Lebensweise eines Volkes erfassen möchte (Vivelo 1981, 50–53). Eine andere, weniger umfassende Betrachtungsweise, die Vivelo »mentalistisch« nennt, sieht in der Kultur vor allem ein ideenbildendes oder gedankliches System, »ein System von gemeinsamen Wissensinhalten und Glaubensvorstellungen, mit Hilfe derer Menschen ihre Erfahrungen ordnen und Entscheidungen treffen und im deren Sinne sie handeln«. Kultur in diesem Sinne wäre also eine Art und Weise, über Dinge zu denken, ein Ordnungsrahmen für das Handeln der Menschen.

Natürlich wurde über diesen zentralen Begriff der Ethnologie, der Kulturwissenschaft par excellence, immer diskutiert, und Einheitlichkeit wird es auch in dieser Frage sicherlich nie geben. Doch würde man heute bei Ethnologen wahrscheinlich große Übereinstimmung für folgende Definition finden: Kultur ist das erworbene und mit anderen geteilte Wissen, das Menschen dazu dient, ihre Erfahrungen zu interpretieren und gesellschaftliches Verhalten zu bestimmen (vgl. Barney 1981, 173). Kultur wäre demnach, kurz gesagt, der einer Gruppe gemeinsame geistige Horizont, der ihr Handeln bestimmt: die Denk- und Lebensweise einer Gruppe von Menschen, der »way of life« und seine Dokumente und Ergebnisse, alle Eigenarten und Besonderheiten, die einem an einem fremden Volk auffallen. Diese gemeinsame kognitive Orientierung lässt die Mitglieder einer Gruppe sich in einer gegebenen Situation so verhalten, wie es die Gruppe erwartet.

Dieses Wissen und diese Orientierung sind den Menschen nicht angeboren, sie werden durch Sozialisation oder Enkulturation erworben (Quack 1990). Man wächst in eine Kultur hinein. Der Begriff Kultur umfasst also: Sprache, Philosophie, Religion, Weltanschauung, Riten, Werte, Vorurteile, politische, gesellschaftliche und wirtschaftliche Verhaltensweisen, technische Fertigkeiten usw. Kultur, so verstanden, kann nicht, entgegen der Metapher von der kulturellen Einkleidung, wie ein Kleidungsstück angezogen und bei Bedarf abgelegt werden.

Kultur ist wesentlich dynamisch und der geschichtlichen Entwicklung unterworfen, sie ist offen für Veränderungen und Einflüsse von außen. Das erschwert natürlich ihre Erforschung und Untersuchung, wie sie der Ethnologie obliegt. Da Kultur eine komplexe Einheit ist, in der alle Elemente zusammenhängen und zusammenwirken, ist es unmöglich, einen Teil herauszulösen und isoliert zu verändern, ohne dass dies Auswirkungen auf das gesamte System hat. Ändert sich ein Teil, hat das Auswirkungen auf alle anderen Teile der Kultur.

Religion und Kultur

Da im Verständnis der Ethnologen Religion ein Teil von Kultur ist, Kultur also der Oberbegriff ist, kann es sich bei Religion nur um einen Ausschnitt einer Kultur handeln oder um einen Aspekt (vgl. Laubscher 1998). Wird Religion als Ausschnitt von Kultur gesehen, so setzt das voraus, dass Religion aus dem Ganzen der Kultur herauslösbar, heraustrennbar ist, wenn auch nur zum Zweck der Untersuchung. Es wird mit Recht bezweifelt, ob ein solches selektives Verfahren generell und universal anwendbar ist. Denn es setzt offenbar die abendländische, westliche Lebenserfahrung voraus, die zwischen sakral und profan unterscheidet. Die Unterscheidung sakral und profan ist jedoch nicht einmal im abendländischen Raum ganz durchzuhalten. Man denke etwa an die religiöse Praxis auf der Ebene der Volksreligion: Zwar wird der Raum der Kirche vielfach als sakral akzeptiert, doch praktizierte Religion unterscheidet nicht mehr zwischen sakral und profan. Auch für christliche Europäer ist gelebte Religion aus dem kulturellen Zusammenhang nicht herauszulösen.

Religionsethnologen befassen sich erstens mehr mit der Praxis des Lebens als mit der Theorie, mehr mit dem Vollzug von Religion als mit Theologie und Glaubenslehren; sie haben zweitens durchweg Kulturen im Blick, die keine schriftlichen Dokumente zur Theorie ihres Verhaltens besitzen und bei denen eine scharfe Trennung zwischen religiös geprägten und nicht religiös geprägten Teilen der Kultur nicht gesehen werden kann. Für Ethnologen ist daher eher ein aspektiver Standpunkt kennzeichnend.

Religion wird also nicht als Auschnitt der Kultur betrachtet, sondern als ein Aspekt der Kultur. Ein Aspekt, der in allen Bereichen der Kultur gefunden werden kann. Jede Art menschlichen Verhaltens kann religiös motiviert sein. Ein Ereignis etwa wie die Geburt eines Kindes hat viele Aspekte, quer durch alle Bereiche der Kultur (Familie, Verwandtschaft,

Wirtschaft, Religion, Politik usw.). Eine solche Betrachtungsweise kann freilich dazu führen, dass schließlich die Auflösung des Religionsbegriffs im Kulturbegriff ins Auge gefasst und diskutiert wird (Sabbatucci 1988, 57).

Definitionen von Religion

Was von Kultur gilt, gilt mehr noch von Religion. Es gibt fast so viele Definitionen von Religion, wie es Leute gibt, die über Religion nachdenken und schreiben. Und manche Wissenschaftler möchten gleich auf jede Art von Definition von Religion verzichten (vgl. die Diskussion in Saler 1993, 27–69). Doch damit schüttet man wohl das Kind mit dem Bade aus. Was oben über Definitionen gesagt wurde, gilt auch hier: Definitionen sollen Erkenntnisse ordnen, nicht für immer gültige Aussagen über ewige Wahrheiten machen. Sie sind dienlich, wenn sie helfen, Erfahrungen und Einsichten so zu ordnen, dass deren besseres Verständnis ermöglicht wird. Definitionen sind also mehr oder weniger richtig, mehr oder weniger nützlich, je nach dem wie sehr sie dem notwendigen Zweck dienen.

Eine der ersten ethnologischen Definitionen von Religion stammt wiederum von Edward B. Tylor: Religion ist »the belief in Spiritual Beings« – Religion ist der Glaube an geistige Wesen (1871/I, 383). Diese Minimaldefinition, auf der manch andere Begriffsbestimmung aufbaut, enthält zwar einen wesentlichen Aspekt von Religion – nämlich den Bezug des Menschen zur über- und außermenschlichen Welt –, doch sie ist zu sehr abendländischer Lebenserfahrung und westlichem Denken verpflichtet. Übermenschliche Macht muss nicht immer und ausschließlich personal gedacht werden, wie das bei Tylor geschieht. Die Definition ist außerdem zu intellektualistisch, es fehlt ihr jede Offenheit für die praktische Seite von Religion, für rituelles und ethisches Verhalten, für das, was Menschen tun aufgrund und mit Verweis auf ihren »Glauben«. Um Tylor gerecht zu werden, darf man allerdings nicht verschweigen, dass er diese Minimaldefinition gerade deshalb gewählt hat, um zu verhindern, dass durch einen enger gezogenen Rahmen viele Stammesreligionen ausgeschlossen werden.

J.-F. Thiel versucht die Tylor'sche Definition entsprechend auszuweiten: »[Religion bedeutet] sich abhängig wissen von einer übermenschlichen Macht und sich ihr unterordnen« (1984, 13). Folgende Momente sind in dieser Definition enthalten:

1) Der Mensch anerkennt eine Macht, die die menschliche Kategorie übersteigt;

2) die übermenschliche Macht kann persönlich oder unpersönlich gesehen werden;
3) der Mensch weiß sich nicht nur von dieser Macht abhängig, er ordnet sich ihr auch unter.

Doch auch hier scheint mir der funktionale und der praktische Aspekt zu kurz zu kommen. Wozu dient Religion? Wie wird sie verwirklicht?

Etwas weiter führt hier E. Durkheim: »Une religion est un système solidaire de croyances et de pratiques relatives à des choses sacrées, c'est-à-dire séparées, interdites, croyances et pratiques qui unissent en une même communauté morale, appelée Eglise, tous ceux qui y adhèrent« (1912, 65). – »Eine Religion ist ein solidarisches System von Überzeugungen und Praktiken, die sich auf heilige, d.h. abgesonderte und verbotene Dinge, Überzeugungen und Praktiken beziehen, die in einer und der selben moralischen Gemeinschaft, die man Kirche nennt, alle vereinen, die ihr angehören« (Durkheim 1984, 75). Und er fährt fort: »Das zweite Element, das in unserer Definition auftaucht, ist nicht weniger wichtig als das erste; denn wenn man zeigt, dass die Idee der Religion von der Idee der Kirche nicht zu trennen ist, dann kann man ahnen, dass die Religion eine im Wesentlichen kollektive Angelegenheit ist.« Durkheim bringt einen wichtigen Fortschritt: Er bezieht in seine Definition sowohl die religiöse Praxis ein als auch den sozialen Zweck und damit den kollektiven, den gesellschaftlichen Aspekt. Andererseits bleibt zu kritisieren, dass er die Trennung profan/sakral ins Spiel bringt und die »kirchliche Gemeinde« zu sehr betont; damit bleibt auch er zu sehr dem westlichen Denk- und Erfahrungshorizont verhaftet. Seine Definition entzieht sich damit einem universalen Anwendungsfeld.

Dass Glaubensüberzeugungen und die darauf aufbauenden religiösen Verhaltensweisen von Volk zu Volk, von Kultur zu Kultur variieren, wird von M. E. Spiro hervorgehoben: »Religion is an institution consisting of culturally patterned interaction with culturally postulated superhuman beings« (1966, 96). – Religion ist eine Institution zur kulturgebundenen Interaktion mit von der Kultur postulierten übermenschlichen Wesen. Religion dient also der Aufnahme von Beziehungen zwischen Menschen und übermenschlichen Wesen. Diese Beziehungsaufnahme geschieht auf dem Hintergrund eines geschichtlich gewachsenen kulturellen Rahmens. Diesem kulturellen Rahmen verpflichtet sind auch die Denk- und Vorstellungsbilder, nach denen die übermenschliche Welt gesehen wird.

Spiro nennt drei für Religion wesentliche Elemente:

1) Sie ist eine Institution, sie gehört damit zum kulturellen Erbe einer sozialen Gruppe. Als Institution ist Religion vergleichbar mit anderen Institutionen oder Subsystemen einer Kultur.

2) Interaktion mit übermenschlichen Wesen bedeutet: Die Beziehungsaufnahme der Menschen zu übermenschlichen Wesen soll einerseits auf das Eindringen dieser Wesen in den menschlichen Bereich reagieren, andererseits dieses Eingreifen (Hilfe) hervorrufen. Im Kult, in Riten, geschieht diese Interaktion; sie geschieht in den Formen, die die jeweilige Kultur zur Verfügung hat; Kult und Ritus sind Angelegenheit der Gruppe.
3) Zu den übermenschlichen Wesen gehören alle Wesen, deren Macht größer ist als die der Menschen. Sie können in den menschlichen Bereich eingreifen, sie sind andererseits aber auch beeinflussbar durch das religiöse Handeln des Menschen.

Gelegentlich wird zwischen »substantiellen« und »funktionalistischen« Definitionen von Religion unterschieden. Erstere sagen, was Religion ist (z. B. Tylor, Durkheim, Spiro), Letztere sagen, was Religion leistet (Kehrer 1998, 422). Den funktionalen Aspekt von Religion unterstreichen die Definitionen von W. T. King, J. M. Yinger und M. Laubscher:

»Religion could be seen as the attempt to order individual and societal life in terms of culturally perceived ultimate priorities.« – Religion kann verstanden werden als der Versuch, das individuelle und gesellschaftliche Leben nach den letzten Zielen auszurichten, wie sie von einer Kultur vorgegeben sind (King 1987, 285).

»Religion can be defined as a system of beliefs and practices by means of which a group of people struggles with the ultimate problems of human life.« – Religion ist ein System von Glaubensinhalten und Handlungsweisen, mit denen eine Gruppe von Menschen die zentralen Probleme des Lebens angeht (Yinger 1970, 7).

»Religion ist der sinngebende Hintergrund hinter kulturellen Manifestationen, die weder aus dem Commonsense heraus verständlich sind noch der reinen Willkür entspringen« (Laubscher 1998, 225).

Die folgende Begriffsbestimmung versucht einen Mittelweg; sie fasst die vorhergenannten Aspekte von Religion zusammen; darüber hinaus wird auf die emotionelle Dimension religiösen Verhaltens hingewiesen (Gächter und Quack 1989, 521–522):

»Religion, wie sie hier verstanden wird, umfasst: Glaubensvorstellungen und -überzeugungen; die darauf aufbauenden Verhaltensweisen (Kult, Riten); Verhaltensnormen; Gefühle. Also:

1) Vorstellungen zur Erklärung von Phänomenen und Erfahrungen der Wirklichkeit, deren Existenz durch Methoden der sog. exakten Wissenschaft nicht nachweisbar ist – ein System von Glaubensvorstellungen also, Glaube an übermenschliche Wesen. Die Lebenserfahrung einer Gruppe, vorhandene kulturelle Strukturen, wie z. B. das politische

und soziale Gefüge, wirken auf diese Vorstellungen ein. Diese Vorstellungen dienen ihrerseits zur Erklärung der Umwelt und ihrer Entstehung sowie zur Ordnung der sozialen Beziehungen und empfangener Eindrücke.

2) Den Kult, die Riten, in denen Menschen Beziehungen zu übermenschlichen Wesen aufnehmen, sei es um auf das Einwirken dieser Mächte in den menschlichen Bereich zu reagieren, sei es um ein solches Einwirken hervorzurufen.
3) Die Gebote, also jene Verhaltensnormen, die von den Anhängern einer Religion nicht allein aus praktischen Bedürfnissen des Lebens bzw. der Gesellschaft abgeleitet, sondern auch mit metaphysischen Einsichten begründet werden.
4) Die Gefühle, mit denen Menschen diese Vorstellungen, Handlungen und Gebote erleben.«

Religion und Magie

Im Laufe der Ethnologiegeschichte gab es immer wieder Versuche, Religion und Magie gegeneinander auszuspielen (z. B. Tylor, Frazer, Malinowski, Durkheim). So wurde Magie als Vorläuferin, als Vorstufe, als defizitäre Form von Religion verstanden. Gerade Religionen von Stammeskulturen liefen dabei Gefahr, zur »Magie« herabgestuft zu werden; ein Vorurteil, dass noch nicht überall überwunden ist. Die Dichotomie Magie/Religion wird heute, in der Ethnologie jedenfalls, durchweg abgelehnt (Hammond 1970; Pandian 1991, 9). Magie und Religion sind nicht Gegenbegriffe auf gleicher Ebene; man sieht Magie als integralen Teil von Religion, magisches Verhalten kontrastiert mit anderem religiösen Verhalten, wie es etwa Gebet und Opfer sind (zur gesamten Thematik vgl. Quack 1988a; Gächter und Quack 1989).

Eine religionsethnologische Definition von Magie könnte so aussehen: »Magie umfasst die rituellen Handlungen und Verhaltensweisen, mit denen Menschen versuchen, auf Mächte, Dinge und Ereignisse einzuwirken, die jenseits ihres normalen Einflussbereiches liegen.« Magisch gebrauchten Gegenständen und/oder Worten wird eine automatische, mechanistische Wirkungsweise zugeschrieben. Erreicht wird die Wirkung magischer Handlungen durch eine diesen immanente Kraft. Magie ist religiöses Verhalten, das die menschliche Anstrengung verabsolutiert. Andere religiöse Akte unterscheiden sich von Magie vor allem dadurch, dass sie sich an personale übermenschliche Wesen und Kräfte wenden, während personale Beziehungen zwischen Mensch und übermenschlicher Welt bei magischen Handlungen eher sekundär sind bzw. fehlen können.

Magie hat eine doppelte Funktion. Sie ist einerseits instrumental und zweckorientiert. Mit magischem Verhalten ist der Glaube verbunden, dass mit ihm eine Wirkung auf Menschen und Umwelt erzielt wird. Magie ist andererseits expressiv und symbolisch. Der Vollzug magischer Riten bringt, den Beteiligten oft unbewusst, religiöse Glaubensinhalte mit dem zugrunde liegenden Weltbild zum Ausdruck. Gerade dieser Aspekt darf nicht unterschätzt werden. Magische Riten erfüllen die Aufgabe, kulturelle Systeme, z.B. die Organisation einer Gesellschaft, darzustellen und zu stabilisieren.

Man kann vier Strukturelemente von Magie unterscheiden:

1) Die zur magischen Handlung gebrauchten Gegenstände (»Medizinen«): Die Art der benutzten Gegenstände variiert sehr. Gegenstände können unmittelbare Wirkung erzielen, wie z.B. magische Getränke, oder sie symbolisieren nur den gewünschten Effekt.
2) Die magischen Worte oder Formeln: Sie sind gelegentlich von großer Bedeutung, nicht immer. Manchmal ist das gewünschte Ergebnis einer magischen Handlung abhängig vom exakten Aussprechen der zugehörigen Formel, in vielen Fällen aber kommt dem Inhalt magischer Worte mehr Bedeutung zu als deren Form.
3) Der magische Ritus selbst: In der Regel sind magische Handlungen ritualisiert; sie sind an rituelle Formen gebunden, wobei die Riten in ihrem Ablauf oft das angestrebte Ergebnis symbolisch darstellen bzw. vorausnehmen.
4) Die Bedingungen schließlich, denen die magisch handelnde Person bei der Durchführung des Ritus unterworfen ist: Solche Personen sind beim Vollzug der Riten oft eingebunden in ein Netz von Tabus und Reinigungsvorschriften, die sie zu beachten haben. Damit wird einerseits die Wichtigkeit dieser rituellen Handlungen unterstrichen, andererseits ist damit eine unerschöpfliche Quelle für potientielles Misslingen magischer Riten gegeben.

Magie ist wertneutral, d.h., sie kann als nützlich oder schädlich erfahren oder angewandt werden. »Weiße« Magie erstrebt Nutzen für die Gesellschaft oder einige ihrer Mitglieder, »schwarze« Magie versucht entsprechend, Schaden zu stiften. Man spricht von »positiver« und »negativer« Magie, je nachdem, ob ein Ereignis herbeigeführt oder verhindert werden soll. Nach den Methoden magischer Handlungen unterscheidet man »Ähnlichkeitsmagie« und »Kontaktmagie«; Erstere beruht auf dem Grundsatz, dass Gleiches Gleiches bewirkt, Letztere stützt sich auf den Glauben, dass Dinge, die einmal miteinander verbunden waren, auch nach ihrer

Trennung in Zusammenhang bleiben. In vielen Kulturen gehört Magie zu den alltäglichen Erscheinungsformen der Religion. Sie findet sich in der Praxis aller Religionen, also auch der Stammesreligionen.

Religion und Schamanismus

Wenige Begriffe der Religionsethnologie und Religionswissenschaft werden seit vielen Jahren weltweit so sehr und so kontrovers diskutiert, dass fast eine eigene Disziplin daraus geworden ist, wie der Begriff »Schamanismus«, dem seit 1993 gar eine eigene internationale Zeitschrift gewidmet ist (Shaman; erscheint in Szeged, Ungarn).

Mit D. Schröder verstehe ich unter Schamanismus »die institutionelle und formgebundene ekstatische Verbindung von Menschen mit übermenschlichen Wesen im Dienste ihrer sozialen Gruppe« (Schröder 1955; Quack 1985, 1988c). Dieser enggefasste Begriff von Schamanismus orientiert sich an Schamanismus-Vorstellungen aus Nordostasien, die in der Religionswissenschaft als die ursprünglichsten gelten – die Kultur der Tungusen ist der locus classicus des Begriffs. Die südlichen Tungusen bezeichnen mit »schaman« religiöse Funktionsträger, die mit Geistern enge Beziehungen haben und in der Lage sind, sich in Ekstase zu versetzen, die Geister zu rufen und sie zu inkorporieren. Die ekstatische Kontaktaufnahme mit dem Jenseits dient ihnen dazu, die Weisung und Hilfe der Geister zur Bewältigung krisenhafter Situationen der Gruppe zu erhalten.

Schamanismus, so verstanden, doch ausgeweitet durch die Möglichkeit des ekstatischen Fluges der Schamanenseele, lässt sich in ähnlicher Form bei vielen Völkern Nordasiens, Nord- und Südamerikas feststellen. Der am ethnographischen Befund dieser Regionen entwickelte Begriff des Schamanismus wurde nach und nach auf anscheinend vergleichbare Erscheinungen anderer Völker und Kulturen weltweit ausgedehnt. Diese z.T. unkritische und undifferenzierte Anwendung und Ausweitung des Begriffs, wenn etwa einzelne Elemente des Begriffs isoliert und überbetont wurden, führte zu einer terminologischen Unschärfe, sodass gelegentlich alle möglichen religiösen Funktionsträger wie Priester, Zauberer, Medizinmänner, Medien jeder Art usw. als Schamanen bezeichnet wurden. Ein derart verschwommener Schamanismus-Begriff hat schließlich auch in den modischen Sprachgebrauch des New Age Eingang gefunden.

Schamanismus im engeren Sinn, wie er von Religionswissenschaft und Religionsethnologie europäischer Provenienz vorwiegend verwendet wird (vgl. Hultkrantz 1973, 1993), zeichnet sich durch vier unabdingbare, konstitutive Elemente aus:

1) Ekstase oder Trance;
2) Verbindung mit der außermenschlichen Welt, mit dem Jenseits;
3) Formgebundenheit;
4) eine altruistische Zielsetzung, eine Gesellschaftsbezogenheit.

In Ekstase oder Trance nimmt der Schamane Verbindung mit jenseitigen Wesen auf: Es kommt entweder zur Jenseitsreise der Seele des Schamanen oder zum Abstieg jenseitiger Wesen in die Person des Schamanen (Besessenheit). Schamanismus ist eine dauerhafte Einrichtung der Gesellschaft, eine feste Institution, die nicht privater Willkür überlassen ist. Die Tätigkeit des Schamanen vollzieht sich in festen rituellen Formen, die der angehende Schamane lernen muss. In der Initiation erreicht er einen von der Gesellschaft anerkannten Status, die anschließenden Lehrjahre vermitteln ihm die sachliche Kompetenz. Schamanismus ist sozial-altruistisch in der Zielsetzung, er ist gesellschaftsbezogen und eingebunden in die Traditionen einer Gesellschaft. Als Institution der Gesellschaft wird er von ihr kontrolliert, aber auch garantiert.

Die besonderen Möglichkeiten, die der Schamane als Mittler zwischen Dieseits und Jenseits hat, machen ihn zum Spezialisten der Seele, die in vielen Kulturen als jener Teil des Menschen angesehen wird, der am meisten auf das Jenseits ausgerichtet ist. Als Anwalt der Seele ist der Schamane vor allem auch Anwalt des Lebens. Seine wichtigste Aufgabe ist es, die Seele, das Lebensprinzip des Menschen, vor der Einwirkung übermenschlicher Kräfte zu schützen, wenn dieses von bedrohlicher Natur ist; andererseits soll er den lebensfördernden Einfluss jenseitiger Mächte für die Gruppe nutzbar machen. Die Gruppe bietet mit ihrer Rollenerwartung dem individuellen Schamanen den Rahmen, in dem er seine Fähigkeiten entwickeln und entfalten kann.

Schamanismus ist keine eigene Religion, wie in der religionsethnologischen Literatur gelegentlich angenommen wird, sondern ein religiöser Komplex, der sich in verschiedenen Religionen und Kulturen realisieren kann und dessen konkrete Formen und Ausprägungen daher von der jeweiligen Kultur und Tradition abhängen. So kann es z. B. männliche oder weibliche Schamanen geben, so kann Besessenheit charakterisierendes Merkmal sein oder die ekstatische Jenseitsreise der Seele des Schamanen; für Eliade ist Letztere das eigentliche Kennzeichen eines Schamanismus strictu sensu (1980), eine Einstellung, die mir zu eng zu sein scheint, ich schließe mich in dieser Frage eher Schröder und Hultkrantz an (Quack 1985, 143). Schamanismus ist wesentliches Element vieler Stammesreligionen.

Religion und Mythen

Mythen sind eine universale Erscheinung. Sie finden sich in allen Religionen. Sie gehören zu den drei wichtigen Formen religiösen Ausdrucks: heilige Worte, heilige Handlungen, heilige Plätze (Bolle 1987, 262). In Stammesreligionen, also in Religionen schriftloser Völker, bilden sie einen wesentlichen Teil der oralen Literatur. Sie sind für sie, wie J. F. Thiel es plastisch ausdrückt, was die Bibel für die Christen und der Koran für die Moslems ist. »In ihnen sind die ganze Glaubenslehre, die Ethik und der Kult festgelegt« (Thiel 1984, 76). Über Mythos als Gegenstand der allgemeinen Religionswissenschaft geben ausführlich Auskunft A. und J. Assmann (1998). Über Mythos in ethnologischer Sicht handelt eine Publikation von H. Baumann (1959), die trotz ihres Alters bis heute nichts an Gründlichkeit und Wert verloren hat; ihrem Gedankengang werde ich daher in den folgenden Zeilen folgen.

Eine frühere Definition, die Mythos bestimmt als »anschauliche Darstellung der Weltanschauung von Gemeinschaften« (1936, 2), erweitert, ergänzt und präzisiert Baumann:

1) Mythen sind anschauliche Erzählungen vom Beginn der Dinge, von den lebenden Wesen der Urzeit, von den Taten göttlicher Gestalten und ihrem Verhältnis zu den Menschen.
2) Ein Mythos ist ein für wahr gehaltener Bericht, der aus festgelegten Elementen der Weltanschauung eines Volkes besteht.
3) Die Akteure des Mythos sind über den Menschen stehende Wesen, Wesen aus der Vorzeit: Götter, Stammesvorfahren, Urzeitheroen.
4) Die Handlung der Mythen spielt in der Urzeit, in der alles Wesentliche verwurzelt ist und begründet wurde.
5) Entsprechend ist der Ort der Handlung vor allem die Erde der Urzeit, dazu Himmel und Unterwelt.
6) Erklärung und Beglaubigung sind die entscheidenden Funktionen des Mythos (1959, 3).

Eliade kommt zu einer ähnlichen Zusammenstellung (Eliade 1963).

Von anderen Textformen wird Mythos weiter abgegrenzt, vor allem vom Märchen, in dem zwar auch religiöse oder weltanschauliche Elemente vorkommen können, die jedoch niemals ins Zentrum rücken. In vielen Stammeskulturen wird geradezu eine Dichotomie von Mythos und Märchen betont. Man unterscheidet »wahre« Geschichten von »fiktiven« Geschichten (Pettazoni 1950), wobei »wahr« mit Urzeitlichem und »fiktiv« mit Zeitlosem assoziiert wird. Baumann fasst zusammen: »Mythen und Märchen lassen sich also im Sinne der Naturvölker selbst wesentlich scheiden nach den Gesichtspunkten: profan – sakral, urzeitlich – nichturzeitlich, wahrempfunden – nicht wahrempfunden« (1959, 16).

Funktionalistische Definitionen bestimmen Mythos als »Leistungswert einer kulturellen Institution« (Baumann 1959, 583), »als fundierende, legitimierende, weltmodellierende Erzählung« (Assmann und Assmann 1998, 180). Die Hauptfunktion des Mythos ist es, »die an ein Vorzeitgeschehen anknüpfende Darstellung des ›Wesentlichen‹ in der Welt so zu gestalten, dass jenes Vorzeitereignis unmittelbar in das Bewusstsein zu rücken vermag; diese Bewusstmachung des ›Ur‹ dient dann zur Begründigung und Festigung der mit ihm in Verbindung stehenden Jetztzeitverhältnisse [...] Bewusst machen des Sinns einer Institution oder Idee, ihr Erklären, Begründen und Beglaubigen sind zweifellos die wichtigsten Funktionen des Mythos« (Baumann 1959, 583).

Gerade der beglaubigende Charakter des Mythos wird von Malinowski betont. Der lebendige Mythos sei unmittelbarer Ausdruck seines Gegenstandes, die narrative Wiederherstellung einer ursprünglichen Wirklichkeit, deren Erzählung tiefe religiöse Bedürfnisse, die Sehnsucht nach Moral, soziale Ergebenheit und Zuversicht und sogar Erfordernisse der Praxis befriedige. Unabdingbare Aufgabe des Mythos in Stammeskulturen sei Folgendes: »Er formuliert, steigert und kodifiziert den Glauben; er schützt und vertieft die moralische Ordnung, bezeugt die Wirksamkeit des Rituals und vermittelt praktische Orientierungsregeln. So ist der Mythos ein Lebenselement der Zivilisation, nicht eine müßige Fabel, sondern eine solide, wirksame Kraft, weder intellektuelle Erklärung noch künstlerische Imagination, sondern eine pragmatische Charta des primitiven Glaubens und des moralischen Wissens« (1986, 143 f.).

Ein Merkmal des Mythos ist, dass er bewirkt, was er erzählt. In der Erzählung wird die Handlung der Urzeit vergegenwärtigt; was in der Urzeit geschah, wird durch die Darstellung des Mythos lebendig, und so erhalten die Menschen Anteil am Heil der Urzeit. Aus dem bis jetzt Gesagten ergibt sich, dass die Themenvielfalt der Mythen außerordentlich groß ist. Fast alle Aspekte einer Religion oder Kultur verlangen nach Erklärung des Ursprungs, nach Beglaubigung, nach Rechtfertigung, nach einem Mythos. So gibt es Astralmythen, Schöpfungsmythen, Urstandmythen, Mythen von Kulturheroen und Heilbringern, Mythen vom Menschen (Entstehung, Geschlechtsleben, Geburt, Leben, Tod, Leben nach dem Tod), Mythen von den elementaren Naturkräften, Mythen von den Ursprüngen der kulturellen Institutionen (Gesellschafts- und Wirtschaftsformen, Nutzpflanzen und Tiere, handwerklichen Tätigkeiten usw.). Einen ausführlichen Überblick gibt F. Herrmann in seinem Werk »Symbolik in den Religionen der Naturvölker« (1961, 124–160).

Es lassen sich freilich auch andere Typologien denken; so unterscheidet z. B. A. Grabner-Haider folgende Typen von Mythen:

1) Anthropogone Mythen antworten auf die Frage: Woher stammt der Mensch?
2) Kosmogone/kosmologische Mythen fragen nach dem Ursprung der Lebenswelt des Menschen und des Kosmos.
3) Theogone/theologische Mythen antworten auf Fragen nach den übermenschlichen Wesen.
4) Kultmythen berichten über Ursprünge und Strukturen von Kult und Riten.
5) Personmythen haben Personen der Urzeit zum Thema (1989, 86 ff.).

Weniger um die konkrete kulturelle Ausformung der Mythen oder um Typologien und die sozialen Funktionen von Mythen geht es Lévi-Strauss und seiner Strukturanalyse; er sucht in den Mythen die sich darin ausprägenden Grundstrukturen menschlichen Denkens allgemein. Hinter den regional-, zeit- und kulturbedingten Besonderheiten und individuellen Eigenheiten der Mythen interessiert ihn vor allem deren universale abstrakte Struktur. Über das umfangreiche Werk von Lévi-Strauss zur strukturalen Mythenanalyse, über dessen Rezeption und die folgende kritische Auseinandersetzung informiert sachlich und gründlich M. Oppitz in seinem immer noch lesenswerten Taschenbuch »Notwendige Beziehungen – Abriss der strukturalen Anthropologie« (1975, 204–326); die wichtigsten Beiträge von Lévi-Strauss zur Mythenanalyse liegen auch in deutscher Übersetzung vor (1969, 1973, 1976).

Trotz der Universalität der Mythen, die sich zu allen Zeiten und bei fast allen Kulturen finden, gibt es Völker, die einen reichen Mythenschatz besitzen, und solche, die nur wenige Mythen kennen, obwohl es ihnen sonst an oralen Traditionen nicht mangelt. Zu den Ersteren zählt man etwa die indianischen Völker Südamerikas und die Völker Südostasiens und Ozeaniens, zu letzteren den größten Teil der Völker in Afrika südlich der Sahara (Gill 1982, 64 f.)

Dass zwischen Mythen und Riten oft ein enger Zusammenhang besteht, war seit Ende des 19. Jahrhunderts, also seit vielen Jahrzehnten, Allgemeingut der Religionswissenschaftler und Religionsethnologen. Mit viel Intensität und Phantasie versuchte man, dieses Beziehungsgeflecht zu erhellen und daraus einen theoretischen Rahmen zu gewinnen. Gegensätzliche Theorien waren das Ergebnis. Während eine Theorie in den Mythen eine Übersetzung von vorher existierenden Riten in Bilder und visionäre Geschichten sah oder davon überzeugt war, dass die Mythen aus Riten hervorgingen, sah eine andere Theorie die Riten als spätere Dramatisierungen von Mythen. Schließlich kann das Erzählen des Mythos selbst zu einem Ritual, einer Kulthandlung werden (Oppitz 1975, 184). Was war also zuerst: das Ei oder die Henne? Niemand in der Ethnologie würde wohl heute eine ähnliche Frage stellen.

Ziemlich erschöpfende Auskunft über diese Theorie-Diskussion gibt eine neu erschienene Anthologie mit den einschlägigen Veröffentlichungen der wichtigsten Protagonisten der Diskussion, angefangen z. B. von W. R. Smith und J. Frazer über B. Malinowski, M. Eliade, Lord Raglan und S. E. Hyman zu C. Kluckhohn (vgl. Segal 1998). Es wurde kritisch angemerkt, dass Mythen und Riten gleichzeitig entstehen können, außerdem dass viele Mythen überhaupt keine Entsprechung in Riten finden. Auch C. Kluckhohn bezweifelt das Dogma von dem unzertrennbaren Zusammenhang von Mythos und Ritual. Doch ob beide zusammen oder getrennt wirken, sie dienen gemeinsam einer Aufgabe: Sie lindern Angstzustände der Menschen.

Bei all dem Theorienstreit lässt sich andererseits doch nicht von der Hand weisen, dass ein enger Zusammenhang von Mythos und Kult gerade bei Stammesreligionen immer wieder festgestellt werden kann. Mit den Worten von A. E. Jensen, der dem Thema ein Buch gewidmet hat (»Mythos und Kult bei den Naturvölkern«): »Die mythische Welt-Erkenntnis hat alle Lebensformen des Menschen entscheidend beeinflusst. Wir finden sie deshalb als wichtige geistige Grundlage nicht nur in den Kulten im engeren Sinn wieder, sondern auch viele andere Bereiche menschlicher Lebensgestaltung [...] sind inhaltlich und formal von den mythischen Anschauungsformen her bestimmt« (1951, 53). Und man argumentiert wohl zu Recht, dass für Menschen aus Stammesreligionen Tat und Wort eng zusammenhängen und dass im lebendigen Gefüge einer solchen Religion oft ein Mythos einem Ritus entspricht (van Baaren 1964, 187).

Kult und Riten

Im Kult nehmen die Menschen Beziehungen zu übermenschlichen Wesen auf, sei es, um auf das Einwirken dieser Mächte in den menschlichen Bereich zu reagieren, sei es, um ein solches Einwirken hervorzurufen. Der Kult gehört zum Wesen der Religion oder, wie es bei J. Haekel heißt, er ist »das eigentliche Merkmal religiöser Betätigung« (1971, 120). Er unterscheidet einerseits »Kult im weiteren Sinn«: die Gesamtheit der Reaktionen der gläubigen Menschen auf die von ihnen erlebten Manifestationen der übermenschlichen Welt; andererseits »Kult im engeren Sinn«: die ehrfürchtige, innere Unterwerfung unter die Macht der übermenschlichen

Wesen, der »transzendenten Gewalten« (121). Im Kult begegnen die Menschen der übermenschlichen Welt, dem Göttlichen (Johansen 1971, 55).

Riten sind Teil des Kultes. Anders ausgedrückt: Riten sind sakrale, oft formgebundene Handlungen, die den Kult begleiten (Thiel 1984, 97); Riten sind standardisierte, sozial gebilligte und glaubensmäßig sanktionierte regelhaft wiederholbare kultisch-religiöse Handlungsabläufe (Haekel 1971, 121). Und um noch eine dritte religionsethnologische Begriffsbestimmung zu geben: Turner definiert Riten (Ritual) als vorgeschriebenes, förmliches Verhalten bei Anlässen, die keiner technologischen Routine überantwortet sind und sich auf den Glauben an unsichtbare Wesen oder Mächte beziehen, die als erste und letzte Ursache aller Wirkungen gelten (Turner 1969, zit. in Kramer 1987, 181).

Bevor ich auf die Einzelheiten dieser religionsethnologischen Begriffsbestimmungen von Riten näher eingehe, muss darauf hingewiesen werden, dass auch andere Fachrichtungen wie z.B. Soziologie, Politologie, Psychologie, Literaturwissenschaft, Kunsttheorie, Medien- und Kommunikationswissenschaften usw. sich teils fachübergreifend und interdisziplinär mit Riten und Ritualen beschäftigen. Der Ritualbegriff wird hier losgelöst von einem transzendentalen Bezug gesehen und ausgeweitet auf formgebundene symbolische Handlungen der Menschen allgemein; entsprechend werden Ritualtheorien entwickelt, die Riten und Ritual nicht auf den Bereich von Kult und Religion einengen und eingrenzen, sondern dabei das ganze Spektrum menschlichen Verhaltens ins Auge fassen, wie zwei deutschsprachige Neuerscheinungen zeigen: ein Handbuch über Ritualtheorien (Belliger und Krieger 1998) und der Sammelband »Rituale heute« (Caduff und Pfaff-Czarnecka 1999; vgl. auch Leach 1968).

In den drei oben genannten religionsethnologischen Definitionen sind einige Aspekte angesprochen, auf die noch einmal ausdrücklich hingewiesen werden soll.

1) Zunächst gehört zu den Riten, dass sie eine feste, ziemlich gleich bleibende Form haben (formgebunden, standardisiert, vorgeschrieben und förmlich); nur so werden sie als legitim und authentisch angesehen und nur so kann die Wirksamkeit eines Ritus garantiert werden, und manchmal können schon kleine Auslassungen, Fehler oder Änderungen das ganze Ritual unwirksam machen, sodass es wiederholt werden muss. Dies gilt ganz besonders für religiös-magische Riten. Freilich gilt auch hier, was für alles menschliche Handeln gilt: Es ist kulturgebunden und damit wie jede Kultur auch Veränderungen unterworfen. Die Unveränderlichkeit der Riten ist das Ideal, aber als menschliche Verhaltensweisen sind Riten bei aller Tendenz zur Dauerhaftigkeit eben auch dem geschichtlichen Wandel unterworfen.

2) Riten haben einen transzendentalen Bezug; sie sind menschliches Handeln in der Begegnung mit übermenschlichen Wesen oder Mächten. Dieses rituelle Verhalten hat zwei Seiten: Einmal wenden sich Riten an übermenschliche Wesen, um deren Hilfe, Gunst, Nähe usw. zu erwirken; eine Art Paktverhältnis wird angestrebt. Zum andern dienen Riten dazu, auf das nicht selten störende Eingreifen übermenschlicher Mächte in den irdischen Bereich zu reagieren, dieses fern zu halten oder abzuwenden; eine Art Infektion durch die transzendente Welt muss abgewehrt werden (Johansen 1971, 56). Ähnlich unterscheidet Durkheim in einer Art struktural-analytischen Gliederung (Zuesse 1987, 412) einen doppelten Charakter der Riten: einen negativen und einen positiven (Durkheim 1984, 405 ff.). Zu den ersteren zählt er jene Riten, die das Heilige vom Profanen trennen bzw. getrennt halten; sie haben mit Enthaltung zu tun. Durkheim spricht hier vom »negativen Kult«. Die positiven Riten, der »positive Kult«, bringt dagegen die beiden Bereiche des Heiligen und des Profanen zusammen; hier geht es vor allem um Opferriten.

Um bei der Vielzahl und der Variationsbreite der möglichen sakralen Handlungen und Riten den Überblick nicht zu verlieren, bemühte man sich immer wieder um eine Typologie, eine systematische Ordnung der Riten. So unterscheidet F. Heiler nach äußerer Form und innerer Zielsetzung: apotropäische (Unheil abwehrende) Riten, eliminatorische Riten, Reinigungsriten, Einigungsriten, Opfer und Mysteriendrama (1979, 176–266). Ähnlich gliedert J. F. Thiel: apotropäische Riten, Eliminationsriten, Reinigungsriten; den Übergangsriten und dem Opfer werden von ihm eigene Kapitel gewidmet (1984, 98–126); auch hier werden sie unten etwas ausführlicher vorgestellt. Diese Art der Gliederung nennt Zuesse funktional-aufzählend (1987, 413). Vielfach findet sich die einfache Einteilung in Riten, die dem Lebenszyklus folgen (z. B. bei Geburt, Heirat, Tod), und in Riten, die dem Jahresablauf folgen (z. B. bei Aussaat und Ernte). Bei allem Bemühen um Ordnung und Gliederung gilt natürlich, dass es ausschließende Abgrenzungen nur selten gibt und dass Überschneidungen eher die Regel sind.

1) Apotropäische Riten sind solche, die drohendes Übel und böse Geister abwehren und fern halten sollen. Apotropäische Riten erreichen ihr Ziel mit vielen Mitteln und Formen: durch Lärm, Ausspucken, Feuer und Rauch, durch Umkreisen, durch »Zaubernetze«, in denen das Böse gebunden und gebannt wird, durch Gesten und Zeichen usw.
2) Mit den eliminatorischen Riten soll das Böse aus der Gemeinschaft entfernt werden. Das Böse, die »Sünde«, oft stofflich gedacht, wird isoliert, ausgespuckt oder übertragen und entfernt, etwa als Sündenbock.

Auch Riten der Hexenverfolgung sind hier einzuordnen. Zu den Eliminationsriten zählt Heiler auch die sakrale Nacktheit, bei der der Mensch sich von allem Unreinen löst.

3) Reinigungsriten sollen den Menschen für die Begegnung mit dem Göttlichen, mit den übermenschlichen Mächten vorbereiten. Auch diesem Zweck können eine Unzahl von Mitteln dienen: Feuer und Wasser, Salz, Blut, Urin, alkoholische Getränke, Enthaltsamkeit von Speise und Trank, von Schlaf, von Geschlechtsverkehr.
4) In den Einigungsriten (oder Kommunionriten) geschieht die Verbindung des Menschen mit dem Göttlichen; auch hierzu gibt es die unterschiedlichsten Wege und Mittel: die Berührung eines Gegenstandes, in dem das Göttliche als gegenwärtig angenommen wird, der Kuss eines heiligen Gegenstandes, Segnungs- und Weihegesten (Salbung, Handauflegung), schließlich der Tanz.

A. Wallace (1966, 107 ff.) unterscheidet in seiner Systematisierung zwischen »technologischen Riten« (ritual as technology), Riten der Therapie und Antitherapie, Riten der sozialen Kontrolle, Riten des Heils (salvation) und Riten der Revitalisierung (revitalization). Die Riten der Technologie richten sich auf die nichtmenschliche Natur (Wahrsagung, Ernteriten, Abwehr von Unglück usw.); zur zweiten Kategorie gehören die Heilungsriten, aber auch manche magische Riten der Hexerei; auf die Kontrolle und Stärkung der Gruppe sind vor allem Übergangsriten gerichtet; der Bewahrung bzw. Wiederherstellung der kulturellen Identität des Individuums dienen vor allem die Heilsriten (schamanistische Rituale werden hier eingeordnet); gegen Identitätskrisen der ganzen Gruppe wenden sich die Riten der Revitalisierung (z. B. in millenaristischen Ritualen).

A. Jensen hebt für die Kulte und Riten der Stammesreligionen zwei »Wesenszüge« hervor. Er sieht im Kult das »bevorzugte Verständigungsmittel der sozial nicht geschichteten und deshalb kulturell homogenen Gemeinschaft« (1951, 58), im Ritus entsteht für die Menschen Welt-Erfahrung und Welt-Bild; bei manchen Völkern dominiere der Kult das religiöse Leben geradezu, während Mythen ganz in den Hintergrund treten. Der andere Wesenszug der Kulte: Sie sind Spiele, sie haben eine ausgesprochen darstellende, expressive Funktion. In den Kulten sind die »Wirklichkeits-Erkenntnisse auf ganz besondere Weise gestaltet, insofern nicht nur das So-Sein der Wirklichkeit beschrieben wird, sondern auch das eigene Wesen des Menschen in ihnen seinen Ausdruck findet« (405).

Neben dem Aspekt des Ausdrucks soll auch der Aspekt der Gemeinschaftsbezogenheit genannt werden. So hält etwa M. Wilson über die Rituale der Nyakyusa fest: »Rituale bringen tief verborgene Werte zum Ausdruck. […] Im Ritual drücken Menschen das aus, was sie am meisten bewegt, und da es sich um eine konventionalisierte und obligatorische Ausdrucksform handelt, werden im Ritual Gruppenwerte offenbart. Ich sehe im Studium der Rituale den Schlüssel zum Verständnis der inneren Konstitution menschlicher Gesellschaften« (1954, 240; deutscher Text bei Turner 1989, 13).

Unter den Riten sollen die Opferrituale eigens hervorgehoben werden. Opfer sind rituelle Handlungen, bei denen übermenschlichen Wesen eine Gabe dargebracht wird; der Mensch entzieht in Opfern Güter jedweder Art, die ihm wertvoll sind, dem eigenen Gebrauch und übereignet sie einer übermenschlichen Macht (Thiel 1984, 111). Opfer gehören zu den wichtigsten Ritualen, zu den wichtigsten Formen kultischer Kontaktaufnahme der Menschen zum übermenschlichen Bereich. In einer Analyse ritueller Opferhandlungen lassen sich sechs Strukturelemente unterscheiden: die agierenden Personen, die Opfergabe, Ort und Zeit des Opfers, Art und Weise des Opfers, Empfänger, Motive und Intentionen des Opfers (Quack 1988b).

1) Obwohl viele Kulturen auch individuelle Opfer kennen, sind Opfer doch meistens Angelegenheit der Gruppe, dargebracht von einem Repräsentanten der Gruppe, der vielfach bestimmten Qualifikationen und Bedingungen genügen muss.
2) Alles, was für den Menschen einen Wert darstellt, kann Gegenstand des Opfers sein (Menschen, Tiere, Pflanzen, leblose Dinge, Weihrauch usw.). Nach der Art der Opfergabe kennt man blutige und unblutige Opfer.
3) Oft wird zwischen Opfern unterschieden, die zu bestimmten regelmäßig wiederkehrenden Zeiten dargebracht werden (im Jahres- und Lebenszyklus), und zwischen außerordentlichen Opfern bei ungewöhnlichen Ereignissen.
4) Die Form des Opferrituals hängt vor allem von drei Faktoren ab: von der Opfermaterie, vom Empfänger des Opfers, von der Intention des Opfers.
5) Alle übermenschlichen Wesen können Adressat des Opfers sein, sei es, dass sie als persönliche Wesen angesehen werden, sei es, dass sie als unpersönliches Kollektiv erscheinen. Verstorbene und Ahnen gehören oft dem menschlichen und dem übermenschlichen Bereich zugleich an; und je nachdem, welcher Bereich stärker akzentuiert ist, spricht man von Ahnenverehrung oder von Ahnenkult.
6) Nach der Intention des Opfers kann man Lob-, Bitt-, Dank- und Sühneopfer unterscheiden.

Die zentrale Rolle des Opfers in vielen Religionen hat im Laufe der Jahre zu zahlreichen Erklärungs- und Deutungsversuchen geführt (Tylor,

Smith, Frazer, Schmidt, Hubert und Mauss, Jensen). Die unterschiedlichen Akzentsetzungen der einzelnen Opfertheorien zeigen, dass jeweils bestimmte Opferarten aus bestimmten Kulturen herausgegriffen und verallgemeinert wurden. Angesichts der großen Vielfalt unterschiedlicher Opferarten scheint eine allgemein gültige Opfertheorie weder möglich noch sinnvoll zu sein.

Neben dem Opfer und seinen Ritualen gibt es eine andere wichtige Gruppe von Riten, die hier eigens erwähnt werden sollen. Es sind die Riten, denen der Ethnologe van Gennep bereits 1909 den Namen »rites de passage«, Übergangsriten, gegeben hatte. Populär, bekannt und international beachtet und diskutiert wurden van Genneps Ideen allerdings erst mit dem Erscheinen der englischen Übersetzung seines Hauptwerks »Les rites de passage« (1960); V. Turner hatte daran großen Anteil. Übergangsriten sind Riten, die in kritischen Lebensphasen den Übergang von einem alten Zustand und sozialen Status in einen neuen begleiten; man nennt sie gelegentlich auch Riten der Lebenskrisen. Solche krisenhafte Einschnitte im Lebenszyklus des Individuums sind etwa Schwangerschaft, Geburt, Jugendinitiation, Verlobung, Heirat, Tod und Begräbnis. Zu den Übergangsriten im weiteren Sinn gehören auch Riten, die im Jahreszyklus mit zeitlichem Wechsel oder die mit Überschreiten eines Raumes zu tun haben (Thiel 1984, 102; Turner 1987, 386).

S. M. Schomburg-Scherff fasst die Grundgedanken van Genneps exzellent zusammen: Die Dynamik des sozialen Lebens erfordert ständige Grenzüberschreitungen. Die Menschen bewegen sich in Raum und Zeit, sie wechseln ihren Aufenthaltsort, ihre Alters-, Status- und Berufszugehörigkeit. Diese Veränderungen gefährden die Ordnung des Soziallebens; daher bedarf es der Riten, die solche Veränderungen begleiten und kontrollieren, Störungen abschwächen. Die Funktion der Übergangsriten ist nach van Gennep also die »Kontrolle der Dynamik des sozialen Lebens«; ihre Form hat eine Dreiphasenstruktur. Die erste Stufe ist die »Trennungsphase, die vom früheren Ort, der früheren Zeit oder dem früheren Zustand löst«. Es folgt die »Schwellen- oder Umwandlungsphase« (Übergangsstadium), »in der man sich gleichsam zwischen zwei Welten bewegt«. Den Abschluss bildet die »Angliederungsphase« (Inkorporation), »die entweder das Neue integriert oder in die überkommene Ordnung reintegriert« (1997, 228f.). Entsprechend weisen Trennungsriten auf die Auflösung der alten Ordnung hin, Schwellenriten kennzeichnen die Übergangsphase mit ihren Gefährdungen und Angliederungsriten stehen für die Wiederherstellung der Ordnung.

Dass das Strukturschema der drei Phasen ein Idealbild ist und sich nicht bei allen Übergangsriten in gleicher Weise ausgeprägt zeigt, dessen war sich auch van Gennep bewusst. So spielen etwa die Trennungsriten die größte Rolle bei Tod und Begräbnis, während bei der Heirat Angliederungsriten im Vordergrund stehen. Kennzeichnend für die Übergangsriten, gleich wie unterschiedlich sie in den verschiedenen Kulturen ausgestaltet sind, ist die Symbolik von Sterben und Wiedergeborenwerden und die Symbolik der Passage durch eine Tür (Schwelle).

Die vergleichsweise gute Überschaubarkeit von Stammesreligionen und -gesellschaften erleichtert ihre Darstellung; sie erlaubt es, auch im vergleichsweise engen Rahmen dieses Bandes einen groben Einblick und Überblick über die unterschiedlichen Ausprägungen solcher Religionen zu geben. Die Darstellung wird gleichwohl niemals erschöpfend sein können. Denn es darf natürlich nicht übersehen werden, dass wir es im Bereich der Stammeskulturen bei allen Gemeinsamkeiten, die solch einen Band rechtfertigen, doch mit fast unendlich vielen unterschiedlichen Variationen und Ausprägungen von Lebens- und Denkweisen, von Religionen und charakteristischen Geisteshaltungen und von Spiritualität zu tun haben.

Nur eine sehr kleine Auswahl an Kulturen kann daher hier herausgegriffen und mit ihrer Religion vorgestellt werden; die Auswahl möchte die großen Regionen dieser Welt, z. B. die Kontinente Afrika, Asien, Ozeanien und Amerika, ebenso berücksichtigen wie unterschiedliche wirtschaftliche und gesellschaftliche Organisationsformen. Auch sollen die wichtigsten religiösen Institutionen und Verhaltensweisen zur Sprache kommen, die sich mit den unterschiedlichsten Religionen verbinden wie z. B. Riten des Jahres- und des Lebenszyklus, Ahnenkult und Ahnenverehrung, Mythen, Opfer, Formen des Schamanismus. Die Anordnung der Beispiele folgt dabei einem geographischen Gliederungsprinzip.

In einem ersten Beispiel wird die enge Verflechtung von Wirtschaft, Gesellschaft und Religion vorgestellt und thematisiert (Mbuti-Pygmäen vom Ituri/Kongo). Das zweite Beispiel führt nach Westafrika; es stellt das soziozentrische Menschenbild der Bulsa und Tallensi (Nordghana) vor und diskutiert vor diesem Hintergrund altershierarchische Vorstellungen und Ahnenverehrung. Um die Rolle von religiösen Funktionsträgerinnen im Zusammenhang von Riten und Heilung geht es im dritten Beispiel (Puyuma von Taiwan). Das Opfer und sein Platz in der Religion der Subanun (Mindanao/Philippinen) ist das Thema des vierten Beispiels. Mythen und Riten als Verbindung der Menschen mit der mythischen Traumzeit werden im folgenden Beispiel thematisiert (Aranda von Zentralaustralien). Vom Glauben an Geister und Dämonen, dem Zentrum der Religion der Enga im Hochland von Papua-Neuguinea, berichtet das sechste Beispiel.

Das siebte Beispiel zeigt Probleme auf, mit denen Stammesgesellschaften in der Begegnung mit Europäern konfrontiert werden können (Huronen in Kanada). Weltbild und Religion der Matsigenka (Südost-Peru) und die zentrale Rolle der Schamanen in ihrem Leben sind Thema des letzten Beispiels.

Die ausgewählten Beispiele stellen Stammeskulturen und ihre Religionen vor, wie sie sich in der klassischen ethnologischen Literatur widerspiegeln. Damit ist auch der zeitliche Rahmen der ethnographischen Quellen angegeben: In aller Regel ist dies die erste Hälfte und die Mitte des 20. Jahrhunderts, ausgenommen etwa das ethnologiegeschichtliche Beispiel der Huronen. Der Band hat also keineswegs den Zweck, die Situation der Gegenwart in den dargestellten Kulturen abzubilden. Allerdings wird auf die Dynamik der Kulturen und auf entsprechende Kulturwandelsprozesse in den Beiträgen gelegentlich hingewiesen, ohne dass diese ausdrücklich thematisiert werden. Ein Blick auf die zeitgeschichtlichen Entwicklungen weltweit zeigt, dass gerade auch einige der hier vorgestellten Völker großem Druck von außen ausgeliefert sind, der ihre kulturelle Existenz ernsthaft bedroht (z. B. die Mbuti).

2 AFRIKA

Der Einklang von Natur und Kultur – die Verflochtenheit von Wirtschaft, Gesellschaft und Religion

Die Mbuti vom Ituri (Kongo)

Ich möchte am Beispiel einer autochthonen Religion, einer Stammesreligion, am Beispiel der Religion der Mbuti-Pygmäen, einerseits zeigen, wie eng und unmittelbar eine Kultur, eine Denk- und Lebensweise, in die Natur eingebettet sein kann, und andererseits, daraus folgend, wie sehr alle Bereiche einer Kultur wie z. B. Wirtschaft, Gesellschaft und Religion miteinander verflochten sind, wie Religion alle Bereiche des Lebens durchdringt und bestimmt (vgl. Quack 2003).

Unter dem Namen Pygmäen (griech. pygmaios = eine Faust groß) fasst man eine Gruppe von Völkern oder Stämmen zusammen, die im tropischen Regenwald Zentralafrikas von Kamerun im Westen bis zu den großen Seen im Osten siedeln und die sich durch Kleinwüchsigkeit (die Männer sind heute kleiner als 160 cm, die Frauen kleiner als 150 cm), im Übrigen aber durch große genetische und kulturelle Vielfalt auszeichnen. Sie sind Jäger und Sammler (Wildbeuter); ihr eigentlicher Wirtschafts- und Lebensraum ist der Regenwald, doch leben fast alle Pygmäen in irgendeiner Form der sozialen und wirtschaftlichen Symbiose mit benachbarten Pflanzervölkern, deren Sprachen sie übernommen haben. Ihr biologisches und kulturelles Überleben ist unmittelbar bedroht durch die zunehmende Einengung und Zerstörung des Regenwaldes, ihres Lebensraumes.

Die Mbuti-Pygmäen, von denen hier die Rede sein wird, leben am Epulu, einem Nebenfluss des Ituri, mitten im äquatorialen Regenwald im Nordosten der Demokratischen Republik Kongo (früher Belgisch-Kongo bzw. Zaire). Die Mbuti sind Wildbeuter. Sie kennen weder den Anbau von Pflanzen noch irgendeine Form von Viehzucht. Ihren täglichen Lebensbedarf verschaffen sie sich durch Beutezüge in die durch keine menschliche Tätigkeit beeinflusste Natur, durch Jagen und Sammeln (»Jäger und Sammler«). Man kann die Mbuti nach ihrer Art zu jagen in zwei große

Gruppen einteilen: die Bogenjäger und die Netzjäger. Ich werde mich hier vorwiegend auf die Netzjäger konzentrieren.

Zwei Ethnologen haben sich ausführlich mit den Mbuti vom Ituri befasst und umfangreiche Monographien über sie publiziert: Paul Schebesta und Colin Turnbull. Vieles trennt beide Forscher, doch manches verbindet sie auch; beide kannten und schätzten einander, was Kritik nicht ausschloss (Schebesta 1963; Turnbull 1963a). War Schebesta der Ethnograph der Bogenjäger, konzentrierte sich Turnbull auf die Netzjäger; Turnbulls Arbeiten werden daher in den folgenden Seiten im Mittelpunkt meines Interesses stehen. Einen guten Überblick über den gesamten Bereich der zentralafrikanischen Wildbeuter gibt eine 1977 erschienene Publikation von S. Seitz (»Die zentralafrikanischen Wildbeuterkulturen«); sie ordnet die Mbuti in das umfassende Spektrum afrikanischer Pygmäen oder kleinwüchsigen Völker ein. Die Studie ist eine kritische Interpretation bisheriger Veröffentlichung zur Thematik, auch zu Schebesta und Turnbull.

Turnbull hielt sich viermal im Mbuti-Gebiet am Ituri auf: 1951, 1954, 1957/58 und 1970/71. Auf seiner dritten Reise lebte er fast ein Jahr lang in einer Mbuti-Horde; kürzere Besuche bei anderen Horden im ganzen Ituri-Wald gaben ihm Gelegenheit, seine Studien abzusichern und zu ergänzen. Als Ergebnis seiner Forschungsreisen erschienen ein umfangreicher Reisebericht (1963b), eine ethnographische Übersicht (1965), die ursprünglich seine B.Litt.-These war, und schließlich eine Monographie, die viel Beachtung fand (1966); in kleineren Publikationen griff er zwanzig Jahre später die Thematik wieder auf (1983, 1986). Turnbulls Arbeiten ergänzen und modifizieren Schebestas Arbeiten (1938, 1941, 1948, 1950), auf die er eingehen konnte, da sie schon abgeschlossen vorlagen, als Turnbull zum ersten Mal in den Ituri-Urwald kam. Auch beim späteren Studium in Oxford, 1955–57, stützte er sich wesentlich auf Schebestas Pygmäenwerk, aber auch auf Putnams Ausführungen (Turnbull 1965, 145; Mark 1995, 204; Putnam 1948).

Turnbulls Forschungsmethode war die noch heute klassische Methode der Ethnologie, nämlich die der teilnehmenden Beobachtung. Turnbull integrierte sich relativ gut in das Leben einer Mbuti-Horde, mit der er fast ein Jahr von Lager zu Lager zog, ein Unterfangen, das allseits auf Bewunderung traf. Er identifizierte sich so sehr mit den Mbuti und dem Bereich ihrer Existenz, der sich auf den Wald bezog, dass er den Bereich der Bantu-Dorfbewohner, an dem die Mbuti auch Anteil hatten, nur unzureichend in den Blick bekam. So kam Turnbull zu Ergebnissen, welche die anders geartete Forschungsweise von Schebesta nicht erschließen konnte; andererseits handelte er sich damit auch den Vorwurf ein, die Mbuti und ihre Welt romantisiert und das Verhältnis Mbuti/Bantu-Dorfbewohner unrealistisch/unkorrekt gesehen und dargestellt zu haben (Beidelman 1985, 1996); letzteren Vorwurf hat Turnbull zeitlebens bestritten (1983, 1986).

Turnbull konzentrierte und beschränkte seine Forschungen im Wesentlichen auf eine Wildbeuterhorde, die ihre Lebensweise relativ unangefochten bewahren und dem Assimilationsdruck seitens ihrer Bantu-Nachbarn erstaunlich geschickt ausweichen konnte; das ging freilich auf Kosten einer weitgehenden Vernachlässigung ihrer Einbettung in das Gesamtgefüge der größeren Mbuti-Gesellschaft. Was bei diesem Vorgehen Turnbulls auch nicht genügend in den Blick kommt, ist das Problem von Beharrung und Wandel, dem auch die Mbuti heute mehr denn je unterworfen sind (vgl. Schott 1962). Diese Nachteile, die auch die nachfolgenden Darlegungen berühren, werden ausgeglichen durch die Geschlossenheit der idealtypischen Darstellung Turnbulls.

Ergänzt und zum Teil modifiziert oder korrigiert wurden Turnbulls Forschungsergebnisse, wenigstens was die ökologische Situation und die Netzjagd der Mbuti angeht, durch die Forschungen von Wissenschaftlern der Kyoto-Universität wie z. B. Reizo Harako, Tadashi Tanno und Mitsuo Ichikawa. Sie hielten sich zwischen 1972 und 1990 im Ituri-Gebiet auf; ihre Forschungsergebnisse geben natürlich einen aktuelleren Stand der Dinge wieder. Die ersten beiden lebten wie Turnbull während ihrer Forschungen wenigstens teilweise bei und mit Mbuti-Horden (Harako 1976; Tanno 1976; Ichikawa 1991, 1996, 1999).

Der ethnographische Rahmen

Die Mbuti sind Urwaldbewohner. Ihre Lebensweise – wie schon erwähnt – ist ganz vom Wald bestimmt, dem äquatorialen Regenwald um den Kongo-Nebenfluß Ituri im Nordosten der Demokratischen Republik Kongo. Ihr Wohngebiet ist ein Urwaldplateau, das von Westen nach Osten ansteigt, von 400 m in Kisangani bis 1500 m an der Kongo-Nil-Wasserscheide; die Mbuti bevorzugen die höher gelegenen Teile des hügeligen Plateaus im Osten. Zahlreiche Flüsse und Bäche durchziehen den Urwald, der im Wesentlichen ein einheitliches Gepräge zeigt. Hohe Lage und fast täglicher Regenfall (im Jahr bis 2000 mm) halten die Temperaturen im Wald konstant und erträglich: durchschnittlich 26 °C bei einer gleich bleibenden relativen Luftfeuchtigkeit von 95 %.

Die Mbuti suchen den Schatten des Waldes, sie meiden den Aufenthalt in der Sonne. Selbst in Waldlichtungen, wo sie ihr Lager aufschlagen, bauen sie die Hütten im Schatten der Bäume. So gut es geht, schützen sie sich vor den täglichen Regenfällen, sie meiden sogar das Umherstreifen durch den morgendlichen Tau. Im Wald leben sie unbehelligt von lästigen und gefährlichen Fliegen- und Moskitoschwärmen. Die zahlreichen Wasserläufe sorgen für frisches Wasser. Eine Lagerstelle besteht nie so lange, dass diese Wasserstellen verschmutzen könnten. Diese Vorteile des Waldes sind für die Mbuti lebensnotwendig, und sie werden von ihnen deshalb als so angenehm empfunden, weil sie nicht durch genügend Resistenz vor den Gefahren des Dorflebens (Fliegen, Sonne, schlechtes Wasser) geschützt sind.

Ist der Ituri-Wald der Lebensraum der gesamten Mbuti-Population, so ist das Jagd- und Sammelterritorium der Lebensraum der Mbuti-Horde, der wichtigsten sozialen, politischen und ökonomischen Einheit. Seine Grenzen sind genau markiert: Wasserläufe, Bäume, Hügel und Ähnliches. Ein Mbuti kann alle Teile seines Territoriums leicht erreichen; schwer überwindbare geographische Hindernisse wie z. B. größere Flüsse, die nur mit Hilfe von Brücken zu überqueren wären, bilden gewöhnlich Territoriumsgrenzen. Die Mbuti bauen keine Brücken und benötigen keine, da größere Wasserläufe auch die Bewegungen des Wildes eingrenzen (Turnbull 1966, 95).

Die Ausdehnung eines Territoriums oder Schweifgebietes lässt sich nur ungenau in exakten Zahlen angeben. Die Mbuti selbst rechnen in Tageswanderungen; so beträgt die Größe eines Territoriums etwa einen Tagesmarsch in der einen und drei Tagesmärsche in der anderen Richtung. Das Tempo hängt natürlich auch von den Gegebenheiten des Weges ab, wobei es von Tag zu Tag abnimmt. Die Angaben zur durchschnittlichen Größe eines Territoriums unterscheiden sich bei Schebesta (1938, 105) und Turnbull (1966, 94; 1968, 134) allerdings ziemlich. Es ist in jedem Falle so groß, dass es gut ausreicht zur Ernährung der Horde.

Andererseits ist das wirtschaftliche Potential eines Territoriums der Maßstab für die Größe einer Horde. Wächst eine Horde zu stark an, wechseln einige Mitglieder zu anderen Territorien mit weniger starken oder zu schwachen Horden über. Der hinreichende Reichtum des Territoriums an Nahrungsquellen erlaubt es den einzelnen Horden, die Grenzen zwischen ihren Territorien genau zu respektieren, was Grenzüberschreitungen im Einzelfall nicht ausschließt, etwa bei der Jagd auf ein begehrtes Wild. Während Größe und Zusammensetzung einer Horde ständig wechseln, bleiben Territorium und seine Grenzen konstant. »Zu Hause« bedeutet für einen Mbuti darum in erster Linie Zugehörigkeit zu einem bestimmten Territorium, zu jenem Territorium, wo er sich am meisten aufhält. Bindungen an eine Verwandtschaftsgruppe treten demgegenüber in den Hintergrund.

Horde (band) nennt Turnbull bei den Mbuti-Netzjägern die Gruppe von Leuten, die ein Jagdterritorium teilen, unabhängig von ihren Verwandtschaftsbeziehungen (1966, 24). Für ihn ist die Horde die einzige politisch effektive Einheit. In der Terminologie Schebestas könnte man sie einen Zweckverband nennen, dem er in ökonomischer Hinsicht eine große Rolle einräumt: »Die Zweckverbände dominieren und drängen alle anderen, auch die heiligsten Sympathieverbände, wie z. B. die Familie, stark zurück, und behaupten sich im Konfliktfall (1948, 288). Den Ausdruck »Horde« lehnt er als missverständlich ab. Als sozial bedeutendste Einheit stellt sich ihm die Lokalgruppe dar, die Siedlung.

Beide Autoren beziehen sich mit ihren unterschiedlichen Termini auch auf verschiedene Wirklichkeiten. Während für die Netzjäger, auf die Turnbull abhebt, die Horde der Regelfall darstellt, die nur während der kurzen Honigperiode in kleinere Gruppen zerfällt, verhält es sich bei den Bogenjägern, über die Schebesta berichtet, eher umgekehrt: Die meiste Zeit des Jahres leben sie in kleineren Gruppen, zur Zeit der Honigsuche sammeln sie sich zu größeren Gruppen zum Zweck der großen Treibjagden. So spiegeln die unterschiedlichen gesellschaftlichen Organisationsformen die unterschiedlichen wirtschaftlichen Verhaltensweisen wider.

Die Zusammensetzung der Netzjäger-Horde, um die es im Folgenden vor allem geht, befindet sich in einem ständigen Prozess des Wandels, in einem ständigen Zersplittern und Zusammenwachsen. Den einzelnen Mitgliedern steht es jederzeit frei, zu anderen Horden überzuwechseln, für immer, für längere oder für kürzere Zeit, zum Besuch von Verwandten oder weil man anderswo bessere Lebensbedingungen zu finden hofft. Abstammung und Verwandtschaft stellen für die Zusammensetzung der Horde also keine entscheidenden Faktoren dar. Immer umfasst die Horde oder das Jagdlager Angehörige verschiedener Lineages oder Klans.

Neben der wirtschaftlichen Ergiebigkeit des Territoriums bestimmt die Technik der Netzjagd die Größe der Horde. Weniger als 7 Netze lassen diese Art der Treibjagd ineffektiv werden, bei mehr als 30 Netzen wird die Jagd unübersichtlich und gefährlich. Die Größe einer Horde, eines Lagers, schwankt also zwischen 7 und 30 Hütten, wenn man im Durchschnitt für jede Hütte ein Netz rechnet. Da in der Regel eine Kernfamilie eine Hütte bewohnt, da andererseits immer einige Hordenmitglieder unterwegs sind (zu Dörfern der Bantu, zu Nachbarhorden) und einige Hütten von Einzelpersonen bewohnt sind, kann man für die Größe einer Horde eine Zahl angeben, die zwischen 20 und 100 Personen schwankt. So ergibt sich die verhältnismäßig geringe Bevölkerungsdichte als Funktion wirtschaftlicher Faktoren. Größe und Zusammensetzung der Horde sind jedenfalls so gestaltet, dass die ökonomische Unabhängigkeit der Horde gewährleistet ist.

Die Netzjagd der Mbuti ist eine Treibjagd, bei der das Wild in die im weiten Halbbogen aufgestellten Netze getrieben wird. Die 1,20 m hohen Netze haben eine durchschnittliche Länge von 40 m. Der Halbkreis, gelegentlich auch Dreiviertelkreis, der Netze darf nicht zu eng sein, sonst wird das Wild schon durch die Jagdvorbereitungen verscheucht; bei einem zu weiten Halbkreis geht die Übersicht über das Jagdgeschehen verloren. Da die Jäger sich vor Beginn der Jagd im Unterholz im Halbkreis der Netze verbergen (vgl. Graphik bei Tanno 1976, 113), ist es lebensnotwendig, dass die Nebenleute einander gut kennen und verstehen und mit dem Jagdstil des Nachbarn vertraut sind, damit man bei Gefährdungen rasch reagieren kann. Denn man schießt mit vergifteten Pfeilen auf das Wild in den Netzen. Missverständnisse wären also tödlich.

So bilden sich feste Jagdaufstellungen heraus. Im mittleren Abschnitt des Halbkreises sind die älteren Männer platziert, nach beiden Seiten schließen die jüngeren auf, möglichst so, dass man Freunde als Nachbarn hat. An den Enden des Halbkreises postiert sich die Jugend. Frauen und Mädchen bilden einen zu den Netzen komplimentären Halbkreis und treiben auf ein Startzeichen hin mit viel Geschrei und Lärm das Wild in Richtung der Netze. An der Jagd sind also bis auf die Alten und die kleinen Kinder alle beteiligt; ein hohes Maß an Harmonie und Kooperation der ganzen Horde ist für den Erfolg der Netzjagd erforderlich.

Die Beute wird von Frauen und jungen Burschen zum Lager gebracht, wo sie nach komplizierten, von Horde zu Horde variierenden Regeln und unter gründlichen und langen Diskussionen verteilt wird. Diese Verteilungsdispute enden immer mit einem für alle akzeptablen Kompromiss; nicht selten werden hier auch ältere Zwistigkeiten mitgeregelt. Bei sehr erfolgreicher Jagd begnügt man sich mit einem symbolischen Teilen der Beute. Doch die Mbuti jagen selten mehr Wild, als sie am Abend essen können; sie betreiben keine Vorratswirtschaft. Wenn sie mit den Bantu in den Dörfern am Rande des Waldes Tauschgeschäfte machen wollen, brauchen sie natürlich zusätzliches Wild.

Die Netzjagd betont zwar die Kernfamilien als ökonomische Einheiten, denn sie sind es in der Regel, die die Netze besitzen. Andererseits teilt sie die Familie, sodass die Mitglieder einer Familie während der Jagd durch die ihnen zufallenden Aufgaben eher auf eine Kooperation mit den Nebenleuten als mit den Mitgliedern der Familie angewiesen sind. Während der Netzjagd löst sich die Kernfamilie gewissermaßen in die größere Einheit der Horde auf.

Magische Praktiken, etwa Jagdzauber, wie ihn die benachbarten Bantu in den Dörfern benutzen, die ihren Weg vereinzelt auch zu den Mbuti finden, werden im Allgemeinen nicht sehr geschätzt. Bei Erfolg beschwören sie Neid herauf, bei Misserfolg ernten sie den Spott der übrigen Horde.

Magische Praktiken sind der Lebens- und Denkweise der Mbuti fremd. Sie zerstören die Harmonie der Horde, die die wichtigste Voraussetzung für den Jagderfolg ist. Die Teilnahme an der Jagd wird durch keinerlei rituelle Einschränkungen bestimmt (rituelle Unreinheit, sexuelle Tabus). Turnbulls und Schebestas Erfahrungen gehen in diesem Punkt allerdings wieder einmal auseinander (Turnbull 1966, 156; Schebesta 1941, 114).

Beute der Netzjagd werden vor allem kleinere Antilopen. Die wenigen totemistischen Verbote – Verbote also, bestimmte Tiere nicht zu jagen und zu essen, weil sie für eine Familie, eine Sippe, einen Klan eine religiöse Bedeutung haben – sind wahrscheinlich von den umwohnenden Pflanzerdörfern übernommen. Doch sie betreffen meistens solche Tiere, die ohnehin so selten oder so gefährlich sind, dass sie für die Jagd keine große Rolle spielen und auch von jenen Mbuti nicht gegessen werden, die nicht durch ein totemistisches Verbot gebunden sind. Man bewundert und fürchtet z.B. den Leopard, seine Anmut, Kraft und Schnelligkeit, ja man misst ihm übernatürliche Bedeutung bei; man geht ihm aus dem Weg und man verschmäht sein Fleisch, weil man ihm Menschenfresserei nachsagt. Auch das Fleisch des Schimpansen wird kaum gegessen, auch nicht von solchen, die nicht durch ein totemistisches Verbot gebunden sind.

Für die Ernährung der Mbuti mindestens so bedeutend wie die Jagd ist das Sammeln von Pilzen, Wurzeln, Nüssen, Beeren, Blättern und Kräutern oder von Kleintieren wie Termiten, Ameisen, Raupen oder Schlangen. Fleisch ist auf der Speisekarte der Mbuti nur für die Abendmahlzeit vorgesehen. Für die übrigen Mahlzeiten ist man überwiegend auf pflanzliche Kost angewiesen. Das gilt auch, wenn die Jagd wegen ungünstiger Witterung oder sonstiger Störungen, z.B. durch Streit und Disharmonie der Horde, ausfällt.

Die Mbuti, junge und alte, Frauen und Männer, sind immer mit Sammeln beschäftigt, sobald sie das Lager verlassen haben, etwa auch auf dem Hin- und Rückweg zur Jagd. Oft ziehen Frauen und Mädchen in kleinen Gruppen zum Sammeln aus. Doch ist dieses Sammeln weit mehr eine individuelle Angelegenheit als etwa die Jagd; es dient überwiegend zum individuellen Verzehr innerhalb der Familie, obwohl auch hier geteilt wird, wenn die Not es erfordert.

Auch beim Sammeln werden magische Praktiken – also Versuche, den Erfolg mit magischen Mitteln herbeizuzwingen – nicht sehr geschätzt. Fast immer aber werden von den Frauen *elima*-Lieder gesungen, die Lieder des Festes der Pubertät der Mädchen. Man will damit den Wald aufheitern, erfreuen und günstig stimmen, um seinen Schutz anhalten, schließlich auch ganz einfach nur gefährliches Wild vertreiben oder fern halten.

Eine besondere und für die Mbuti sehr wichtige Art des Sammelns ist das Honigsammeln. Die zweimonatige Honigsaison fällt in die Mitte unseres Kalenderjahres. In dieser Zeit zersplittert die Horde in kleinere Gruppen. In der langen Jagdperiode stauen sich meist unterschwellig zwischenmenschliche Spannungen an. So wird diese Trennungszeit von allen begrüßt. Es bilden sich Sympathiegruppen, in denen Freundschaften gefestigt werden können, die der Festigkeit der späteren Horde zugute kommen. Eine Zeit der Erholung und der Freude beginnt.

Das Honigsammeln wird von Männern besorgt, soweit die Bienenstöcke sich auf hohen Bäumen befinden; Bienennester in Bodennähe werden auch von Frauen ausgehoben. Dünnere Bäume werden ohne Hilfsmittel erstiegen, dickere Bäume mit Hilfe von Lianen, die man um den Stamm schlingt, oder durch Umsteigen von leichter erkletterbaren Bäumen aus. Mit einem Beil schafft man sich Zugang zu den Waben im Nest und bläst durch ein gerolltes Blatt mit glühender Asche Rauch in den Bienenstock. Sind die meisten Bienen vertrieben – sie stechen gewöhnlich nicht –, greift man mit den bloßen Händen nach den Honigwaben. Der gefundene Honig wird auf der Stelle verzehrt oder den unten Wartenden in Blättern heruntergeworfen; Honig wird pur gegessen und nicht mit anderen Speisen vermischt. Der Hunger nach Honig scheint bei den Mbuti unstillbar zu sein.

Die Honigzeit versetzt die Mbuti in eine andauernde Feststimmung. Sie ist der Höhepunkt des Jahres. Diese Feststimmung findet ihren Ausdruck in zahlreichen Spielen, Liedern, Tänzen und Riten (etwa das Anzünden von rituellen Feuern). Viele der Lieder und Tänze haben Ähnlichkeit mit jenen, die bei dem *molímo*-Fest, dem großen mehrwöchigen Jagdfest, gesungen und getanzt werden.

Bei den Mbuti wird wenig Aufhebens um eine Arbeitsteilung zwischen den Geschlechtern gemacht. Zwar obliegt das Sammeln von Pflanzen und kleinen Tieren überwiegend den Frauen, doch auch die Männer sammeln, wann immer sie unterwegs etwas Essbares finden und so viel sie tragen können. Hauptgeschäft der Männer aber ist die Jagd. Doch man kann darüber streiten, wer bei der Netzjagd die wichtigere Rolle spielt. Frauen und Mädchen treiben das Wild bei, die Männer und die jungen Burschen bewachen die von ihnen aufgestellten Netze und töten die gefangenen Tiere. Die alten Leute bleiben unterdessen im Lager zurück, beschäftigen sich mit anderen nützlichen Dingen, wie z. B. mit dem Reparieren von Netzen, mit der Aufsicht über die Kinder. Die Kinder jagen und sammeln, so gut sie es können.

Eine wichtige Aufgabe der Frau ist es, die Hütte zu bauen und für ihre kleine Familie das Essen zu bereiten. Die gleiche Arbeit verrichten auch Männer und junge Burschen, wenn sie keine Frau oder kein Mädchen finden, das ihnen diese Arbeit abnimmt. Beide Geschlechter knüpfen und reparieren Netze. Sache der Frau ist es, ihren Sammelkorb anzufertigen; nur Frauen benützen solche Körbe. Die Herstellung von Kleidern aus Baumrinde wird als Aufgabe des Mannes angesehen. Zuständig für das Honigsammeln sind ebenfalls die Männer, jedenfalls so weit es das Besteigen hoher Bäume erfordert. Alles in allem spielt der Unterschied der Geschlechter eine geringere Rolle als der Unterschied der Altersgruppen.

Im sozialen und wirtschaftlichen Bereich lassen sich in der Horde der Mbuti vier klar getrennte Altersgruppen unterscheiden:

1) Die Gruppe der Kinder. Sie begleiten die Erwachsenen oft zur Jagd. So gut sie können, jagen und sammeln sie. Sie bereiten früh schon ihre Nahrung selbst zu, in ihrer Gruppe. Sie fangen kleine Tiere wie Schlangen oder andere langsamere Kleintiere. Sie, und nur sie, fischen. Durch ihre Aktivitäten erbeuten sie sich einen großen Teil ihrer Nahrung selbst.
2) Aufgabe der älteren Kinder und der jungen Leute, so weit sie nicht verheiratet sind, ist es, die Erwachsenen in ihren Tätigkeiten zu unterstützen und sich so möglichst gut in diese Tätigkeiten einzuüben. Sie bringen Brennholz und Wasser zum Lager.
3) Die ökonomisch wichtigste Gruppe ist die der Erwachsenen. Auf sie fällt die Hauptlast der Besorgung des Unterhalts der Horde.
4) Die alten Leute, Paare, Witwen oder Witwer, ziehen sich von den Tätigkeiten der Jüngeren zurück. Sie können ungehindert den Beschäftigungen nachgehen, nach denen ihnen der Sinn steht. Was auch immer sie an Nahrung beibringen, sie haben ein Anrecht darauf, von den Übrigen ihren Lebensunterhalt zu erhalten (Nahrung, Kleidung). Man behandelt sie im Allgemeinen mit Respekt und Zuneigung.

Die Mitglieder der vier Gruppen entwickeln jeweils ein Zusammengehörigkeitsgefühl. Sie bilden Koalitionen bei der Erörterung von Streitfragen und bei der Erledigung bestimmter Aufgaben. Die Kernfamilie spiegelt in ihren Aktivitäten die Gesamthorde wider. In ihrer Obhut liegt die Sorge für die Kleinkinder, die sie nach drei oder vier Jahren an die Horde abgibt, besonders an die Gruppe der Jugendlichen und der Alten. Wenn auch ein Teil des Erbeuteten immer an die Horde als Ganze abgegeben wird, so gilt doch ein gutes Maß der ökonomischen Tätigkeiten dem Vorteil der eigenen Kleinfamilie, besonders so weit es das Ersammelte betrifft.

Die Verwandtschaftsterminologie betont den Unterschied der Generationen und vernachlässigt den Aspekt der Lineage, Sippe, Familie. Darin spiegelt sich der Zwang zur Kooperation der Horde wider, denn Kooperation geschieht in erster Linie auf der Ebene der Altersgruppen; die Zugehörigkeit zu einer bestimmten Lineage ist daneben von untergeordneter Bedeutung.

Nach einer Analyse von M. Godelier (1973, 69–81) bestimmen drei Zwänge alle Bereiche des Lebens, die allgemeine Struktur der Mbuti-Gesellschaft; sie sind Grundvoraussetzungen zur Entfaltung und Erhaltung dieser Gesellschaft:

1) Der Zwang zur minimalen und maximalen Begrenzung der Kopfzahl der Horde und damit der Zwang zur Zerstreuung der Horden.
2) Der Zwang zur Kooperation.
3) Der Zwang zur Fluktuation. Von Monat zu Monat wechselt die Horde ihr Waldlager und erreicht so eine maximale Ausschöpfung der Wildressourcen. Für unzufriedene Mitglieder einer Horde ist dann die Gelegenheit, ohne sonderliche Dramatik zu einem anderen Territorium zu gehen. Diese fast institutionelle Fluktuation, die Beweglichkeit, die fast völlige Ungebundenheit, die »Weichheit« der sozialen Strukturen sind ein beachtliches Element der Widerstandskraft der Mbuti-Gesellschaft gegenüber Fremdeinflüssen.

Die Heiratsregelungen folgen dem Zwang zur Fluktuation. Heiratspartner werden vorzugsweise aus entfernteren Horden gesucht. Die Heirat mit einem Partner aus der Horde, aus der die Eltern stammen, ist geradezu verboten. Doch es gibt keinen regelmäßigen und gezielten Heiratstausch, der Kontinuität und die Bildung von verwandtschaftlichen Gruppen mit weit zurückreichender Genealogie erlaubte. So wird einem Konkurrieren von Horde und Lineage nicht Vorschub geleistet.

Die Mbuti haben eine »demokratische« politische Ordnung. Sie kennen keinen Häuptling oder Führer. Die Gesellschaft der Mbuti ist in hohem Maße egalitär. Wichtige Entscheidungen werden in der Weise getroffen, dass alle so lange diskutieren, bis Einstimmigkeit erreicht ist. Die Wirtschaftsweise der Netzjagd fordert vor allem Kooperation und ständiges Bemühen um Harmonie, und beides ist wohl durch ein System, in dem es keine nennenswerten sozialen Abstufungen gibt, am besten zu gewährleisten. Bei alledem ist jeder Mbuti frei. Er kann gehen, wohin er will, wenn es ihm irgendwo nicht gefällt. Diese Beweglichkeit ist die Voraussetzung dafür, dass Spannungen abgebaut werden können.

Sinn dieser ausführlichen Darstellung der Lebens- und Wirtschaftsweise der Mbuti ist es, auf den zentralen Punkt ihrer Kultur und Religion, ihrer Lebenswirklichkeit, hinzuweisen: Der Wald mit seinem unerschöpflichen Reichtum ist in jeder Beziehung die Lebensgrundlage der Mbuti. Er bestimmt ihre Wirtschaftsweise, ihre Art zu leben und zu denken, ihre soziale, politische und religiöse Ordnung. Er garantiert gleichmäßig Sicherheit und Erhaltung. »Nur der faule Mbuti ist hungrig« lautet eine der Mbuti-Redensarten (Turnbull 1968, 89).

Die Religion der Mbuti: Der Wald, die Feste

Der Wald ist die Lebensgrundlage der Mbuti. Der Wald bestimmt ihre Religion. Die Religion der Mbuti ist ein Waldkult, der allgegenwärtig ist, der sich zwar sehr unspektakulär täglich vollzieht, der seinen besonderen Ausdruck in Jagd- und Honigfeuern, in Liedern und Tänzen findet. Der Waldkult gipfelt in den beiden großen Waldfesten: dem *elima*-Fest zur Feier der Pubertät der Mädchen und dem *molímo*-Fest, das aus Anlass des Todes eines Mbuti begangen wird oder bei schweren Krisen durch Unfälle, Krankheiten und andauernden Misserfolg bei der Jagd.

Der Wald spendet Nahrung, spendet Leben. Er umschließt die Mbuti Tag für Tag. Er schützt vor Sonne und vor Krankheiten, wie sie außerhalb des Waldes angetroffen werden. Er garantiert alles, was die Mbuti zu ihrem Leben brauchen. So ist er der Inbegriff des Lebens, eine Wirklichkeit über allen Individuen und Horden.

Ein Informant erzählte Turnbull: »Der Wald ist Vater und Mutter für uns, er gibt uns alles, was wir brauchen, – Nahrung, Kleidung, Schutz, Wärme und Zuneigung. Gewöhnlich geht alles gut, weil der Wald gut zu seinen Kindern ist; wenn aber etwas missglückt, muss das einen Grund haben. Meistens geht alles gut bei uns. Aber nachts, wenn wir schlafen, gehen manchmal die Dinge schlecht aus, weil wir nicht wachen und alles wieder zum Guten wenden können. Ein Heer von Ameisen dringt ins Lager ein; Leoparden können kommen und einen Jagdhund rauben oder sogar ein Kind. Wären wir wach, so wäre das alles nicht geschehen. Ebenso muss es bei einem großen Unglück, wie bei einer Krankheit oder bei einem Todesfall oder bei schlechter Jagd sein; dann hat der Wald geschlafen und konnte nicht für seine Kinder sorgen. Und dann wecken wir ihn, indem wir zu ihm singen; wir singen, damit er glücklich erwachen soll. Dadurch wird alles wieder gut und richtig werden« (1963b, 101 f.).

Der Wald, die Grundlage der irdischen Existenz der Mbuti, wird erfahren und verehrt als eine Wirklichkeit, die das Leben der Mbuti übersteigt. Die Mbuti verehren ihn als Gottheit, als heilbringende übermenschliche Macht. Sie reden ihn mit Worten an, mit denen man Mutter und Vater, Freunde und Geliebte bezeichnet. Wenn der Wald einschläft, sterben die Mbuti, kommen Krankheiten und Hunger. So muss er wieder geweckt werden, damit er seine Leben spendende Macht ausüben kann. Die Erfahrung dieser Leben und Heil spendenden Wirklichkeit bestimmt und durchdringt Denk- und Lebensweise, die ganze Kultur der Mbuti. Es ist eine im Wesen positive Erfahrung, die zu einem Grundvertrauen führt und die Sicherheit in allen Krisen des menschlichen Lebens gibt.

Diese positive Grundeinstellung des Lebens kommt in den großen religiösen Festen zum Ausdruck. Der Wald wird gefeiert, das Leben wird gefeiert. So ist die Religion weit mehr als ein vages System von Glaubensvorstellungen und einigen rituellen Praktiken. Die Religion ist soziale Praxis, die die Ordnungen des Lebens stützt, erhält, erneuert.

Das *molímo*-Fest

Das wichtigste der Waldfeste ist das *molímo*-Fest (vgl. vor allem Turnbull 1960b). Wann es gefeiert wird, ergibt sich aus den Umständen: wenn der Tod eines Mbuti die Horde hart trifft, wenn Krankheit, Leid, Hunger den Lebensmut der Horde schwächen, wenn die Mbuti von dem Gefühl überwältigt werden, dass der Wald seinen Segen zurückhält, dass er eingeschlafen ist. Dann wird es Zeit für das *molímo*-Fest. Das Fest dauert meistens mehrere Wochen. Die gemeinsame Jagd wird intensiver betrieben, die entsprechend größere Ausbeute Abend für Abend in ausgelassenen Festessen verzehrt. Mit gemeinsamen Liedern und Tänzen wird meist bis zum frühen Morgen gefeiert. Der Wald wird aufgeweckt, aufgeheitert, seine Wohltaten werden in immer neuen Formen erbeten.

Das *molímo*-Ritual soll das Leben und die Gesellschaft wiedererschaffen, die Kräfte des Hungers, der Uneinigkeit, der Entzweiung, der Unmoral und der Ungleichheit besiegen. Durch die intensivere Jagd mit ihrer reicheren Beute wird die Kooperation innerhalb der Horde vertieft, werden Spannungen zurückgedrängt oder abgebaut. Das Erlebnis der gemeinsamen Gesänge und Tänze nach dem großen Festmahl stärkt und fördert die Einigkeit, die Harmonie, den Lebensmut.

Der Tod wird als natürliches Ereignis gesehen. Man weiß, dass er unvermeidlich ist. Doch wie alle Menschen trifft er die Mbuti mit Schmerz und Trauer. Tod kommt, wenn der Wald eingeschlafen ist. Doch man macht den Wald nicht für ihn verantwortlich. Die Erfahrung des Todes ist eine Erfahrung der Bedrohung des Lebens aller Mbuti. Daher das allgemeine Bedürfnis der Mbuti, den Wald aufzuwecken und heiter zu stimmen. Das Fest hilft ihnen, sich der Kontinuität des Lebens zu versichern, des eigenen individuellen Lebens zunächst, aber auch des Lebens der ganzen Gruppe über die Generationen hinaus.

Nach dem Tod wird die Leiche ohne großes Zeremoniell von den nächsten Verwandten im Wald begraben. Die Horde verlässt den alten Lagerplatz sofort und schlägt an anderer Stelle das neue Lager auf. Mit dem *molímo*-Fest beginnt das Leben neu. Es feiert den Sieg des Lebens über den Tod, symbolisch dargestellt im Auslöschen und Wiederentzünden des Lagerfeuers gegen Ende der Festzeit; man könnte in ihm Elemente eines Übergangsritus sehen. Im Tanz einer älteren Frau wird das Feuer niedergetreten, durch den Tanz von Männern neu angefacht, die den Akt der Kopulation nachahmen mit dem Feuer als Partner. Obwohl die Frauen von großen Teilen des *molímo*-Rituals ausgeschlossen sind, sind ihnen zu einigen Zeiten des Festes Tanz-Zeremonien vorbehalten.

Ein wichtiges Element des Festes ist die *molímo*-Trompete, eine Holztrompete aus einem etwa zwei Meter langem Bambusstück: Einerseits greift sie den Gesang der Mbuti auf und bringt ihn tiefer in den Wald, andererseits bekommt der Wald in ihr eine Stimme. Die *molímo*-Trompete – gelegentlich sind es auch zwei oder drei – wird am Abend und in der Morgenfrühe geblasen. Außerhalb der Festzeit sind die Trompeten irgendwo im Wald um das Lager versteckt; von jungen Männern werden sie zum Fest hervorgeholt und geblasen, während des Festes in einem Wasserlauf zur »Kühlung« aufbewahrt. Am Abend erscheint die *molímo*-Trompete am Feuer der Männer; Kinder und Frauen bleiben in ihren Hütten, da sie die Trompete nicht sehen dürfen; die Buben oder die jungen Burschen nehmen erst am *molímo* teil, wenn sie ihr erstes Wild erlegt haben. Die *molímo*-Trompete wird über die Köpfe der am Feuer Sitzenden gereicht, und jeder schmiert etwas Asche in die Öffnung der Trompete. Der Träger der Trompete tanzt mit ihr um das Feuer mit deutlich erotischen Bewegungen.

Das ganze Zeremoniell lässt sich als Fruchtbarkeitsritus deuten, wobei das Feuer und die Feuerstelle das Geschlecht der Frau symbolisieren, die Trompete die Männlichkeit. In der Morgenfrühe weckt der Klang der Trompete die Männer nach kurzem Schlaf zu neuen Liedern und neuen Tänzen. Es gilt als unverzeihliche Beleidigung des Waldes, wenn einer bei diesem Klang weiterschläft. Die Trompete selbst hat als Gegenstand keinen besonderen Wert, außer dass es Mühe braucht, sie anzufertigen. Ihre Qualität, ihre Macht liegt vor allem im Klang, in ihrer Funktion.

Turnbull zählt die wesentlichen Charakteristika des Festes auf:

1) Es ist in seiner Struktur und in seinem Ablauf nicht sehr ritualistisch, d.h., es gibt viel Flexibilität und Spielraum für Variationen.
2) Es ist ein kontinuierliches, andauerndes Bemühen, mit der gütigen und wohlwollenden Macht des Waldes zu kommunizieren; die Trompete ist ein wichtiges Mittel dieser Kommunikation.
3) Es wird großer Wert darauf gelegt, dass wirklich jedes Mitglied der Gruppe, der Horde, sich beteiligt (1960b:322).

Das *molímo*-Fest festigt so die ökonomische, soziale und religiöse Einheit der Mbuti. Die Gruppe erfährt und erlebt den eigenen Zusammenhalt neu, feiert die Macht des Waldes über Tod und Leben. Das Fest wird assoziiert mit Leben, Fruchtbarkeit, Sexualität, Nahrungsfülle, Ausgelassenheit, Freude, Gemeinsamkeit, Harmonie, Sicherheit, Zufriedenheit. Es ist der umfassende Ausdruck der direkten und engen Beziehung der Mbuti zum Wald, der immanenten und transzendenten Macht.

Das *elima*-Fest

Das zweite große Fest, das *elima*-Fest, wird gefeiert, wenn ein oder mehrere Mädchen der Horde ihre erste Menstruation haben (vgl. vor allem Turnbull 1960a). Es dauert etwa einen Monat. Die Mädchen, jene die die Pubertät erreicht haben, zusammen mit Altersgenossinnen, für die noch kein *elima*-Fest gehalten wurde, ziehen gemeinsam in eine Hütte. Von älteren Frauen lernen sie die *elima*-Lieder; sie werden vertraut gemacht mit allem, was zur Mutterschaft gehört; sie lernen die Kräuter und Medizinen kennen, die sie benötigen, etwa zur Empfängnisverhütung.

Sinn der Lieder und Gesänge ist es auch hier, den Wald zu erfreuen. Es sind die Lieder, die gesungen werden, wenn die Frauen zum Sammeln in den Wald gehen, einzeln oder in Gruppen. Fruchtbarkeit und Sexualität, Leben, sind hier die charakteristischen Themen. Für die Mädchen ist die Zeit des *elima*-Festes nicht mit besonderer ritueller Absonderung verbunden. Sie bewegen sich frei im Lager, der Alltag geht für die übrige Horde im Großen und Ganzen weiter.

Enger beteiligt sind allerdings die jungen Burschen, die des Lagers, aber auch solche aus anderen Horden. Sie werben in dieser Zeit um die Mädchen und sie lassen sich umwerben. Die Mädchen laden Burschen, die als Heiratspartner in Frage kommen, ein, mit ihnen in der *elima*-Hütte zu schlafen. Die Wochen des Festes sind für alle eine Zeit großer sexueller Freizügigkeit. Sie sind eine Zeit, wo künftige Ehen vorbereitet werden, eine Zeit der Partnerwahl, eine Art Verlobungsfestival.

Das *elima*-Fest ist ein Initiationsfest, ein Übergangsritus im Sinne van Genneps. Es bringt Mädchen und Burschen den Übergang von der Kindheit zum Status des Erwachsenen. Es feiert individuelle und korporative Fruchtbarkeit, die Regeneration der ganzen Gruppe. Die ganze Horde erlebt und erfährt ihre Lebensfähigkeit. Der rituelle Rahmen ist, wie auch sonst im Leben der Mbuti, sehr locker. Bestimmte rituelle Elemente wie Lieder und Tänze haben ihren Platz. Doch im Einzelnen bleibt viel Spielraum für Spontaneität und Improvisation. Vor allem die Mädchen entwickeln in diesen Wochen ein fast intimes Verhältnis zum Wald, zum Leben schlechthin. Etwa wenn sie in den Wald gehen, allein oder in kleinen Gruppen, ihre Lieder singen, im Wald und mit dem Wald tanzen.

Im *elima*-Fest wird ein wichtiger sozialer Aspekt deutlich: Die Bindung an die Kernfamilie wird gelockert, und neue Bindungen zwischen Mädchen einer bestimmten Altersgruppe entstehen, die oft das ganze Leben andauern. Die Solidarität zwischen Angehörigen einer Altersgruppe ist eine der Grundbedingungen für die Lebensweise der Mbuti.

Ein vergleichbares Ritual zur Initiation der Buben gibt es nicht. Sie gelten als erwachsen, wenn sie ihr erstes Wild erlegt haben und dann am *molímo*-Fest teilnehmen dürfen. Die Initiationsfeier in den Bantu-Dörfern (der *nkumbi*-Ritus), während der auch Mbuti-Buben beschnitten werden, ist nach Turnbull für die Mbuti weniger von religiösem als von politischem Interesse; sie soll vor allem dazu dienen, den Mbuti das Gastrecht im Dorf und in einer Patenfamilie zu sichern und ihren jeweiligen sozialen Platz im Dorf zu bestimmen.

Die Religion der Mbuti als ökonomische und politische Praxis

Die bisherigen Ausführungen über Lebens- und Denkweise der Mbuti zeigen überdeutlich den Zusammenhang zwischen Wirtschaft, Gesellschaft und Religion. Religion ist hier untrennbar mit allen anderen Bereichen der Kultur verbunden. Religion erschöpft sich nicht in einem Glaubenssystem, das in starren Ritualen zementiert ist. Religion ist Theorie und Praxis. Sie verstärkt alle positiven Aspekte der sozialen Ordnung, sie baut Spannungen ab, fördert die lebensnotwendige Harmonie und Einheit der Gruppe, sie trägt viel dazu bei, die Fortdauer der Mbuti-Gesellschaft zu garantieren.

Das Leben der Mbuti scheint einzig und allein auf die Gegenwart ausgerichtet zu sein. Man verschwendet kaum Gedanken an Vergangenheit oder Zukunft. Die Erinnerung an die Verstorbenen verblasst bald. Man sammelt keine Vorräte, abgesehen von dem, was man in den Bantu-Dörfern am Rande des Waldes einzutauschen gedenkt. Die Sorglosigkeit der Mbuti hat einen wesentlichen Grund im natürlichen Reichtum des Waldes, der gleichmäßige Sicherheit und Erhaltung garantiert. Das Grundvertrauen in das Leben, das vom Wald bestimmt und getragen wird, ist das Charakteristikum der Mbuti-Religion. Der Wald ist für sie die Summe alles Guten, das was Heil spendet, was Heil ist.

Da der Wald mit seiner gütigen und Leben spendenden Macht jedem Mbuti jederzeit gegenwärtig ist, braucht es keine religiösen Spezialisten, die eine Verbindung zum Göttlichen herstellen müssen. Mit dem Wald ist Gott jedem Mbuti nahe; diese Nähe erlaubt es den Einzelnen, sich unmittelbar an Gott zu wenden, erlaubt eine direkte und intime Beziehung zwischen dem Einzelnen und Gott. Komplizierte religiöse und rituelle Praktiken sind nicht notwendig.

Bei aller individuellen Freiheit und Ungebundenheit erlaubt die Mbuti-Gesellschaft Einzelgängertum nicht. Die Lebensweise der Mbuti erfordert die absolute Einbindung des Einzelnen in die Horde. Konflikten, die ernstlich die Einheit der Horde gefährden, begegnet man mit Kompromissversuchen: Es wird so lange diskutiert und disputiert, bis ein gemeinsamer Nenner gefunden ist.

Man kennt bei den Mbuti nur zwei Kapitalverbrechen, die mit schweren Strafen geahndet werden: Jagddiebstahl und Abstinenz vom *molímo*-Fest. Beide Vergehen erschüttern die Lebensweise der Mbuti grundlegend. Jagddiebstahl zerstört die Solidarität der Horde, die gemeinsam jagt und die Beute verteilt. Die Abstinenz beim *molímo*-Fest, d. h., wenn jemand sich freiwillig von der gemeinsamen Anstrengung ausschließt, den Wald zu wecken, erschüttert das ganze soziale und religiöse System. Wer dies tut, beleidigt den Wald, den Lebensspender. Er stellt sich selbst außerhalb der Welt der Mbuti. Die Strafen für beide Vergehen sind entsprechend hart: Ächtung und Verstoßung aus der Horde, was oft den sicheren Tod bedeutet, wenn nicht physisch dann kulturell, da nicht leicht eine andere Horde bereit ist, solch einen »Außenseiter« und »Querkopf« bei sich aufzunehmen.

Dieser kurze Überblick über die Lebensweise, vor allem die Religion, der Mbuti vom Epulu konnte natürlich nur ein grober Umriss sein. Die Ausführungen handelten im Wesentlichen von den Netzjägern, wie Turnbull sie beschreibt. Schebestas Erfahrungen mit den Bogenjägern kamen kaum zur Sprache. Nur die wichtigsten Linien konnten angedeutet werden. Viele Details mussten übergangen werden. Es wären noch viele Fragen zu stellen und Antworten zu suchen. Vor allem was die Kontakte der Mbuti mit ihren Dorfnachbarn, den Bantu-Pflanzern am Rande des Urwaldes, angeht. Wie geschlossen ist diese Welt der Mbuti? Wie ist es möglich, dass die Mbuti ihre Lebensweise durchhalten konnten trotz wahrscheinlich jahrhundertelanger enger Beziehungen zu den Pflanzern? Diese Beziehungen waren so intensiv, dass die Mbuti sogar die Sprache der Pflanzer übernommen haben, wenn auch mit eigenem charakteristischen Akzent.

Eine mögliche Antwort wäre, dass die Lebens- und Weltanschauungen beider Gruppen diametral entgegengesetzt sind, dass die gegenseitige Beeinflussung also sehr erschwert wird. Für die Pflanzer etwa bedeutet der Wald genau das Gegenteil von dem, was er für die Mbuti darstellt. Für die Pflanzer ist der Wald der Inbegriff des Bedrohlichen, der Bereich übel wollender und gefährlicher Geister. Und die Mbuti, für die der Wald die Quelle des Lebens ist, tun alles, um den Dorfbewohnern ihre Angst vor dem Wald zu belassen. Wenn sie es etwa versäumt haben, versprochene Tauschgüter ins Dorf mitzubringen, erzählen sie als Ausrede Geschichten von Geistern, über die sie sich selbst lustig machen. Gibt es mit den Dorfbewohnern Schwierigkeiten, Spannungen und Konflikte, ziehen sich die Mbuti in den Wald zurück.

Warum haben die Mbuti so wenig von dem höheren Standard der Technik der Dorfbewohner übernommen oder gelernt? Warum hat das Leben im Dorf so wenig Einfluss auf sie? An ihrer Intelligenz kann es wohl nicht liegen. Doch warum sollten sie? Die These, Wildbeuter seien so sehr mit der Sorge ums Überleben beschäftigt, dass sie keine Zeit hätten, sich um andere Dinge zu kümmern, etwa »Kultur aufzubauen«, ist seit Jahren widerlegt und als Vorurteil markiert (Sahlins 1968, 85). Kaum eine Lebensform erlaubt den Menschen so viel Freizeit wie die der Wildbeuter. Sahlins geht sogar so weit zu behaupten, dass bei den Wildbeutern die einzige jemals realisierte »Überflussgesellschaft« zu finden sei, weil alle gesellschaftlichen Bedürfnisse befriedigt seien und es an Mitteln zu ihrer Befriedigung nicht mangele (vgl. Godelier 1973, 54). Das Beispiel der Mbuti-Netzjäger widerspricht dem nicht.

Um die Religion der Mbuti darstellen und beschreiben zu können, war es notwendig, den gesamten Lebenszusammenhang der Mbuti zu thematisieren. Die Glaubensvorstellungen der Mbuti sind nicht in schriftlichen Dokumenten festgehalten. Ihre Zeremonien und rituellen Praktiken lassen sich oft nur schwer vom Alltagsverhalten trennen. Religion ist mit den anderen Bereichen der Kultur so eng verwoben, dass eine Unterscheidung von sakral und profan kaum gemacht werden kann. Und doch haben wir es mit Religion zu tun. Im Wesentlichen erfüllt die Religion der Mbuti all die Forderungen, die zur Begriffsbestimmung der großen Universalreligionen dienen:

1) Glaubensvorstellungen: Bei den Mbuti ist der Wald die allumfassende Gottheit. Ihrer egalitären Gesellschaftsordnung entsprechend haben sie kein hierarchisch geordnetes System von Gottheiten und Geistern. Gott wird erfasst mit den Begriffen zwischenmenschlicher Beziehungen. In den Vorstellungen der Mbuti fänden philosophisch-theologische Konzepte wie »Eingottglaube« oder »Hochgott« oder »Höchstes Wesen« keine Entsprechung.
2) Kult: Der Wald gibt dem Leben der Mbuti die Grundlage. Er ist ständig gegenwärtig. Jeder Mbuti hat zu ihm direkte Beziehungen. Bei den wichtigen Festen wird diese enge Verbundenheit in Liedern und Tänzen gefeiert. Die Religion der Mbuti ist ein Waldkult.
3) Gebote: Die Mbuti sehen in der Beleidigung, der Nichtbeachtung des Waldes das gröbste Vergehen. Eine solche Haltung zu vermeiden, ist demnach das wichtigste Gebot.
4) Gefühle: In ihren Beziehungen zum Wald, zu Gott, erfahren die Mbuti Sicherheit und Geborgenheit. Der Wald ist für sie die Summe alles

Guten, das was Heil spendet, was Heil ist. Vertrauen zum Leben kennzeichnet als Grundgefühl die Religion der Mbuti.

Solidarität, die Alten und die Ahnen – Ahnenkult und Ahnenverehrung

Die Bulsa und Tallensi (Nordghana)

Bei der Suche nach Gemeinsamkeiten in den Stammeskulturen stößt man auf zwei Themenbereiche, die eng zusammenhängen und miteinander verbunden sind: das Menschenbild, das Verständnis von Person einerseits, die Ahnenverehrung, der Ahnenkult andererseits. Es geht hier um Denk- und Verhaltensweisen, die sich in vielen traditionellen Kulturen Afrikas, Asiens, Amerikas, Ozeaniens in der ein oder anderen Form finden; sie zeigen ein Grundmuster, das sich in europäisch-westlichen Kulturen so nicht findet. Ich möchte dies am Beispiel der Bulsa und Tallensi erläutern.

Werte, Normen, das Verhalten eines Menschen richten sich aus nach seinem Menschenbild, das ihm von seiner Kultur vorgegeben ist. Was gut und was schlecht ist, was man tut und was man nicht tut, gehört zum Lernprogramm der Sozialisation, der Enkulturation und der Erziehung (bewusst und unbewusst), mit der man aufwächst. Es ist daher ein großer Unterschied, ob jemand in einer Kultur groß wird, in der das Individuum mit seinen Rechten und Pflichten im Vordergrund steht, also Individualwerte dominieren, oder ob jemand in einer Kultur zu Hause ist, wo der Mensch sich zuerst als Gemeinschaftswesen sieht und erfährt, wo also Solidarwerte dominieren.

Im afrikanischen Kontext, wie übrigens auch in vielen anderen Teilen der nichtwestlichen Welt, definiert sich der Mensch nicht zuerst als Individuum, sondern als Teil einer bestimmten Gruppe, meistens einer verwandtschaftlichen Gruppe: einer Familie, einer Lineage, eines Klans. Afrikanisches Selbstverständnis ist eher soziozentrisch als egozentrisch akzentuiert.

»Afrikanischer Kontext, afrikanisches Menschenbild, afrikanisches Denken usw.« allerdings sind Verallgemeinerungen, die eigentlich so wenig statthaft sind wie »afrikanische Kultur«; denn auf dem Kontinent Afrika leben sehr viele Ethnien mit ganz unterschiedlichen Lebensweisen. Verallgemeinerungen der genannten Art haben daher nur Sinn und Berechtigung, wenn sie im groben Vergleich mit europäisch-westlicher Denk- und Lebensweise formuliert werden. Sie sind allenfalls Tendenzaussagen, die keinen absoluten Wert beanspruchen können. Andererseits ist Afrika südlich der Sahara seit der Kolonialzeit dabei, sich zu einem kulturellen und politischen Großraum zu entwickeln, in dem die Grenzen zwischen den einzelnen Völkern und Kulturen durchlässiger werden. Gerade afrikanische Autoren (wie z.B. John Mbiti) stellen mehr das Gemeinsame als das Unterscheidende heraus.

Für den Abendländer ist Leben Individualität. Gemeinschaft, Zusammensein mit anderen ist sekundär. Für das afrikanische Lebensverständnis gilt umgekehrt: »Nur weil es die Gemeinschaft gibt, gibt es den einzelnen. ›Weil wir sind, bin ich‹, formuliert John Mbiti diesen Sachverhalt [1974, 136]. Die Gemeinschaft ist das Vorgegebene. Sie erstreckt sich zeitlich über den Horizont der Jetztzeit, rückwärts zu den Ahnen und vorwärts in Richtung auf die Nachkommen, auf die zukünftigen Geschlechter. Der Einzelne ist nur, insofern er Mitglied einer Gruppe ist.« Oder wie es an anderer Stelle formuliert wurde: »Menschsein gibt es nur als Familie« (Sundermeier 1988, 26).

Selbstverständlich kennt afrikanisches Denken auch das Individuum mit seiner ihm eigenen Personalität, seinen Eigenarten und Talenten, seinen persönlichen Bedürfnissen, Nöten und Ambitionen (vgl. Achermann 1993, 47–50). Doch ist das Verhältnis Individuum/Gemeinschaft mindestens genau ausbalanciert, meistens jedoch mit einem leichten Übergewicht zugunsten der Gruppe und Gesellschaft. Individualismus westlicher Tradition und Prägung ist unafrikanisch. Als Ideal afrikanischer Lebensweise könnte man also nennen: die harmonische Integration des Individuums in seiner sozialen Umwelt.

Doch bevor dieses afrikanische Menschenbild und Personverständnis und die Thematik Alter und Ahnenverehrung ausführlicher dargestellt und diskutiert werden, zunächst einige Sätze zu den beiden Stammeskulturen, die als Beispiel herangezogen werden.

Der ethnographische Rahmen

Über die Bulsa wurde in den vergangenen Jahren ausführlich geforscht und publiziert von Rüdiger Schott und seinen Mitarbeiterinnen und Mitarbeitern, seinen Schülerinnen und Schülern; allein Schott hielt sich zu drei längeren Feldforschungen bei den Bulsa auf: 1966/67, 1974/75 und 1988/89. Soweit die Bulsa betroffen sind, folgen meine Ausführungen vor allem dieser Literatur (vgl. u.a. Schott 1970, 1973/74, 1977, 1980, 1982, 1989, 1990, 1994, 1997; Schott [ed.] 1993, 1996; Kröger 1978, 1982, 1986, 1992; Heermann 1991; Blanc 1993; Meier 1993). Der klassische Ethnograph der Tallensi war Meyer Fortes, dessen Feldforschung bis in die 30er-Jahre zurückreicht (vgl. vor allem seine Hauptwerke 1945, 1949, 1987; vgl. dazu auch Riehl 1992).

Die Bulsa (ca. 70000) und Tallensi (ca. 40000) sind zwei benachbarte und verwandte Völker im äußersten Norden Ghanas, zwischen denen enge kulturelle und kultische Beziehungen bestehen (Schott 1970, 12); sie gehören zur Gruppe der Gur-sprachigen Obervolta-Völker; ihr Lebensraum ist die parkähnliche Savanne der Sudanzone mit ausgeprägter Trocken- und Regenzeit. Sie betreiben Feldbau (Hirse- und Bohnenarten, Erdnüsse, andere Gemüsepflanzen) und Vieh- und Geflügelhaltung (Schafe, Ziegen, Hühner).

Die kühlere Regenzeit (April bis Oktober) wird bei den Bulsa vor allem für den Ackerbau genutzt, während die heißere Trockenzeit (November bis März), eine vegetative Ruheperiode, die Zeit der großen Feste und Feierlichkeiten ist, der rituellen Handlungen, besonders der Totengedenkfeiern, »die im Mittelpunkt des kultischen Lebens der Bulsa und anderer Völker der ›voltaischen‹ Kulturprovinz« im Norden Ghanas stehen, der Hauserweiterungen, der Hausneugründungen und der Jagd (Schott 1970, 11; Kröger 1978, 1). Die intensiv genutzten Felder umgeben die fast kreisrunden Gehöfte; Nachbargehöfte sind so weit voneinander entfernt, dass man sich noch durch Rufen verständigen kann.

Die Gesellschaft der Bulsa ist wie die der Tallensi patrilinear organisiert; die Verwandtschaft wird nach der väterlichen Linie gerechnet, die Verwandtschaftsgruppen (Gehöft, Lineage, Klan) sind exogam. Die Wohnordnung ist patrilokal: die Frauen ziehen bei der Heirat zur Gruppe des Mannes, der verheiratete Sohn nimmt mit seiner Familie Wohnung beim Vater. Es handelt sich bei den Bulsa nicht um eine Ethnie oder einen Stamm im Sinne einer festen übergreifenden politischen Organisation unter der Oberherrschaft eines Häuptlings. Die Funktion eines Oberhäuptlings oder Paramount-Chief wurde erst zu Anfang des 20. Jahrhunderts von der britischen Kolonialmacht geschaffen. Der Gesellschaft der Bulsa ist eine solche Institution fremd. Überhaupt stellt diese Gesellschaft einen Zusammenschluss von einer Vielzahl von Verwandtschaftsgruppen dar, die zu verschiedenen Zeiten und aus verschiedenen Richtungen in ihr heutiges Wohngebiet eingewandert sind (Schott 1982, 55). Bei aller geschichtlich gewachsenen Selbständigkeit der Bulsa fällt die kulturelle Nähe zu den Nachbarvölkern ins Auge, etwa zu den Mamprusi oder Tallensi.

Die Abstammungsgruppen Klan und Lineage sind in erster Linie Kultgemeinschaften. Sie respektieren gemeinsame »Totems«, d. h., sie glauben sich und ihre Ahnen mit bestimmten Tieren besonders eng verbunden, doch einen eigenen Kult für solche Totemtiere gibt es nicht. Mit den Vorfahren sind die Bulsa durch Ahnenverehrung und Ahnenkult, durch Gebete und Opfer verbunden. Die verschiedenen Verwandtschaftsgruppen siedeln zusammen. Die Gehöfte werden zu Lineages, die Lineages zu einem Klan zusammengefasst. Das besiedelte und bebaute Land gehört der Verwandtschaftsgruppe, hier sind die Gräber und Altäre der Ahnen, hier sind die Lebenden und Verstorbenen der Gruppe lokal vereint.

Das Gehöft der patrilinearen Großfamilie stellt die unterste Wirtschafts-, Sozial- und Ritualeinheit dar. Zur Großfamilie gehören der Gehöftherr *(yeri nyono)* mit seinen Frauen, seinen unverheirateten Schwestern und Töchtern, seinen jüngeren Brüdern und seinen Söhnen mit deren Frauen und Kindern. Polygamie ist die soziale Norm, freilich nicht die Regel der Praxis. Der Gehöftherr ist verantwortlich für das materielle Wohl und den sozialen Frieden in seiner Großfamilie; er vollzieht die Opfer für die Ahnen des Gehöftes und für die Erde; wenn es für irgendjemanden der Großfamilie notwendig wird (Unglück, Krankheit, Missgeschick), wendet er sich an den Wahrsager, um zu erfahren, welche übermenschliche Macht welche Art Opfer von ihnen verlangt, damit die Situation bereinigt werden kann.

Fast jeder Erwachsene hat einen eigenen Altar, wo er, und nur er, seinem *wen* Opfer darbringt. Nach dem Glauben der Bulsa besitzt der Mensch neben seinem Körper geistige Prinzipien, die mit ihm eng verbunden sind (vgl. Kröger 1978, 140ff.; Schott 1970, 24; 1982, 57): Das *chik*, oft mit »Seele« übersetzt, ist mit dem menschlichen Körper schon vor der Geburt vereint; es verlässt ihn nach dem Tod und geht zum Himmel bzw. zum Totenreich. Ein anderes immaterielles Prinzip, das zum Menschen gehört, ist *pagrem*, Stärke, das sich in vielen unterschiedlichen Formen äußern kann, z. B. als Abwehrkraft gegen böse Geister, als Arbeitskraft, als Sexualkraft usw.

Das eigentliche Lebensprinzip des Menschen, sein alter Ego, aber ist *wen*, das sich immer außerhalb des Körpers befindet. Auch das individuelle *wen* eines Menschen existiert bereits vor seiner Geburt, doch es muss erst von einem Wahrsager gefunden und an einem eigens errichteten Opferplatz, einem Lehmaltar, lokalisiert werden. Das geschieht, wenn im Leben eines Jungen oder eines Mädchens eine Krise auftritt, z. B. wenn es zu Problemen im Verhalten kommt oder wenn Krankheiten über einen hereinbrechen. Für Jungen ist dieser Altar im Viehhof oder im Getreidespeicher des Vaters, für Mädchen in der Hütte der Mutter. Das *wen* überdauert die individuelle irdische Existenz. Wächst ein Verstorbener in die Rolle des Ahnen, so ist sein *wen* der Adressat der Ahnenopfer seiner Nachfahren.

Der Begriff der Person bei den Tallensi

Zum Personenbegriff der Tallensi sprach M. Fortes ausführlich auf dem internationalen Kolloquium »La notion de personne en Afrique noire« der CNRS 1971 in Paris, dessen Beiträge 1973 publiziert wurden (vgl. auch Fortes 1987); ich folge hier den von M. Fortes vorgetragenen Gedanken.

Bei den Tallensi gibt es eine Grundpolarität zwischen persönlichem Geschick, Schicksal, Bestimmung (*yin*, personal destiny; es entspricht in etwa dem *wen* der Bulsa) und sozialer Identität, sozialer Rolle (social identity). Das persönliche Geschick ist bereits vor der Geburt bestimmt, es gibt einem Menschen die unverwechselbare Individualität, die sich im Laufe des Lebens erst voll entfaltet. Was eine Person ausmacht, ist im Wesentlichen fremdbestimmt: Sein Geschick ist ihm vorgegeben, seine Position in der Gesellschaft ist durch Tradition und Kultur genau definiert. Die Gesellschaft macht einen Menschen zur Person. Person ist ein dynamischer Begriff. Man wird nicht als solche geboren, man wird zu einer Person. Es handelt sich also um einen Prozess, um Personwerden. Ob jemand eine Person war, ein vollwertiger Mensch, kann man erst entscheiden, wenn er gestorben ist. Geburt und Tod sind der notwendige Rahmen.

Voraussetzung für dieses Personwerden ist zunächst, dass der Mensch in einer normalen Geburt zur Welt kommt: Es muss eine Einzelgeburt sein, das Kind muss gesund sein und in eine legale Familie, d. h. eine Großfamilie, eine Lineage (Sippe), einen Klan hineingeboren werden. Dem Kind wird eine festumschriebene Position zugeteilt. Nur so hat es die Chance, zur Person zu werden, als Individuum eine soziale Rolle einzunehmen, den Platz einzunehmen, der ihm kulturell vorgegeben ist. Das Ideal einer vollwertigen Person ist in der patrilinearen Gesellschaft der Tallensi ein älterer erwachsener Mann, der dem Alter und der Position nach an der Spitze seiner Lineage steht, männliche Nachkommen hat und einen normalen Tod stirbt, somit zum Ahnen werden kann. Denn der Tod entscheidet, ob einer eine Person war. Ein guter Tod beweist, dass jemand sich voll zur Person entwickelt hat, zur vollen juridischen und rituellen Autonomie gekommen ist. Dieser Tote erhält die ihm zustehende Beerdigung mit ihren Feierlichkeiten, die ihm den Weg zum Reich der Ahnen öffnen. Wer eines schlechten Todes stirbt (Unfalltod, Ertrinken, Selbstmord z. B.) kann nicht Ahne werden. Er wird vergessen, er ist endgültig tot.

Nach der Philosophie der Tallensi kann also erst im Nachhinein entschieden werden, wer eine volle Person war: ein Mensch, normal und gesund geboren, legitimes Mitglied einer sozialen Gruppe, der seine gesellschaftliche Rolle verantwortungsvoll ausübt, männliche Nachkommen hat, zur vollen juridischen und rituellen Autonomie kommt, einen guten Tod hat und Ahn wird.

Die Spannung zwischen Individuum und seiner sozialen Identität wird durch die beiden Namen ausgedrückt, die ein Tallensi erhält: Der erste, öffentliche Name benennt seinen Ort und Platz in der Gruppe, er identifiziert ihn als Mitglied einer Familie; der zweite Name ist privat, er ist nicht öffentlich bekannt; um ihn weiß nur er selbst und seine engste Familie; er verbindet ihn mit einem persönlichen Schutzahnen, macht ihn zu einem eigenen, unverwechselbaren Individuum. Die Individualität eines Menschen wird auch ausgedrückt durch die ihm eigenen persönlichen Tabus und rituellen Besonderheiten, die jemand beachten muss; auch sie stehen in Beziehung zum persönlichen Ahnen eines Menschen.

Die patrilineare, patriarchalische, männerdominierte Gesellschaftsordnung der Tallensi wird z. T. ausbalanciert durch eine parallele matrilineare Struktur, die die Kinder auch an die Mutter und ihre Lineage bindet. Während in der patrilinearen Struktur Autorität, Formalität, Pflichten und Rechte das kennzeichnende Merkmal sind, bedeutet das matrilineare Prinzip, die Beziehung zur mütterlichen Linie, eine Betonung der affektiven Werte: Hier geht es um rein zwischenmenschliche Werte, wie Zuneigung, Freundschaft, Liebe, Vertrauen (all das ohne den strengen juridischen und rituellen Rahmen der patriarchalen Familie).

Man sieht, welche Stellung eine solche Lebensanschauung dem Alter, den Alten zuerkennt. Das Leben entfaltet sich von der Jugend zum Alter hin. Das Leben nimmt an Fülle zu, es wächst zum Alter hin. Ein Kind, ein junger Mensch ist keine volle Person; das kann nur ein alter Mensch sein. Diese Sicht des Lebens hängt eng zusammen mit der Lebensweise in einer solchen Kultur. Im Beispiel der Tallensi und Bulsa ist dies eine Pflanzer-, eine Bauernkultur. Die Felder, das Ackerland, also die materielle Grundlage des Lebens, liegen nicht in der Hand von Individuen. Das Land gehört der ganzen Gruppe (der Lineage oder dem Klan), zu der die Lebenden und die Ahnen gehören. Die Entscheidungsträger dieser Gruppe sind die Alten. Sie sind die eigentlichen Träger der wirtschaftlichen und der religiösen Macht. Denn sie vertreten die Ahnen und die Verstorbenen, sie stehen am Schnittpunkt zwischen der Welt der Lebenden und der Welt der Ahnen. Sie geben den Willen der Ahnen an die Lebenden weiter.

Ein weiteres Element, das für die hohe Bewertung des Alters in traditionellen afrikanischen Gesellschaften wie der Bulsa und Tallensi große Bedeutung hat, ist die Schriftlosigkeit dieser Kulturen. Wissen ist Macht. Und wo Wissen nicht in schriftlicher Form gespeichert werden kann, kommt dem Gedächtnis und dem gesprochenen Wort große Macht zu.

Bei den Alten sammelt sich also über die Jahre der Schatz des Wissens eines Volkes. Die Alten wissen, wie es früher war, wie es heute sein sollte. So werden die Alten zu Garanten und Kontrolleuren ihrer Tradition.

Und was im modernen Europa etwa durch die Schule vermittelt wird, wird in traditionellen afrikanischen Stammeskulturen von der Generation der Großeltern übernommen. Die Großeltern kümmern sich um die Enkelkinder. Damit wäre wenigstens auch der emotionelle Faktor noch einmal kurz angedeutet, der selbstverständlich auch für afrikanische Kulturen von großer Bedeutung ist. Und er wirkt sich für Frauen anders aus als für Männer. Es ist eine universale Erscheinung, etwas, was für alle Kulturen der Welt zu gelten scheint, dass zwischen Müttern und Kindern, zwischen Großmüttern und Enkelkindern, enge persönliche Bindungen wachsen, die auch im Alter tragen.

Die traditionelle Religion der Bulsa

Über die Rolle der Alten und Ahnen in der Weltanschauung der Bulsa berichtet R. Schott anhand eines Gerichtsfalles in Sandema, dem Hauptort der Bulsa, an dem er am 29.10.1974 selbst teilnahm (1980, 265–269).

Ort der Verhandlung war das Gehöft des Paramount-Chief; Kläger und Beklagter stammten aus dem einige Kilometer entfernten Ort Kanjaga. Der eine führte Klage, dass sein Nachbar sich einige Esel des Klägers, die sich verlaufen hatten, widerrechtlich angeeignet hätte. Der Beklagte bestritt dies; die Esel in seinem Gehöft seien seine eigenen und nicht die des Klägers. Der Prozess hatte bereits ein früheres Stadium vor dem Häuptling von Kanjaga erlebt. Dieser hatte den streitenden Parteien aufgetragen, einen Wahrsager zu befragen; das tat der Vater des Klägers und er erhielt eine Auskunft zu seinen Gunsten. Doch der Beklagte glaubte ihm nicht und beschuldigte ihn, zu lügen. Der Vater des Klägers jedoch weigerte sich seinerseits, zusammen mit dem Vater des Beklagten unter Aufsicht des Häuptlings das in solchen Fällen vorgeschriebene gemeinsame Opfer darzubringen. Der Vater des Beklagten hatte ein Hühnchen zum Opfer geschickt. So kam der Fall schließlich zum Paramount-Chief.

Der Paramount-Chief lehnte es ab, den Fall zu übernehmen, und wies ihn an die Ältesten des Dorfes zurück, damit sie ihn erneut besprechen sollten. Einer der Berater des Paramount-Chief machte den streitenden Parteien den Vorschlag, vor dem Erdheiligtum zu opfern und so die Wahrheit feststellen zu lassen. Doch der Chief riet von diesem letzten Mittel, die Wahrheit zu erfahren und sich einem solchen »Gottesurteil« zu unterwerfen, ab; also dem Erdheiligtum zu opfern, das dann den Lügner unweigerlich töten würde. Und er gab seine ausführliche Begründung:

»Es ist besser, dass ihr diesen Fall friedlich zu Hause beilegt; er gehört überhaupt nicht vor das Gehöft des Häuptlings. Ihr hättet den Fall besser vor eure Ältesten bringen sollen, sodass sie ihn entscheiden. Und nur, wenn sie zu keiner Entscheidung kommen, könnt ihr den Fall zum Gehöft des Häuptlings bringen. Ihr wisst, dass [verlorene] Tiere Zwistigkeiten [wörtlich: ›das Tun des Verleumders‹] mit sich bringen. … Ihr wisst dass [verlorene] Tiere den Tod bringen. Wenn Leute zusammensitzen und versuchen, sich gegenseitig um Tiere zu betrügen, bringt ihnen dies den Tod. Wenn du versuchst, einen anderen um sein Tier zu betrügen, und es ›essen‹ [d.h. besitzen] willst, es jedoch nicht dein Tier ist, wirst du sicherlich sterben. Da ihr eins seid [d.h. zur selben Ortschaft gehört], ist es nicht gut, dass ihr einen Fall von dieser Art zum Gehöft des Häuptlings bringt. Deshalb geht hin und ruft eure Ältesten zusammen – die Ältesten des Häuptlings von Kanjaga mögen auch [als Unparteiische] zugegen sein –, sie mögen entscheiden, wem die Esel gehören. Wenn ihr dann immer noch streitet und euch nicht einigen könnt, dann könnt ihr gemeinsam zu eurem Fluss [dem Erdheiligtum] gehen und ein Huhn töten [= opfern], um herauszufinden, wem die Esel gehören …« (266f.).

Davor aber warnte der Paramount-Chief die Streitenden, und er fuhr fort: »Wenn ihr hingeht und das Huhn tötet [dem Erdheiligtum opfert], wird niemand von euch übrig bleiben. Es wird euch alle töten! Ihr werdet den Fall auf diese Weise nicht beilegen. Dieser Fall ist nichts für den Häuptling! Schickt [nehmt] ihn nach Hause! Wenn ihr meint, dass ihr ein *bogluk* [›Heiligtum‹] habt, um ihm zu opfern, und wenn ihr sagt, dass ich die Unwahrheit spreche, geht hin und opfert! Wartet dann sechs Monate lang und seht, was geschieht; dann kommt zu mir und erzählt es mir, sodass ich höre. Ich kann diesen Fall nicht richten!« (267).

Der Prozess zeigt einige wichtige ethische und religiöse Vorstellungen der Bulsa und auch manch anderer afrikanischer Völker:

1) Der Wahrsager spielt eine zentrale Rolle. Es ist nicht so sehr seine Aufgabe, die Wahrheit über bestimmte Dinge herauszufinden oder die Zukunft vorherzusagen, sondern er erforscht den Willen der Ahnen und der übermenschlichen Wesen, die für ihre »Dienste« von den Menschen Opfer verlangen; seine Aussage muss durch ein Opfer bestätigt werden, sonst gilt sie nicht als glaubwürdig, wie es in diesem Falle geschehen ist, denn es wurde nach dem Spruch des Wahrsagers nicht geopfert.
2) Es gilt in der sozialen, rechtlichen und religiösen Ordnung der Bulsa das Prinzip der Seniorität, das Prinzip der Altershierarchie. Macht, Rechte und Pflichten sind nach dem Alter abgestuft, die Älteren tragen für die Jüngeren Verantwortung; die Ältesten sollten die Streitfälle

schlichten; die Ahnen sind die mächtigsten Ältesten. Der Kläger konnte hier den Wahrsager nicht selbst befragen, das musste für ihn sein (klassifikatorischer) »Vater« tun. So entschied denn auch der Paramount-Chief, den Fall von den Ältesten regeln zu lassen.

3) Die Erde gilt als die heilige Macht schlechthin. Sie wird an besonderen Heiligtümern verehrt (Bäume, Flüsse, Felsen usw.), sie kann töten und ist damit die letztmögliche Sanktion für moralisch falsches Verhalten.

Bei den Bulsa wie in großen Teilen Afrikas gilt die Erde vielfach als heilige Macht, die jeden verfolgt, der ihre Vorschriften verletzt; sie rächt jede Form von Blutvergießen, aber auch Selbstmord, Diebstahl, Hexerei, Ehebruch, Inzest usw., außerdem viele trivialere Vergehen. Die Erde nimmt niemand auf, der ihre Gebote verletzt hat; solche Verstorbene können nicht begraben werden, sondern werden in den Busch geworfen. Oberster Priester der Erde, der Vermittler zwischen den Menschen und der Erde, ist der »Erdherr«; er entstammt meist der Gruppe, die am längsten in einem Gebiet wohnt, und er wird auch von späteren Zuwanderern geachtet und anerkannt.

Bei den Bulsa heißt jedes Abweichen von den überlieferten Verhaltensnormen »Verderben der Erde, das Land verderben«. Die Autorität der Ältesten und des Erdherrn leitet sich von ihrem Recht auf religiöse Sanktionen ab, Sanktionen, die so weit gehen können, dass zur Strafe getötet wird. Das Land ist Kollektivbesitz der Gehöfte und Lineages; wer auf diesem Land bauen will, braucht dazu die Erlaubnis seines Erdherrn. Der Erdherr opfert vor Beginn der Pflanzzeit; er opfert der Erde immer, wenn böse Dinge geschehen sind, »um das Land abzukühlen«. Den Willen des Erdherrn missachten, heißt, den Zorn der Erde auf sich ziehen.

Gegen Ende der jährlichen Trockenzeit kommen kleine Tallensi-Gruppen zu den Bulsa, um dort Erdopfer darzubringen (Kröger 1986, 674 ff.). Die Opfertiere werden von den Bulsa geliefert. Zweck dieser Opfer durch die Gäste aus Taleland ist die Bitte um Regen; einige Klansektionen der Bulsa haben keine eigenen Regenmacher und sind ganz auf die Opferdienste der Tallensi angewiesen.

Die der Erde entgegengesetzte Macht, der Himmel (die Sonne, *wen*; es ist der gleiche Begriff, der für das Lebensprinzip der Bulsa gebraucht wird), ist in Glaube, Ritual und Alltag der Bulsa offensichtlich von geringerer Bedeutung. Die Bulsa glauben an eine Art »Hochgott«, den sie »Nawen« nennen, Häuptling des Himmels. Er hat alles geschaffen und besitzt eigentlich die höchste Macht, doch er greift in die Alltagsgeschäfte der Menschen nicht ein; er hat sich von der Erde zurückgezogen. Eine Erzählung der Bulsa berichtet darüber:

»Als Gott (Nawen) die Menschen [auf der Erde] ließ, sagte er ihnen, dass sie nicht arbeiten sollten; sie sollten Nahrung essen: Er selbst würde der Erde nahe sein, sodass sie sich etwas von ihm abschneiden könnten, nachdem er sich in Nahrung verwandelt hätte. Niemand mahlte Hirse, niemand trieb Anbau, um Nahrung zu erhalten. Als sie so dahinlebten, sagte Gott nach einiger Zeit: Wenn du Fleisch aufschneidest, vermische es nicht mit Asche von der Frühhirse [als ein Gewürz]. Eine sehr alte Frau jedoch weigerte sich [dieser Anordnung zu gehorchen], ging hin und schnitt Fleisch auf, kochte es und würzte es mit besagter Zutat. Gott (oder der Himmel, *wen*) wurde sehr ärgerlich und erhob sich in die Höhe, weit hinweg. Gott sagte, dass von nun an jeder Mensch leiden solle. Er habe sie Nahrung essen lassen; sie jedoch verletzten das Tabu, als die alte Frau sich weigerte [seiner Anordnung zu gehorchen] und das Fleisch mit dem Gewürz vermischte. Deshalb sollten von nun an alle Menschen für ihre Nahrung arbeiten« (Schott 1980, 292).

Die Bulsa zitieren gerne den Spruch: »Nawen ale teng le maari ful!« – Gott und die Erde mögen dir helfen! Für Schott liegen in dieser frommen Wunschformel die wesentlichen religiösen Grundvorstellungen der Bulsa beschlossen (1970, 13), wobei, wie ausgeführt, Gott von den Bulsa sehr viel weiter weg zu sein scheint als die Erde. Zu dieser »Himmelsgottheit«, die dem alltäglichen Leben der Bulsa sehr fern ist, hat sich R. Schott darüber hinaus in weiteren, auch jüngeren Publikationen ausführlich geäußert (1989, 1994; Schott [ed.] 1993, 1996).

Der Tod hat für die Bulsa wie für viele Stammesgesellschaften in und außerhalb Afrikas keinen absoluten Trennungscharakter. Das Leben geht weiter; es ist zwar nicht mehr menschliches Leben, es ist eher eine Überhöhung menschlichen Lebens, denn die Toten, die Ahnen sind mächtiger noch, als sie zu Lebzeiten waren. Der Tod ist nur ein Übergang in ein anderes, neues Stadium der Existenz. Die Toten- und Bestattungsriten haben den Zweck, dem Verstorbenen den Weg ins Reich, ins Dorf der Ahnen zu ebnen. Die Ahnen sind Mitglieder von Klan und Lineage. Sie spielen ihre Rolle vor allem dadurch, dass sie über das Tun und Verhalten der Menschen auf Erden wachen und aufpassen, dass die Traditionen eingehalten werden.

Die Ahnen sind in den Augen der Bulsa auch die eigentlichen Eigentümer des Viehs in einem Gehöft; der Gehöftherr, der *yeri-nyono*, gilt nur als Treuhänder, als Vertreter der Ahnen. Wenn mit Vieh leichtfertig umgegangen wird, wenn man es für überflüssige Luxusgüter z.B. verkauft, kann das den Zorn der Ahnen heraufbeschwören, der Mensch und Vieh im Gehöft treffen kann. Hinterlässt ein Mann bei seinem Tod seinen Brüdern und Söhnen Vieh, so sind diese zunächst verpflichtet, davon Ahnenopfer darzubringen; den Ahnen gehört der erste Anteil an diesem Vieh, erst später darf man an andere Zwecke denken.

Vieh gilt in erster Linie als Opfergabe, und da alle Opfer für die Ahnen vom *yeri-nyono*, dem ranghöchsten Mann im Gehöft, dargebracht werden müssen, ist er es, der de facto das übergeordnete Recht über alles Vieh in seinem Gehöft besitzt. R. Schott erzählt ein Beispiel, wie die Ahnen einen Gehöftherrn zur Verantwortung ziehen können (1980, 276f.); der Vater seines Informanten hatte eine Ziege aus dem Gehöft verkauft:

«Zur Zeit einer Hungersnot verkaufte mein Vater, der *yeri-nyono* unseres Gehöftes, eine Ziege, um mit dem Gelderlös etwas Hirse zu kaufen, damit seine Frauen und Kinder davon leben und überleben könnten. Ich erfuhr, das diese Ziege von den Totengeistern verlangt wurde, oder anders gesagt, dass sie zu Opfern für die Ahnen verwendet werden sollte. So erkrankte mein Vater, und einige Stunden lang hörte er auf zu atmen. Ich weiß nicht, wie viele Stunden es waren; doch plötzlich fing er wieder an zu atmen. Zu der Zeit, als er aufgehört hatte zu atmen, war der Mann, der seine Nachfolge als Oberhaupt des Gehöftes antreten sollte, drauf und dran, Leute auszuschicken, um den Tod meines Vaters öffentlich zu verkünden, als plötzlich die Frauen des Gehöftes nach ihm riefen und sagten, dass mein Vater wieder atmete. Während der Zeit, wo er aufgehört hatte zu atmen, glaubte man, dass er bei den Totengeistern [*chiisa* oder *kpilima*, den Ahnen im *kpilung*, dem Land der Toten] war und sich wegen der Ziege, die er verkauft hatte, rechtfertigte. Er erholte sich von seiner Krankheit und lebte noch viele Jahre lang, bevor er starb. Während seiner Krankheit fand ein Wahrsager *(baano)*, dass er krank war wegen der Ziege, die er verkauft hatte. Als er sich wieder erholt hatte, musst er eine Ziege kaufen, um diejenige, die er verkauft hatte, zu ersetzen.«

Neben der »Erde« sind bei den Bulsa die Ahnen jene, die über das Verhalten ihrer Leute urteilen und Sanktionen verhängen. Zunächst werden von den Ahnen die noch lebenden Ältesten für das rechtmäßige und ordentliche Verhalten ihrer Leute verantwortlich gemacht.

Wer keinen guten Tod stirbt oder wer sich eines schweren Vergehens gegen die Solidarität der Gruppe schuldig gemacht hat (Unfallopfer, Selbstmörder, Diebe, Giftmischer, Ehebrecher, Hexen usw.), wird von den Ahnen nicht in ihr Land gelassen. Solche Tote irren als Geister auf der Erde umher, bis sie irgendwie zugrunde gehen. Wer die Einheit des Klans, der Lineage, des Gehöftes in schwerer Weise stört, gefährdet das Überleben der Gruppe, den Zusammenhalt der Gruppe. Er verletzt die Solidarität zwischen Lebenden und Toten. Jene, die in der Gruppe die Macht und Verantwortung tragen, die Ältesten und die Ahnen, sorgen dafür, dass die Übeltäter bestraft werden; nicht selten hat Strafe auch vorbeugenden und abschreckenden Charakter.

Ahnenverehrung und Ahnenkult

Die Verehrung der Ahnen gehört gleichzeitig zu den kulturellen Teilbereichen »Religion« und »Gesellschaft«. Wird der Aspekt der Religion betont (Riten, Abhängigkeit von »übermenschlichen« Wesen), spricht man von Ahnenkult; steht der Aspekt der Gesellschaft im Vordergrund (Zugehörigkeit zur Lineage, Verantwortung für die Lineage, Garantie für die Aufrechterhaltung der Gruppenordnung), spricht man von Ahnenverehrung. J.-F. Thiel definiert: »Unter einem Ahn versteht man eine im Jenseits lebende Person der eigenen Verwandtschaftsgruppe, die bereits zu Lebzeiten einen hohen sozialen Status innehatte, der durch den rite de passage des Todes aber noch wesentlich erhöht wurde« (1984, 138f.).

Ahnenkult oder Ahnenverehrung kann verschiedene Formen annehmen, je nachdem von wem, von welcher Gruppe sie getragen wird: Es gibt die persönliche Verehrung (eine einzelne Person), Riten im Haus oder Gehöft (Kernfamilie oder Großfamilie), Riten einer größeren Verwandtschaftsgruppe (Lineage), jährlich wiederkehrende Riten am Todestag eines Ahn und jährliche Riten für das Kollektiv der Ahnen (Hardacre 1987, 263).

Ausgehend von seinen Forschungen bei den Tallensi und im Vergleich mit ethnographischen Daten aus anderen afrikanischen Kulturen (Ashanti, Ga, Lozi, Swazi, Thonga, Nuer, Tiv) versuchte M. Fortes (1965), ein einheitliches Strukturgerüst afrikanischer Ahnenverehrung aufzufinden und aufzuzeigen. Es lässt sich etwa so zusammenfassen:

1) Ahnen sind ausgestattet mit übermenschlicher Macht und Autorität; sie spielen eine einflussreiche Rolle in der Welt der Lebenden, in ihrer Verwandtschaftsgruppe. Sie garantieren die rechte Ordnung ihrer Gruppe, die Aufrechterhaltung der Autoritätsstrukturen.
2) Nicht jeder Verstorbene wird Ahn; Tod ist nur eine Bedingung; jemand muss eines »guten« Todes gestorben sein, er muss zu Lebzeiten eine Autoritätsposition innegehabt haben, er muss Nachkommen haben.
3) Nicht die menschlich enge Beziehung und moralische Qualität im Leben bestimmen eine Person dazu, ein Ahn zu werden, sondern die legitime juridische Autorität, die jemand im Leben innehatte; der Tod ist ein rite de passage, er führt die Person von einem Zustand der Autorität in einen höheren; durch die entsprechenden Toten- und Bestattungsriten wird dem Verstorbenen, der die Voraussetzungen erfüllt, der Weg zur Position des Ahnen geöffnet. Die Macht der Ahnen ist eine Überhöhung der Autorität, die sie im Leben hatten.
4) Die Beziehungen zwischen Lebenden und Ahnen sind in den sozialen Beziehungen verwurzelt; sie spiegeln die Beziehungen in der altershierarchisch strukturierten Gesellschaft wider.

5) Bindeglied zwischen Ahnen und der Gruppe ihrer Nachkommen sind die Ältesten der Gruppe. Die Ältesten interpretieren den Willen der Ahnen; daraus folgt ihre Macht. Land, Boden, Vieh gehören der Gruppe (der Lineage meistens); damit liegt die letzte Verfügbarkeit bei den Ahnen; die lebenden Ältesten oder Autoritäten wirken letztlich nur als Stellvertreter der Ahnen.
6) Das Wirken der Ahnen ist ambivalent: sie können sich wohlwollend und strafend verhalten. Sie sind erreichbar; durch die Riten (Gebete und Opfer) können sie beeinflusst werden. In Ahnenkult und -verehrung partizipieren die Lebenden an der Macht und der Lebenskraft der Toten.
7) Ahn-werden ist ein dynamischer Prozess (ähnlich wie Person-werden). Je länger einer tot ist, Ahn ist, je weiter einer von der Welt der Lebenden zeitlich und genealogisch entfernt ist, umso mehr verblasst sein konkretes Andenken, umso näher rückt er dem mythischen Bereich, umso größer wird seine Macht. Er wird zu einem der übermenschlichen Wesen, die eher dem Bereich der Religion zuzuordnen sind als dem der menschlichen Gesellschaft. Mit der zeitlichen Entfernung von der Welt der Lebenden wächst die Tendenz zur Transzendierung, wächst die Macht der Ahnen, verlieren sie ihre individuellen Züge, haben die Beziehungen zu den Ahnen zunehmend einen Charakter, der eher mit Begriffen der Religion (Opfer, Gebet) als mit Begriffen des gesellschaftlichen Bereichs (Geschenk, Bitte) erfasst werden kann. Der Tod ist nicht der entscheidende Umschlagpunkt.
8) Ahnenkult, Ahnenverehrung dokumentiert und zementiert die Einheit der Lineage, in der Lebende und Tote eng miteinander verbunden sind.

M. Fortes' Thesen von 1965 blieben nicht unwidersprochen und unkommentiert. I. Kopytoff vergleicht seine eigenen Erfahrungen bei den Suku (Kongo) mit denen von Fortes bei den Tallensi (1971); dabei unterstreicht auch er das juridische Element im Komplex von Ahnenkult und Ahnenverehrung. Doch er betont die Ähnlichkeit der Beziehungen zwischen Jüngeren und Älteren einerseits, zwischen lebenden Alten und Ahnen andererseits. Beide Beziehungen seien im Wesentlichen von gleicher Art. Er betont die Einheit der Lineage, wo semantisch nicht zwischen lebenden und toten Mitgliedern unterschieden werde (1971, 131). Daher glaubt er, den Hauptakzent auf die Ahnenverehrung legen zu sollen.

Dieser Argumentation widerspricht Thiel, wenngleich er einräumt, dass Kopytoffs Argumentation vielleicht für die »jungen« Ahnen gelten könne (1972, 667f., 1977, 112f.). Im Übrigen erinnert er an den Prozess des Ahnwerdens, an dessen Ende durchaus gottähnliche Wesen und

Mächte stehen können. Ähnlich wie Thiel argumentiert auch J. Brain, gestützt auf seine Erfahrungen bei den Luguru (Tanzania); obwohl in manchen afrikanischen Sprachen nicht terminologisch zwischen Ahnen und lebenden Alten unterschieden werde, kenne und gebrauche man doch auch Begriffe wie »Ahnengeist«, z. B. Swahili *mzimu/mizimu*, das nicht der Nomenklasse der menschlichen Wesen zugeordnet sei (1973, 123). Jedenfalls hält er den Begriff »Ahnenkult« (ancestor cult) für angemessener als den Begriff »Ahnenverehrung« (ancestor worship). Die Diskussion wurde von anderen Autoren weitergeführt, wobei die Thesen M. Fortes' im Wesentlichen unkorrigiert stehen bleiben konnten (Fortes 1976; vgl. Riehl 1993, 43f. Fn 12, Riehl irrt wohl mit seinen Ausführungen über Brain). Ob Kult oder Verehrung, es besteht kein Zweifel, dass die Ahnen in Gesellschaft und Religion eine zentrale Rolle spielen (Balz 1987, 23).

Gerade im Ahnenkult und in der Ahnenverehrung, die für viele afrikanische Religionen und Kulturen charakteristisch sind, zeigt sich die Stellung, die die Alten in diesen Gesellschaften innehaben. Doch wir sollten nicht übersehen, dass dieses eine eher abstrakte Feststellung ist. Die in politischer, juridischer und religiöser Hinsicht mächtige Position, die nach dem Senioritätsprinzip den Alten vorbehalten ist, bedeutet nicht, dass jeder alte Mensch eine solche Position erwerben kann. Das Alter ist für diese Rolle zwar unerlässliche Voraussetzung, aber nicht die einzige. Zum einen ist die Zahl der Führungspositionen begrenzt; schließlich kann eine Familie nur ein Familienoberhaupt haben, ein Klan nur einen Chef oder Häuptling. Zum andern gilt auch die persönliche Eignung und Fähigkeit des Einzelnen als Auswahlkriterium.

3 ASIEN

Auf der Suche nach dem Heil – Priesterinnen, Heilerinnen, Schamaninnen

Die Puyuma von Katipol (Taiwan)

Von allen Religionen, gerade auch von Stammesreligionen, erwarten die Menschen umfassendes Heil für sich, für Leib und Leben. Erwartung und Vermittlung von Heil könnte man somit zum Kernbereich der Religion zählen, zu jenem Bereich, der von Veränderungen im Gefolge eines Kulturwandels zuletzt berührt wird. Ich möchte im Folgenden an der Religion der Katipol-Leute zeigen, wie trotz aller Veränderungen ein Teil der überkommenen Tradition in die Gegenwart hineinwirkt und sich hier behauptet. In der Institution der *poringao*, d.h. der Priesterinnen, Heilerinnen oder Schamaninnen, überlebt ein charakteristischer Teil der traditionellen Puyuma-Kultur und -Religion und hat gute Chancen, auch weiterhin zu überleben.

Ich stütze mich in meinen Ausführungen zu einem guten Teil auf Materialien aus dem Nachlass von Dominik Schröder. Dominik Schröder unternahm zwischen 1964 und 1971 insgesamt fünf Reisen nach Taiwan; dabei verbrachte er etwa 15 Monate bei den Puyuma von Katipol im Südosten der Insel. Ergebnis dieser Forschungsaufenthalte war eine umfangreiche Sammlung religions- und kulturgeschichtlicher Texte und Dokumente. Schröders Bemühen um eine Gesamtschau der Kultur und Lebensweise der Puyuma führte zu vielen Detailstudien und schlug sich schließlich in zahllosen Forschungsnotizen nieder.

Unter den Titeln »rarengai ko – Das Wort der Alten«, »puran, qinasi, tinar – Betel, Perlen, Eisenschlag« und »aolai naidar – Hier bin ich« plante D. Schröder eine Trilogie über Traditionen, Weltanschauung und religiöse Bräuche der Puyuma von Katipol. Beim unerwarteten, frühen Tod Schröders – er starb am 25. Dezember 1974 im Alter von 64 Jahren – waren nicht einmal die Vorarbeiten zur Veröffentlichung des ersten der drei Bände abgeschlossen. Es waren nur einige kleinere Vorstudien publiziert (Schröder 1966, 1967, 1968). Das ethnographische Bild, das Schröder von den Puyuma zeichnet, entspricht dem Stand der Dinge in der ersten Hälfte des 20. Jahrhunderts; es lässt freilich Ausblicke in spätere Jahre zu. Dies ist zu bedenken, wenn im folgenden Text durchweg im ethnographischen Präsens geschrieben ist.

Der gesamte Nachlass des Verstorbenen ging an das Anthropos-Institut. Die Institutsleitung übertrug mir die Aufgabe, Schröders Nachlass, soweit er die Puyuma-Forschungen betraf, zu bearbeiten und zu edieren. Inzwischen sind als Frucht dieser Editionsarbeiten drei Buchpublikationen erschienen: »Kopfjagdriten der Puyuma von Katipol« (Schröder und Quack 1979), »Das Wort der Alten« (Quack 1981) und »Priesterinnen, Heilerinnen, Schamaninnen?« (Quack 1985). Bleibt noch zu erwähnen, dass ich mich während meines Studiums selbst ein Jahr lang auf Taiwan aufhalten konnte (1978–1979), um meine eigenen Erfahrungen mit dem kleinen Volk der Puyuma zu machen.

Schröder konnte sich bei seinen Arbeiten bei den Puyuma auf eine längere ethnologische Forschungstradition stützen. Zunächst auf die Ergebnisse umfangreicher japanischer Forschungen zur Zeit der japanischen Kolonisation auf Taiwan (1895–1945): 1) Eine breit angelegte ethnographische Bestandsaufnahme fand ihren Niederschlag in drei umfangreichen Sammelwerken, publiziert zwischen 1913 und 1922. Die Puyuma werden in diesen Werken gemeinsam mit ihren nördlichen Nachbarn, den Ami, behandelt (Sayama 1913–1921; Kojima et al. 1915–1922; Okamatsu 1918–1921). 2) Die Periode nach der Gründung der kaiserlichen Universität in Taihoku (Taipei) mit den beiden Instituten für Ethnologie und Linguistik (1928) brachte zwei bedeutende Standardwerke hervor (Utsurikawa et al. 1935; Ogawa and Asai 1935). 3) Die japanischen Publikationen aus der Zeit nach der japanischen Kolonisation bringen meist Resultate früherer Forschungen (Foruno 1945; Kano 1946–1952); erwähnenswert sind schließlich die zahlreichen Veröffentlichung von T. Mabuchi (z.B. 1953, 1960, 1976).

Bald traten chinesische Ethnologen und Linguisten das Erbe der Japaner an. Für den Bereich der Puyuma beschränken sich ihre Veröffentlichungen überwiegend auf Themen der Soziologie und der materiellen Kultur, wobei die Puyuma-Gruppe aus Nanwang im Vordergrund steht; jüngere Lokalstudien über die Katipol-Gruppe der Puyuma fand Schröder kaum vor (vgl. Wei et al. 1954; Wei 1962; Suenari 1969). Über den Dialekt der Puyuma von Katipol bzw. der Katipol-Gruppe publizierten in den folgenden Jahren A. Sprenger (1971, 1972), Ting (1978) und S. Tsuchida (1980, 1983). Seit einigen Jahren publiziert die französische Ethnologin J. Cauquelin über die Puyuma; doch auch bei ihr steht die Nanwang-Gruppe im Mittelpunkt des Interesses (1991, 1992, 1993, 1995). Man wird also durchaus sagen können, dass der kleine Stamm der Puyuma linguistisch wie ethnographisch außerordenlich gut erfasst ist.

Der ethnographische Rahmen

Im Dorf Katipol bilden die Puyuma heute nur noch eine Minorität, die in jeder Beziehung – räumlich, wirtschaftlich, gesellschaftlich, politisch – an den Rand gedrängt ist. Die in diesem Abschnitt in den Vordergrund gestellte Institution der *poringao* ist zu einem Teil bereits ebenso ein Stück Vergangenheit wie der kulturelle Kontext, in dem sie wirksam war, aus dem sie nicht herausgelöst werden sollte. Die wirtschaftlichen, politischen, gesellschaftlichen und religiösen Strukturen haben sich geändert und ändern sich immer noch. Doch zur Beurteilung der Gegenwart ist ein Blick auf die Wurzeln in der Vergangenheit unabdingbar.

Die Puyuma gehören zu den zehn sog. Altvölkern Taiwans, die man nach ethnographischen, vor allem aber nach linguistischen Kriterien drei Gruppen zuordnet: 1) Atayal und Sediq; 2) Tsou und Rukai; 3) Bunun, Ami, Puyuma, Paiwan, Saisiat und Yami. Die Sprachen dieser taiwanesischen Altvölker gehören zum weiten Bereich des Austronesischen. Ein geschichtlicher Zusammenhang zwischen den heute auf Taiwan lebenden Altvölkern und prähistorischen Kulturen Südostchinas lässt sich aufgrund der Ergebnisse archäologischer Forschungen vermuten. Für die Paiwangruppe, vor allem aber für Ami und Puyuma, dürften spätere Mischungen mit Einwanderungsgruppen aus dem philippinisch-indonesischen Inselbereich wahrscheinlich sein.

Mit rund 330000 Menschen (Zensus von 1990; vgl. Yuan 1992) bilden diese Altvölker nur eine verschwindende Minderheit unter den ca. 22 Millionen Einwohnern Taiwans. Die Puyuma ihrerseits zählen etwa 8000 Menschen. Sie verteilen sich auf zehn Siedlungen in und um die Kreisstadt Taitung im Südosten Taiwans. Den weitaus größten Anteil der Bevölkerung der Taitung-Ebene und besonders von Taitung selbst bilden allerdings Taiwanesen chinesischer Abstammung. Die Puyuma haben zwar keinen gemeinsamen Namen für ihre ethnische Gruppe – Bezugspunkt ihrer Selbstidentifikation ist das Dorf, das die höchste politische und gesellschaftliche Organisationseinheit darstellt –, doch ist ihnen klar bewusst, dass eine gemeinsame Sprache sie über ihre Dörfer hinaus zu einer ethnischen Einheit verbindet.

Die Gliederung ihrer Sprache in zwei Hauptdialekte hat dazu geführt, dass immer wieder zwei Siedlungsgruppen genannt werden, die ihrerseits den Namen des Hauptdorfes tragen: die kleinere Puyuma-Gruppe mit dem Hauptort Puyuma (chin. Nanwang), der dem ganzen Volk den Namen gab, und die größere Katipol-Gruppe mit dem Hauptort Katipol (chin. Chihpen). Die Zweiteilung der Puyuma spiegelt sich schließlich auch in zwei unterschiedlichen Herkunftsideologien wider. Während die Puyuma von Nanwang einen Ursprung aus einem Bambus reklamieren, glauben die Katipol-Leute an den Ursprung ihrer Vorfahren aus einem Felsen (Quack 1981, 38 ff.).

Dieser nach sprachlichen Merkmalen begründeten Zweiteilung entspricht die enge Anlehnung beider Gruppen an ihre jeweiligen Nachbarn. Während die Puyuma-Gruppe durch verwandtschaftliche und politische Beziehungen seit vielen Generationen mit den südlichen Ami verbunden war, unterhielt die Katipol-Gruppe ähnliche Verbindungen zu den Rukai und Paiwan. Erstaunlicherweise hatten diese Beziehungen in früheren Zeiten nicht selten den Charakter einer politischen, militärischen und religiösen Dominanz seitens der zahlenmäßig weit unterlegenen Puyuma. Die Intensität solcher Kontakte dürfte ein Grund dafür gewesen sein, dass japanische Ethnologen die Puyuma lange Zeit nicht als eigenes Volk ansahen, sondern sie unter Ami bzw. Paiwan subsumierten.

Die Puyuma haben sich bis in die jüngste Vergangenheit Gruppen ihrer Nachbarvölker assimiliert, wie ihre oralen Traditionen ausweisen (vgl. Quack 1981); andererseits führen mehrere Paiwan-Dörfer ihre Gründung auf Puyuma zurück, deren Nachkommen heute völlig paiwanisiert sind. Aus dieser Offenheit und Beweglichkeit der Puyuma lässt sich vielleicht ihre Bereitschaft erklären, sich den vielfachen Einflüssen der Kulturen von Kolonialvölkern ohne größeren Widerstand auszusetzen. Kontakte mit den Holländern im 17. Jahrhundert haben ihre Spuren in den Erzählungen der Katipol-Leute hinterlassen.

Seit dem Anfang des 19. Jahrhunderts leben die Puyuma in enger Nachbarschaft mit taiwanesisch/chinesischen Einwanderern aus der westlichen Ebene Taiwans. Auch die japanische Kolonialverwaltung in der ersten Hälfte dieses Jahrhunderts (1895–1945) fand in den Puyuma friedliche Partner. In der Erinnerung der Puyuma gehört gerade diese Zeit zur guten Vergangenheit, zur sprichwörtlichen guten alten Zeit, von der man mit Wehmut spricht. Das ist nur zu verständlich, denn die folgenden Jahrzehnte stürzten die Puyuma, wie auch die benachbarten Altvölker, in einen rabiaten Kulturwandel, der ihre Identität auszulöschen droht.

Oberste politische und soziale Organisationseinheit der Gesellschaft der Puyuma war das Dorf *(zekal)*. Das Dorf Katipol umfasste drei Lokalgruppen: *Mavario*, die älteste und größte Lokalgruppe, gebildet aus 20 Klans bzw. *karomaqan*. Die beiden anderen Lokalgruppen, *Pakaroko* und *Rovaniao*, die später zugezogen sind, wurden aus Einzelklans gebildet. Politischer Führer der Lokalgruppe war der Häuptling *(ajawan)*; er war zugleich der Verwalter des Kulthauses seiner Gruppe und als solcher auch Offiziant *(raxan)* der Riten auf der Ebene seiner Gruppe. Jeder Klan hatte sein eigenes Kulthaus, *karomaqan*, als Zentrum der rituellen Aktivitäten. Einer der Chefs der drei Lokalgruppen wurde jeweils zum Führer des ganzen Dorfes gewählt. Ein Klan bestand aus einer unterschiedlichen Zahl von matrilinealen Großfamilien und von ihnen abgespalteten Kernfamilien. Die Großfamilie umfasste alle Töchter, deren Männer und Kinder. In dieser matrilinealen Gesellschaft gehörten Haus samt Inventar und Felder im Dorfbann der Hausherrin; Haus und Felder, vor allem aber das Kulthaus der Familie, wurden in weiblicher Linie vererbt.

Neben den sozialen und rituellen Gruppierungen um das Kulthaus bildeten sich auf der Ebene der Lokalgruppen bis Mitte der 50er-Jahre (Kokubu and Kaneko 1962) altersgeschichtete Verbände: die Gruppe der männlichen Jugend *(takovakovan*, 15 bis 18 Jahre alt) mit einem eigenen Knabenhaus, die *varisen* (18 bis 20 Jahre alt) und die *vangsaran* (älter als 20 Jahre), unverheiratete junge Männer, die als Rekruten und ausgebildetet Krieger für das Dorf Gemeinschaftsdienste zu verrichten hatten und im Männerhaus *(parakoan)* lebten.

Grundlage der Subsistenzwirtschaft der Puyuma waren Brandrodung und Feldbau. Angebaut wurden verschiedene Knollen- und Kürbispflanzen sowie Trockenreis. Hauptanbau-Frucht aber war die Hirse. Von den Chinesen der Taitung-Ebene wurde zu Beginn dieses Jahrhunderts der Nassreis-Anbau übernommen, der zunehmend an wirtschaftlicher Bedeutung gewann. Im kultischen Leben behielt die Hirse die dominierende Rolle. Tabak und mehr noch Betelnüsse waren Hauptgenussmittel. Betelnüsse gehörten zu den unverzichtbaren Paraphernalia aller kultischen Riten. Neben den Feldbau traten Jagd, Flussfischfang und Sammelwirtschaft. Die Jagd war fester Bestandteil aller Feiern und rituellen Feste. Die Haustierhaltung umfasste Schwein, Huhn, Hund und Hausrind; seit der Übernahme des Nassreis-Anbaus auch den Wasserbüffel. Felder, die innerhalb des Dorfbannes lagen, waren Eigentum der Familien; das Schweif- und Anbaugebiet außerhalb des Dorfbannes stand allen Dorfbewohnern zur freien Verfügung.

Die traditionelle Religion der Puyuma

In den Vorstellungen der Leute von Katipol teilt sich der Kosmos in die sichtbare Welt mit Himmelsgewölbe, Meer und Erde und in die unsichtbare Welt mit dem Bereich jenseits des Himmelsgewölbes und mit der Unterwelt. Die Traditionen der Puyuma berichten nichts über eine Erschaffung des Kosmos, der Welt; man weiß nicht, woher das Meer, die

Berge, die Flüsse, das flache Land kommen. Vielleicht waren sie immer da und haben keinen Anfang. Die sichtbare Welt wird von den Menschen bewohnt, die unsichtbare von übermenschlichen Wesen, die fortwährend in das Leben der Menschen eingreifen.

In dieser Welt der übermenschlichen Wesen unterscheiden die Puyuma in einer gewissen hierarchischen Abstufung von unten nach oben: die Ahnen, *temoamoan-maqizaqizangan;* die Urahnen, *revoaqan, ringsokan;* jene Urahnen, die als eine Art Kulturheroen in der mythischen Vergangenheit eine besondere Rolle spielten, nämlich die *parvoaq,* die »Hervorbringer«; die »Herren und Verwalter des Landes«, *miaqalop;* schließlich an der Spitze der Pyramide eine Art Höchstes Wesen, das die Puyuma mit einer Fülle von Titeln oder Doppeltitel belegen: z. B. *demawai-qemasi* (»Menschenerschöpfer«) oder *naqithas* (»der-in-der-Höhe«) oder *kaqithasan-kanvanvan* (»der Höchste«), der Erschaffer der Menschen und Herr über alle und alles.

Die Ahnenverehrung ist der lebendigste Zug in der traditionellen Religion der Katipol-Leute. Die Puyuma unterscheiden zwischen guten und schlechten Ahnen. Die guten, glücklichen Ahnen, *temoamoan-maqizaqizangan,* nehmen lebhaften Anteil am Wohl und Wehe ihrer Nachkommen, sie sehen und wissen alles, spenden Glück und Segen. Sie leben gleichsam wie Menschen, nur auf einer anderen Ebene und in ständiger Gemeinschaft mit ihren Nachfahren. Daher muss man sie ehren und zufrieden stellen, ihnen opfern, sie an allem teilnehmen lassen, ihnen alles mitteilen, sie in alle Riten miteinbeziehen. Sie verhalten sich noch wie Menschen, sie streiten, sind eifersüchtig, betrinken sich usw.

Die schlechten, unglücklichen Ahnen, *koatheng na viroa,* sind die Geister jener Menschen, die unglücklich gestorben sind und die als Dämonen die Menschen auf der Erde belästigen, da sie in der Unterwelt keine Ruhe finden. Sie sind egoistisch gesinnt, schaden den Nachkommen, sind gierig, stellen Forderungen. Auch sie muss man beschwichtigen; doch man hält sie fern und bannt sie vor jeder religiösen Zeremonie. Da von den Ahnen aller Segen und alles Glück und Unglück kommt, ist der Kult vorwiegend an sie gerichtet.

Im Kult, in Riten und religiösen Zeremonien, nehmen die Puyuma zu den übermenschlichen Wesen Beziehungen auf, sei es, um auf das Einwirken jener Mächte in den menschlichen Bereich zu reagieren, sei es, um ein solches Einwirken erst hervorzurufen. Das erwünschte Einwirken der übermenschlichen Wesen in den menschlichen Bereich stellt sich dar als das Geben von *roqem* (Segen, Lebenskraft); Bestandteil vieler Riten ist daher eine *poroqem*-Zeremonie, eine Segenszeremonie, in der um »Lebenskraft«, um »geistige und körperliche Gesundheit und Unverletzbarkeit« gebetet wird. Die Religion der Katipol-Leute ist diesseits orientiert. Der

Wert, um den sich alles dreht, das Heil, ist das glückliche Leben. Es zu sichern, zu steigern, zu kräftigen, das ist das Ziel allen Kultes. Die religiösen Zeremonien der Puyuma zeichnen sich aus durch lange, kunstvolle Gebetstexte in z. T. unverständlicher, ritueller Sprache, die gesungen oder rezitiert werden.

Das Kultgeschehen wird in der Regel von einer Gruppe getragen; je nach Anlass kann das eine Einzelfamilie sein, ein Klan, eine Lokalgruppe oder das ganze Dorf. Offiziant der Riten ist das Haupt der Gruppe, in und um deren Kulthaus die Kulthandlung vollzogen wird. In vielen Fällen aber werden die Riten auch von *poringao*, von den Priesterinnen, Heilerinnen, Schamaninnen geleitet.

Die *poringao* von Katipol

Die Katipol-Leute bezeichnen als *poringao* jene Frauen, die neben den Häuptlingen der drei großen Lokalgruppen von Katipol die wichtigsten religiösen Funktionsträgerinnen ihrer Gesellschaft sind. »Auf ihnen ruht praktisch die ganze religiöse Betätigung des Alltagslebens; es gibt kaum ein Gebiet, für das sie nicht von den Leuten beansprucht werden. Sie sind die Hüterinnen der Tradition und der angestammten Religion« (Schröder 1966, 291).

Für D. Schröder waren die *poringao* »Schamaninnen«, auch wenn eines der wesentlichen Merkmale des Schamanismus, nämlich die Verbindung mit dem Jenseits in Ekstase oder Trance, in den Riten der *poringao* nur selten vorkommt. Er hatte nicht ganz Unrecht; denn wenn man sich die Institution der *poringao* näher anschaut, findet man einige Merkmale, die zumindestens eine gewisse Nähe zum Schamanismus deutlich werden lassen:

1) Man wird zur *poringao* berufen; Zeichen dieser Berufung ist eine Berufungskrankheit.
2) Durch die Annahme der Berufung und durch die Initiation wird diese Krankheit geheilt.
3) Während mancher Riten fallen die *poringao* in Trance; sie inkorporieren dabei übermenschliche Wesen und nehmen so Kontakt zur übermenschlichen Welt auf.
4) Die Riten der *poringao* sind an feste Formen gebunden; ihre Beherrschung setzt eine lange Lernzeit voraus.
5) In ihrer Tätigkeit sind die *poringao* gemeinschaftsgebunden; sie üben ihre Tätigkeit für andere, für die Gruppe aus und nicht aus eigenem Privatinteresse; Krankenheilung ist ein wesentlicher Teil dieser Tätigkeit.

Berufung und Initiation

Die *poringao* Varikai, eine der wichtigsten und besten Informantinnen D. Schröders, erzählte ihm über ihre Berufung. Daraus einige Auszüge:

»Als ich 34 Jahre alt war, wurde ich krank. Über ein Jahr lang war ich krank, fast zwei Jahre. Es war also so, dass ich beim Sehen, wo auch immer ich mich gerade befand, eine Gestalt erblickte, eine wirklich hoch gewachsene; manchmal waren es auch zwei.« Es war jene alte hinkende Frau, Toro, die Urahne der *poringao*. Der Bericht Varikais fährt fort: »Ich hatte Angst und lief davon, nach Hause, wenn ich gerade auf dem Feld war. Und es war so, dass ich nicht gesund wurde, ob ich auch zur Behandlung ins Krankenhaus ging oder sonstwohin.«

Varikai litt unter heftigen Depressionen, ständig war sie überreizt, sie hatte Angstzustände. Sie ließ sich im Krankenhaus von einem japanischen Arzt untersuchen, »elektrisch«, wie sie sagt. Der Arzt konnte nichts besonderes feststellen. Sie sei wohl gemütskrank, sagte ihr der Arzt.

»Der Arzt sagte: ›Es ist dein Herz.‹ So sagte er zu mir. Und wenn ich Arznei nahm, sagte (mein Leib): ›Ich will nicht gesund werden.‹ Da wurde ich des Lebens überdrüssig. [...] Als ich nun so weinte und weinte, heulte und weinte, kam unerwartet der alte Sipoa von Puyuma [Nanwang] daher. [...] Er nahm mir das Bambusorakel vor, er riss die Fasern. ›Da gibt es weiter keine besondere Ursache – *poringao* soll sie werden‹, sagte er. ›Wer soll meine Lehrmutter sein?‹ fragte ich ihn. ›Welche ist dir am liebsten?‹ ›Wäre vielleicht die Milik gut?‹ fragte ich ihn. Er befragte wieder das Bambusorakel: ›Schlecht, sehr schlecht wäre die Milik, sie wäre nicht gut‹, war seine Antwort. ›Dann versuche ich es vielleicht mit Levao als Lehrmutter, die westlich von mir wohnt‹, sagte ich zu ihm. Er befragte das Orakel. ›Die wäre gut, sehr gut. Wenn du einmal *poringao* bist, wirst du dich in den Riten auskennen; und später wirst du die andern an Können weit überragen.‹ So lauteten die Worte des alten Sipoa.«

Varikai ging zu Levao und bat sie, die Initiationsriten an ihr zu vollziehen, das *pakiarar*. Levao war einverstanden. Varikais Ehemann widersetzte sich jedoch heftig. Es kam zum Streit; Varikai beugte sich ihrem Mann nicht und die Ehe zerbrach.

»Ich beeilte mich, *poringao* zu werden, ich machte schnell, und meine Krankheit war geheilt. Als wir das *pakiarar* beendet hatten, war ich auf der Stelle gesund. Ich bin nicht mehr krank geworden, seit ich *poringao* bin. Erst in diesem Jahr wurde ich wieder krank.« So weit die Erzählung der Varikai (Quack 1985, 37–40).

Bei den Puyuma ist das *poringao*-Amt innerhalb der matrilinearen Familie erblich. Varikai war eigentlich nicht erbberechtigt, denn ihre ältere

Schwester hatte das Vorrecht. Doch die Schwester wurde krank und starb. Und erst jetzt wurde Varikai erbberechtigt, d.h., sie erfüllte eine der wichtigen Voraussetzungen für das *poringao*-Amt, und die Berufungskrankheit setzte bei ihr ein. Eine andere wichtige Voraussetzung wäre etwa die physische und psychische Struktur einer Person, die *poringao* sind insgesamt dominante Persönlichkeiten.

Nach der Überzeugung der Puyuma wird niemand *poringao* aus eigenem Antrieb und aus eigener Kraft, sondern die Initiative liegt bei Toro, jener Urahne der Puyuma, die in der mythischen Urzeit zur ersten *poringao* der Puyuma wurde. Die Erwählung kündigt sich durch eine Krankheit an, bei der die üblichen Heilungsmethoden erfolglos bleiben. Durch umfangreiche Berufungsriten wird nun die Echtheit der Berufung festgestellt; als Beweis dafür gilt vor allem das Verschwinden der Krankheit. Hat die Kandidatin ihre Berufung angenommen und die Lehrzeit erfolgreich abgeschlossen, wird sie in einem Zyklus von Initiationsriten in ihr Amt eingeführt.

Mit der Übergabe der *poringao*-Tasche am Ende der Initiationsriten ist die Kandidatin in den Kreis der *poringao* des Dorfes aufgenommen. Doch vorerst gehört sie freilich der untersten Stufe an, denn sie steht erst am Anfang eines längeren Weges. Noch ist sie Schülerin, die lernen muss, die gründlich üben muss. Sie begleitet ihre Lehrmutter und Meisterin, wenn diese ihr Amt ausübt. So lernt sie in ständiger Teilnahme die Riten, die Lieder und Gebete der *poringao*.

Die Tätigkeit der *poringao*

In seinem ersten Forschungsbericht gibt D. Schröder eine Übersicht über Aufgaben und Tätigkeit der *poringao* (1966, 280f.): »[Ihre] wichtigsten Riten und Aufgaben [waren bzw. sind]: alles, was mit den Seelen, dem Jenseits, Krankheit, Lebensbewahrung, Schutz von Mensch und Tier, Dämonen und Geistern usw. zu tun hat.« Als Beispiele ihrer Tätigkeit zählt Schröder auf: »Zurückholen der Seele (Krankheit und Ohnmacht) – Zitieren von Seelen Abwesender und Verstorbener (Reise, Krieg, Unglück) – Befragen von Krankheitsursachen und Heilmitteln – verschiedene Heilverfahren – Herbeiholen und Fruchtbarmachen von Wild, Haustieren, Saatgut (mit sehr langen Gesängen) – Steigerung der Fruchtbarkeit von Betelpalmen – Reinigungsexorzismen für Dorf, Hof und Haus – Wahrsagen und Orakel (meist in Trance) – Segnung und Stärkung der Lebenskraft (bei Kriegern, Jägern, Wöchnerinnen, Brautpaaren usw.) – die Hauptriten für gewaltsam Gestorbene – Dämonenbann – Schadenriten gegen Feinde (z.B. ganz moderne im zweiten Weltkrieg); dieser Ritus ist sehr lang; nie werden Dämonen zu Hilfe gerufen, sie werden vielmehr verbannt, man schamanisiert nur mit guten Geistern. [...] Dazu kommen die vielen Teilzeremonien der Schamaninnen in den andern Bräuchen (Erntefest, Kopfjagd, Hochzeit usw.).«

Diese Aufzählung der wichtigsten Aufgaben und Tätigkeiten der *poringao* zeigt, wie weit ihr Wirkungsbereich gespannt ist. Es fällt schwer, diese religiösen Funktionsträgerinnen mit einem einzigen charakteristischen Kennwort zu belegen. Man könnte sie Priesterinnen nennen, denn die Riten, die sie vornehmen, zeichnen sich vor allem aus durch lange Gebetstexte, die dabei rezitiert werden, und durch zahlreiche Opferhandlungen. Schröder bezeichnet sie meist, wie oben gesagt, als Schamaninnen, da sie ihr Amt durch Berufung, Berufungskrankheit und Initiation erlangen und bei einigen wichtigen Riten in Trance mit der Überwelt Verbindung aufnehmen. Beide Begriffe, Priesterin und Schamanin, heben jeweils einen, wenn auch wichtigen, Aspekt der Tätigkeit und des Amtes der *poringao* hervor.

Zur Kennzeichnung der *poringao* nicht weniger berechtigt ist der Begriff der Medizinfrau oder Heilerin. Die Ursachen von Krankheiten zu erforschen und Kranke zu heilen gehört zu ihren Hauptaufgaben. Allein der Hinweis, dass alle diese Ausdrücke mit einiger Berechtigung zur Kennzeichnung der *poringao* gebraucht werden können, zeigt überdeutlich die Unterschiedlichkeit und Vielschichtigkeit der Aufgaben und Tätigkeiten der *poringao*.

Die Riten, die die *poringao* vornehmen bzw. vorzunehmen hatten, lassen sich in fünf große Gruppen ordnen, die sich z.T. allerdings überschneiden, da die Grenzen nicht immer scharf gezogen werden können:

1) Riten, die das Amt der *poringao* selbst betreffen (Initiation, Erneuerung der Initiation usw.).
2) Riten bei Aussaat und Ernte (Regenbitte und -bann, Fruchtbarkeitsritus für Pflanzen usw.).
3) Riten um Leben und Tod (Ahnenopfer, Geburtsriten, Trauerriten usw.).
4) Riten bei Krieg, Kopfjagd und Jagd (Sühneritus, Herbeilocken des Wildes).
5) Riten der Krankenheilung (Seelenrufen, Heilung).

Gemeinsam ist all diesen rituellen Tätigkeiten, dass es um Sicherung des Lebens geht, des individuellen Lebens und des Lebens der Gruppe. Nicht immer steht dabei die Tätigkeit der *poringao* im Zentrum des rituellen Geschehens; oft ist sie nur am Rande beteiligt, etwa bei Jagdriten.

Alleiniges und eigentliches Tätigkeitsfeld der *poringao* aber sind jene Situationen, wo individuelles Leben gesichert und gestärkt werden muss, z.B. in den Riten der Initiation, der Krankenheilung, der Abwehr von schädlichem Einfluss böser Geister. In den alleinigen Kompetenzbereich der *poringao* fallen schließlich die meisten Fruchtbarkeitsriten. Während etwa viele Agrar- und Jagdriten mit dem gesellschaftlichen und wirtschaftlichen Wandel verschwunden sind, blieb dieses für die *poringao* typische rituelle Feld erhalten. Kommt das Wirken der *poringao* zur Stärkung und Sicherung des Lebens zunächst einzelnen Personen zugute, so zielen die Fruchtbarkeitsriten auf das Wohl der größeren Gruppe. Alles rituelle Tun der *poringao* hat wesentlich altruistischen Charakter, es strahlt aus auf den gesamtgesellschaftlichen Bereich. Die *poringao* werden für ihre Tätigkeit zwar entlohnt, doch sie üben ihr Amt nicht hauptberuflich aus.

Ein Ritus der Krankenheilung: *kitinavavan* – das Zurückrufen der Seele

Ich möchte im Folgenden einen Bereich ritueller Tätigkeit der *poringao* herausgreifen und ausführlicher darstellen, den Ritus *kitinavavan*, das »Zurückrufen der Seele« (vgl. Quack 1985, 125–132).

Der Begriff der Seele ist ein Behelf, mit dem der fragende Ethnologe (D. Schröder) versuchte, die Vorstellungen der Puyuma zu verstehen. Die Angaben der Informanten bleiben an vielen Stellen dunkel und widerspruchsvoll. Einig sind sie sich darin, dass der Mensch wenigstens zwei Seelen hat, so die *poringao* Milik. Nach ihr sitzen die beiden Seelen auf den beiden Schultern des Menschen. Die linke ist schlecht, sie verlässt ihren Platz oft und wandert umher. Dadurch schwächt sie den Menschen, sodass dieser krank wird. Die rechte Seele ist die eigentliche Lebensseele. Sie ist gut und verlässt den Menschen nicht. Wenn sie stark ist, bedeutet das Wohlbefinden, Glück und Tüchtigkeit für den Menschen; wenn sie den Leib verlässt, stirbt der Mensch (Quack 1978, 103–105).

Die Informantin Varikai unterscheidet drei Seelen des Menschen: die beiden Schulterseelen *(tinavavan, marmakiteng)* und eine Seele, die ihren Sitz auf dem Haarwirbel des Menschen hat *(aripodoan)*. Diese »Haarwirbelseele« sei die eigentliche Lebensseele, die das Leben trägt und deren Fortgehen Tod bedeute (Schröder 1966, 287 f.).

Die Aussagen aller Informanten stimmen darin überein, dass wenigstens eine der beiden Schulterseelen ihren Sitz verlassen und umherwandern kann. Das kann geschehen, wenn jemand erschrickt, plötzlich hinfällt, unversehens ohnmächtig wird, von irgendetwas Unvorhergesehenem überrascht wird. In der Folge wird der Mensch krank. Aufgabe der *poringao* ist es nun, ausfindig zu machen, wo sich die umherwandernde Seele gerade aufhält, und sie zurückzubringen. Sie tut dies mit dem *kitinavavan*-Ritus.

Der Ritus wird im Haus bzw. vor dem Haus der erkrankten Person vorgenommen. Er beginnt mit zwei Eröffnungszeremonien, die sich an zwei Gruppen von Adressaten wenden: eine Bann-Zeremonie *(penlin)* richtet sich an die übel wollenden Geister, die die Seele gestohlen haben; die zweite Zeremonie *(momal)* gilt den Ahnen der *poringao*. Beide werden über die Art des Ritus und über das, was man von ihnen erwartet, unterrichtet. Missverständnisse, die das rituelle Geschehen nur hindern können, sollen auf diese Weise ausgeschlossen werden. Die übel wollenden Geister werden gebannt, und ihnen wird bedeutet, dass sie die Seele freizugeben haben. Die Ahnen werden um Hilfe gebeten, damit der Ritus korrekt und wirksam durchgeführt werden kann.

Es folgen nun die eigentlichen Zeremonien des Ritus, die dabei gesungenen rituellen Texte beschreiben das Geschehen:

Im ersten Teil des Gesanges *(kipaqaval)* werden die Ahnen des Dorfes, vor allem aber die *poringao*-Ahnen herbeigerufen, damit sie bei der Suche nach der entlaufenen Seele behilflich sind.

Der weitere Text des Gesanges beschreibt die Suche nach der Seele *(matinavao-malenavao)*, wobei auch Demawai-Qemasi, der Schöpfer der Menschen, angerufen wird: »Wo ist sie hin? Wohin hat sie sich entfernt? Vielleicht ist sie noch in der Nähe des Hauses? Wenn du, Ngangidajan-Omahajan, ›nein‹ sagst, wo ist sie dann? Ist sie vielleicht Krankheit bringenden Geistern nachgelaufen? Wenn du, Demawai-Qemasi, ›nein‹ sagst, wo ist sie dann? Ist sie vielleicht draußen auf dem Feld, an dem Unglücksort, wo jemand gestorben ist, wo man opfert? Vielleicht wird sie dort festgehalten? Richtig, ich sehe sie ja schon. Dort liegt sie auf dem Bett des übel wollenden Geistes, der sie gefangen hält, sie mit allerlei Unrat füttert.« – Kommt die *poringao* in ihrem Lied zu der Stelle, wo sich die entflohene Seele aufhält, so erhält sie von ihren Hilfsgeistern ein Zeichen.

Im Gesang wird nun der Loskauf der Seele beschrieben *(kitinavavan):* »Ich will dich zurückkaufen und einlösen mit den *qinasi* [Perlen] hier, die auf die Schnur gezogen sind. Beeile dich, komm herauf aus der Totenwelt, löse dich los, Seele! Doch bringe nicht das Unreine mit, womit man dich gefüttert hat! Beeile dich, denn du bist losgekauft mit *qinasi*. Bleib nicht stehen, beeile dich auf deinem Weg!« – An dieser Stelle des Liedes wirft die *poringao* ein paar *qinasi*-Perlen in die Luft als Lösegeld für die Seele.

Der nächste Absatz des Gesanges beschreibt die Heimkehr der Seele: »Hier ist sie schon, in der Nähe des Hauses. Ich habe dich freigekauft mit echten *qinasi*. Zaudere nicht! Hier ist dein Haus, der Ort, wohin du gehen musst. Verfehle das Haus nicht, geh nicht vorbei! Komm schnell! Hier warte ich auf dich, meine Hand will dich ergreifen. Ich lasse dich nicht wieder los.« – Die Seele ist nun zurückgekehrt und befindet sich in der Betelnuss, die die *poringao* in ihrer Hand hält.

Die *poringao* tritt jetzt vor die erkrankte Person; sie legt die rechte Hand, die die Betelnuss und ein *sinaper*-Stäbchen (ein Ritual-Stäbchen) enthält, mit der linken zusammen. Nun berührt sie damit zuerst die linke, dann die rechte Schulter, schließlich den Scheitel, wobei sie jeweils die betreffenden Stellen anbläst. Dabei singt sie den Schluss des Liedes: »Hiermit setze ich die Seele dieses Menschen wieder zurück in seinen Körper. Mögest du nun einen festen Sitz in diesem Leib haben und für immer darin bleiben! Sei fest und stark; wie ein Fels, wie ein *salevao*-Baum sei nun der Leib. Wirklich eng verbunden soll die Seele mit dem Leib sein.« – Mit dieser Segenszeremonie *(poroqem)* endet der Ritus. Die entflohene Seele ist zurückgekehrt und wieder in den Körper eingesetzt. Betelnuss und *sinaper* haben ihren Zweck erfüllt, die *poringao* wirft sie achtlos beiseite.

Die kranke Person erhält nun von der Mutter oder einer nahe stehenden Frau zu essen. Es sollen gute, kräftige Speisen sein, z. B. Fleisch oder Fisch, da man annimmt, die Seele sei deshalb davongelaufen, weil sie mit dem Essen unzufrieden gewesen wäre und sich von übel wollenden Geistern habe davonlocken lassen.

Der rasche Kulturwandel, dem die Puyuma in den letzten Jahrzehnten unterworfen waren, hat dieses wichtige Tätigkeitsfeld der *poringao*, die Sicherung und Stärkung individuellen Lebens, vergleichsweise wenig berührt. Gerade die Dienste der Krankenheilung werden immer noch von den *poringao* erbeten. Da die *poringao* keine Kräuterheilkundige, keine Ärztinnen oder Medizinerinnen sind, da sie allein mit den rituellen Mitteln der traditionellen Religion ihr Amt ausüben, kommen sie kaum in Konflikt mit den Vertretern chinesischer oder moderner westlicher Medizin. Die *poringao* beanspruchen kein Monopol als Heilerinnen. Doch ihre preiswerten Dienste scheinen gerade den wirtschaftlich verarmten Puyuma unverzichtbar zu sein. Dieses optimistische Urteil bezieht sich allerdings nicht auf den ganzen Umfang des *poringao*-Amtes. Hier sind Einschränkungen notwendig. Wie stellt sich die Situation im letzten Drittel des 20. Jahrhunderts dar, welcher Ausblick lässt sich für die Zukunft geben?

Zur Situation der *poringao* heute

Schon vor mehr als 30 Jahren beurteilte D. Schröder die Überlebenschancen der kulturellen Traditionen der Puyuma von Katipol ziemlich skeptisch. Er schreibt: »Tatsächlich wird die Stammesreligion, sei es allein oder in Verbindung mit der chinesischen Volksreligion, nur noch von der alten

Generation ausgeübt. Die jüngere, besonders die männliche Generation, lehnt sie rundweg ab. [...] Die allgemeine Modernisierung, die allgemeine Schulbildung, die ganze Einstellung der Umgebung belehrt die Jugend, dass mit den Praktiken und der Weltanschauung ihrer Stammesreligion die Nöte des modernen Lebens nicht zu bewältigen sind. [...] Eines ist absolut sicher: die alte Stammesreligion der Puyuma von Katipol ist bald eine Sache der Vergangenheit« (1966, 292). Zeitangaben fehlen verständlicherweise in dieser pessimistischen Vorhersage. 13 Jahre später hatte ich Gelegenheit, mich persönlich davon zu überzeugen, dass Schröders Prognose wohl zu pessimistisch war.

Doch inzwischen sind die Puyuma in ihrem eigenen Dorf Katipol noch mehr an den Rand gedrängt. Ihr Anteil an der Bevölkerung beträgt heute weniger als ein Fünftel. Die Taiwanisierung hat alle Bereiche des Lebens erfasst. Davon blieb auch die Institution der *poringao* nicht unberührt, auch sie geriet in den Sog des Kulturwandels. Die Liste der im Oktober 1979 lebenden *poringao* von Katipol führt 46 Namen auf. Davon übten zu diesem Zeitpunkt nur noch 15 ihr Amt aus; die Übrigen hatten ihre Tätigkeit als *poringao* aufgegeben, etwa weil sie christlich geworden waren, oder sie hatten ihre Ausbildung abgebrochen.

Das Verhältnis der *poringao* zur christlichen Mission ist ambivalent, zwiespältig. Zur Zeit der großen Anfangserfolge der katholischen Mission zwischen 1955 und 1965 wurden auch eine Reihe von *poringao* getauft. Etliche von ihnen sind jedoch bald wieder zur traditionellen Religion zurückgekehrt und haben ihre Tätigkeit als *poringao* wieder aufgenommen. Die rasche Christianisierung war nicht sehr tief gedrungen.

Ein wichtiges Motiv der eiligen Bekehrung zum Christentum war bei einigen *poringao* offensichtlich die Hoffnung, an der Macht der neuen, westlichen Religion und dem Ansehen des katholischen Missionars teilzuhaben. Einige der *poringao* fügten etwa die Namen »Jesus, Maria« in die Texte ihrer Riten ein, in die Liste der übermenschlichen Wesen, die zu Beginn eines Ritus angerufen werden, um wenigstens so von der neuen Religion zu profitieren. Die Religion der Katholiken bot zudem in wesentlichen Punkten auf den ersten Blick überraschende Ähnlichkeiten und Gemeinsamkeiten mit der traditionellen Religion der Puyuma: ein monotheistischer Gottesbegriff, die Verehrung der Heiligen und die Achtung der Verstorbenen, die Wertschätzung des gesprochenen Wortes, des in seiner Form festgelegten Textes, als wesentlichen Teiles der Riten. Kompromisse schienen also durchaus möglich zu sein.

Hinzu kommt, dass der langjährige katholische Missionar, der schwäbische Bethlehemit P. Patrik Veil, Mischformen und Synkretismen nicht allzu streng und puristisch bekämpfte. Sein immenses Interesse für alle

Elemente der Puyuma-Tradition, sein Bemühen, die Puyuma-Sprache zu erlernen, sein unvoreingenommener Umgang mit getauften und nichtgetauften *poringao* dürfte die katholische Mission zunächst auch als guten Anwalt der Tradition im unaufhaltsamen Kulturwandel erwiesen haben. Die angesehenste *poringao*, die ich 1979 in Katipol kennen lernte, Milik, verdankte sicher wie ihre Vorgängerin Varikai ihre Position als Anführerin ihrer Kolleginnen auch ihrem guten Kontakt mit der katholischen Mission. Mit selbstverständlicher Würde ging sie im Pfarrhaus ein und aus.

Die katholische Mission bei den Puyuma war so erfolgreich, dass bereits 1972 zwei junge Puyuma zu Priestern geweiht werden konnten. Einer davon, Tseng Chien-tze, übernahm bald die Nachfolge von P. Veil als Pfarrseelsorger in Katipol und den benachbarten Puyuma-Dörfern; 1998 wurde er zum Weihbischof seiner Heimatdiözese Hualien ernannt. In seinem Bemühen um die Erhaltung der traditionellen Kultur der Puyuma in den schwierigen Zeiten des raschen Kulturwandels folgt er seinen Mentoren D. Schröder und P. Veil. Er hat sich damit regional und in den vergangenen Jahren auch überregional einen guten Namen als Anwalt seiner traditionellen Kultur gemacht. Aber auch er wird den Gang der Dinge nicht aufhalten können (Sun 1992; Kung et al. 1992).

So scheint übertriebener Optimismus nicht am Platze zu sein. Die katholische Mission, immer noch zu einem kleinen Teil von Ausländern getragen, hält dem Ansturm der Taiwanisierung einigermaßen stand, während die alte Puyuma-Religion den Anforderungen der Zeit immer weniger gewachsen ist. Auf die Dauer geht eine Anlehnung der *poringao* an die katholische bzw. christliche Mission einseitig zu Lasten der Puyuma-Tradition. In den Krisen und Wechselfällen des täglichen Lebens im heutigen Katipol verspricht der katholische Priester stärkeren und zuverlässigeren Beistand, denn er tritt den Unruhe stiftenden Einflüssen übermenschlicher Mächte ganz ohne Angst entgegen. Und da er seine Hilfe frei und kostenlos anbietet, wird er zunehmend auch zum Konkurrenten der *poringao*. Die wenigen Puyuma, die es sich finanziell leisten können, suchen den teuren Rat und rituellen Beistand von Vertretern der taiwanesischen taoistisch-buddhistischen Volksreligion eher als den der *poringao*. Für viele Puyuma sind allerdings Missionar und *poringao* nicht Alternativen, sondern sie ergänzen sich; sie werden beide, und zwar nacheinander, aufgesucht; so versucht man, die Chance auf Heil zu erhöhen.

Das Vordringen der christlichen Mission ist nicht die einzige Ursache für die Schwächung des *poringao*-Amtes. Ein anderer Grund, der mir angegeben wurde, war, dass das qualitative Niveau der *poringao* abnehme. Von den jüngeren *poringao* sind nicht mehr alle bereit und fähig, die große Menge der rituellen Texte auswendig zu lernen. Da jedoch die Wirksamkeit der Riten wesentlich davon abhängt, dass die langen rituellen Texte fehlerfrei gesungen und rezitiert werden, findet eine schlecht ausgebildetet *poringao* kein Vertrauen und daher auch keine Klienten, und sie verliert schließlich auch das Zutrauen zu sich selbst. Immer öfter geschieht es, dass eine *poringao* in ernsten Fällen, beim schlimmen Tod z. B. (Unglücksfälle, Selbstmorde usw.), glaubt, sie sei zu schwach, die nötigen Riten wirksam zu vollziehen. Sie hat Angst, sie fühlt sich inkompetent angesichts der drohenden Mächte und überlässt das Feld dem christlichen Missionar oder den Vertretern der taiwanesischen Volksreligion.

Die Institution der *poringao* ist eingebettet in den sozialen Zusammenhang der Puyuma von Katipol. Hier hatte sie ihre Aufgabe, hier hatte sie den allen gemeinsamen Glaubenshorizont, den weltanschaulichen Hintergrund, auf dem die Tätigkeit der *poringao* als wirksam und sinnvoll erfahren wurde. Die Aufweichung und Auflösung der Puyuma-Gesellschaft, gekennzeichnet durch den Wandel des Puyuma-Dorfes Katipol zur von Chinesen und Taiwanesen dominierten Gemeinde Chihpen, die inzwischen nahtlos in die Stadt Taitung übergeht, setzt auch dem *poringao*-Amt neue Existenzbedingungen. Jedenfalls dienen die *poringao* heute einer Restgemeinde.

Puyuma, die noch in der traditionellen Kultur verwurzelt sind, meistens Nichtchristen, gelegentlich aber auch Christen bzw. Getaufte, rufen die *poringao* nach wie vor. Anlass ist etwa ein Unfall oder ein Krankheitsfall in der Familie. In ihren Riten erforschen die *poringao* die Ursache des Übels. Durch Krankheit und Unfälle zeigt sich an, dass das fein ausgewogene Gleichgewicht zwischen den natürlichen und übernatürlichen Mächten gestört ist. Die *poringao* kann den Grund der Störung erforschen und angeben, sie kann das zerbrochene Gleichgewicht wiederherstellen. Damit nimmt sie den Betroffenen das Gefühl der Ohnmacht und Unsicherheit. Sie tut etwas und zeigt, dass etwas getan werden kann; indem sie die Wurzel einer Krise offen legt, bereitet sie den Boden für deren Heilung.

Poringao haben die Macht, mit übermenschlichen Wesen in Kontakt zu treten und deren Absichten und Wünsche zu erkunden und zu vermitteln. Ihre Tätigkeit setzt eine gute Menschenkenntnis voraus. Sie beobachten und analysieren Verhalten und Motive der Menschen. So sind sie in der Lage, die individuellen Wurzeln eines Übels zu lokalisieren und namhaft zu machen. Da die *poringao* oft die schwachen Punkte eines Menschen genau kennen, haben sie die Möglichkeit, als soziales Gewissen, als moralische Instanz ihrer Gesellschaft zu wirken. Sie sorgen dafür, dass die überkommenen Werte beachtet werden und deren Verletzung vom Einzelnen erfahren und erkannt wird.

Diese Funktion der *poringao* gerät ins Zwielicht und verliert an Bedeutung, wenn die Ordnung der Gesellschaft allgemein aufbricht oder zerbricht, wenn die traditionelle Weltanschauung ihr Monopol verliert. Die Diagnosen der *poringao* werden dann nicht mehr von einem einheitlichen und geschlossenen Denk- und Glaubenshorizont gestützt. Diagnosen und Riten der *poringao* werden nun gelegentlich als unwirksam erfahren. Man sieht, dass *poringao* in bestimmten Fällen Unrecht haben, man zweifelt an der Wirksamkeit ihrer Riten, ihrer Macht, und man sucht öfter die Dienste der, wie man glaubt, stärkeren Ärzte und Priester. Gleichwohl ist hier der katholische Missionar nicht unbedingt im Vorteil. Gerade auf die drängende Frage nach der Ursache des Bösen oder eines Übels kann er nicht so schlüssig, wenn überhaupt, antworten wie die *poringao*.

Der Wandel der kulturell geschlossenen, matrilinear orientierten Agrargesellschaft Katipols zu einer multikulturellen, patrilinear orientierten Industriegesellschaft nimmt dem *poringao*-Amt viele seiner traditionellen Aufgaben. Und doch wurde gerade diese Institution zur zähen Hüterin der Tradition. Es wäre jedenfalls ein riskantes Unterfangen, wollte man genaue Prognosen über die Entwicklung dieser Institution anstellen. Trotz des Verlustes von Wirksamkeit und Ansehen, wie er in einem solchen Prozess des Kulturwandels unvermeidbar ist, gewinnen *poringao* immer noch neue Schülerinnen, finden sie immer noch ein breites Wirkungsfeld. Taiwanisierung und Christianisierung lassen genügend Raum für synkretistische Formen religiöser Praxis. In der sich bildenden Mischkultur in Katipol/Chihpen können *poringao* noch lange Zeit ihre Rolle als Vermittlerinnen von Heil ausüben, können sie noch lange Zeit die wichtigsten Repräsentantinnen des traditionellen Puyuma-Elementes sein.

Die traditionelle Religion der Puyuma hat als solche keine Überlebenschance. Sie wird wie die gesamte traditionelle Puyuma-Kultur in einer Mischkultur aufgehen. Doch sie kann in Teilen überleben und präsent bleiben in den *poringao*, den Schamaninnen, Priesterinnen und Heilerinnen von Katipol.

Opfer – die Speisung der Geister und Götter

Die Subanun von Mindanao (Philippinen)

Die Subanun gehören zu den ethnischen Minoritäten der Philippinen, zu denen man etwa 8 % der Gesamtbevölkerung rechnet (Tenazas and Ramas 1974, 3), die sich im Lauf der letzten Jahrzehnte allerdings weit stärker vermehrt haben dürfte als die Minoritätsvölker (Zensus 1970: 37 Mill., 1995: 69 Mill.; 1999: ca. 70 Mill. Menschen). Gelegentlich und etwas ungenau spricht man, wenn diese ethnische Minoritäten gemeint sind, auch von den »nichtchristlichen Philippinos«, bei denen man wiederum Stämme mit traditioneller Religion und Muslims (pagan and Muslim groups) unterscheidet.

Die ersten ethnographischen Berichte über die Subanun stammen aus dem 17. Jahrhundert Der spanische Jesuit Francisco Combés schreibt 1667 über sie: »Sie sind Menschen mit geringem Wert [...] Sie leben in den Bergen fast ohne Sozialordnung, wie wilde Tiere, und sie errichten ihre Wohnungen kilometerweit voneinander entfernt, wie es ihnen gerade einfällt« (zit. nach Frake 1960, 51; vgl. Combés 1973, 109f.). Combés' Beobachtungen sind nicht ganz falsch, doch deren Bewertung ist in hohem Maße ethnozentrisch, d.h. dem Zeitgeist unterworfen, um die Kritik vorsichtig zu formulieren; denn die Subanun lebten auch damals wie Menschen und nicht wie wilde Tiere. Nachdem zu Beginn dieses Jahrhunderts, zur Zeit der US-amerikanischen Kolonisierung, zwei umfangreiche Monographien über die Subanun erschienen waren (Christie 1909 und Finley and Churchill 1913), verschwanden die Subanun wieder aus dem Interesse der Ethnologen.

Mit Charles O. Frake, der in den 50er-Jahren bei ihnen Feldforschungen unternahm (1953/54, 1957/58) und in Yale mit einer These über die Sozialorganisation der Subanun promovierte (1955), fanden die Subanun »ihren« Ethnologen. In der Folge publizierte Frake Ergebnisse seiner Forschungen in einer Reihe von Arbeiten und Essays, die schließlich in einer Festschrift gesammelt vorgelegt wurden (Frake 1960, 1961, 1980a, 1980c; vgl. Frake 1980b). Frake selbst hat sich in den Jahren einen Namen gemacht als einer der herausragenden Vertreter der »Kognitiven Anthropologie«, dies besonders mit einem Aufsatz zur Religion der Subanun (1964), der bald den Weg in wichtige Sammelwerke fand (z.B. Lessa and Vogt 1965; Tyler 1969) und auf den auch ich mich bei meinen Ausführungen stützen kann. Die jüngste mir greifbare Publikation über die Religion der Subanun stammt von Fausto Lingating, der selbst aus dem Volk der Subanun stammt (1994).

Der ethnographische Rahmen

Siedlungsgebiet der Subanun (Subano, Subanu, Subanon, Subanen) ist das gebirgige bewaldetete Innere der Halbinsel Zamboanga im Westen von Mindanao; ihre Zahl wird mit 75000 angegeben, doch sie kann nur geschätzt werden, da sie durch die offiziellen Zählungen kaum erreicht werden (Frake 1993, 244). Suban'on oder Subanen nennen die Muslims und Christen von Zamboanga die Leute im Landesinneren; die beiden

Ausdrücke bedeuten »Menschen, die flussaufwärts wohnen«. Die so bezeichneten Leute, der Stamm der Subanun, bilden eine kulturelle und sprachliche Einheit, eine kohärente ethnische Gruppe. Sie grenzen sich ab von den an der Küste siedelnden Muslims, Christen und den mit den Moros (Tausug und Samal) vermischten Subanun, den Kalibugan.

Wie die Puyuma in Taiwan gehören auch die Subanun der Sprache nach zum weiten Bereich des Austronesischen. Hier wiederum wird das Subanun der zentralen philippinischen Sprachgruppe zugeordnet; es gliedert sich in zwei Hauptdialekte, einen westlichen und einen östlichen, die einander jedoch so nahe sind, dass eine Kommunikation über die jeweiligen Grenzen hinweg möglich ist.

Die Subanun leben vom Brandrodungsbau. Hauptanbaufrucht ist Trockenreis; zweitrangig sind demgegenüber andere Getreidearten (z.B. Mais) oder Süßkartoffeln und Maniok. Bananen und Papayas sind die bevorzugten Obstsorten. Die einzelnen Familien roden jedes Jahr ein neues Reisfeld, in abgeernteten Reisfeldern werden dann Sekundärfrüchte angebaut; schließlich wird das Feld wieder zu Brachland, das bis zu 15 Jahren der natürlichen Waldvegetation überlassen wird, bevor es erneut gerodet werden kann. Dieser Anbauzyklus benötigt vergleichsweise viel Waldland; kein Wunder also, dass er in den letzten Jahrzehnten durch zunehmenden Bevölkerungsdruck und fremde Waldabholzungen in Frage gestellt wird.

Man hält Hühner und Schweine, seltener auch Rindvieh. Gejagt werden Wildschweine und Rehwild; auch Fischfang spielt eine große Rolle. Den Subanun genügt zum Leben, was sie anbauen, fischen, jagen und im Wald sammeln; was sie an Reis und anderen Produkten übrig haben, z.B. Rattan, wird auf den Märkten im Tiefland verkauft und verschafft ein wenig Bargeld, mit dem wiederum andere nützliche Dinge besorgt werden können (z.B. Werkzeuge, Kleider usw.). Die Kontrolle des Handels liegt fast vollständig in fremden Händen, nämlich bei den Christen, Muslims und Chinesen im Tiefland. An handwerklichen Künsten wird Weben und Korbflechten praktiziert, Messer und Äxte werden geschmiedet, Häuser und Speicher gebaut. Arbeitstrennung zwischen den Geschlechtern ist minimal: »Everyone is a farmer, everyone is poor, and everyone is powerless« – jeder ist Bauer, alle sind arm, keiner hat Macht (Frake 1993, 244).

Bei den Subanun gibt es keine dauerhaften und festen Landrechte, Ackerboden ist freies Gut. Wer ein Feld bepflanzt, hat eine Recht darauf, solange es bepflanzt ist. Neue Flächen zur Brandrodung werden unter Nachbarn verteilt, wobei frühere Nutzung eines Areals durch eine Familie ihr ein gewisses »moralisches« Anrecht auf erneute Bepflanzung geben kann. Dieses traditionelle Landnutzungssystem hat im philippinischen

Staat natürlich keinen legalen Status. In das Subanun-Gebiet hereindrängende Philippinos haben also leichtes Spiel, wenn sie sich Land aneignen wollen – ein Schicksal, das die Subanun mit vielen anderen philippinischen Minoritäten teilen, etwa mit den Mangayanen auf Mindoro.

Wie vor 300 Jahren siedeln die Subanun weit verstreut, und zwar in wenig festen, politisch nicht organisierten Siedlungen mit weit verstreuten Haushalten von Einzelfamilien. Jede Familie errichtet ihr Haus bei den Feldern, die sie gerade bebaut. Die strohgedeckten Häuser – einfache viereckige Konstruktionen auf Pfeilern – wandern also den Feldern nach; sie werden alle drei, vier Jahre neu errichtet.

Zugehörigkeit zu einer gemeinsamen Sprache, einem gemeinsamen Siedlungsgebiet und einer von Nachbarn unterschiedlichen Lebensweise genügen seinen Mitgliedern zur Selbstidentifikation. Der Stamm der Subanun zeichnet sich dadurch aus, dass ihm jegliche formale soziopolitische Organisation fehlt; es gibt keine Gliederung in Sippen oder Lineages, also die Kernfamilie übergreifende verwandtschaftliche Gruppen, es gibt keine Gliederung in Altersgruppen, es gibt keine Gliederung in politische Gruppen mit festen Leitungsstrukturen.

Die höchste und einzige sozioökonomische Einheit ist die einen Haushalt bildende Kernfamilie *(senglanan)*; sie ist auch die einzige organisierte verwandtschaftliche Gruppe. Die monogame, in seltenen Fällen auch polygame (weniger als 10 %) Kernfamilie wird gebildet durch die Eltern mit oder ohne eigene bzw. adoptierte unverheiratete Kinder. Sie umfasst nie mehr als zwei Generationen; sie entsteht durch Heirat und zerfällt durch Tod oder Scheidung; die Möglichkeit von Polygynie und Sororat begünstigen die Bildung neuer Familien. Nach der Auflösung einer Familie kann eine zurückbleibende Einzelperson sich einer anderen Familie anschließen, sie bleibt aber ökonomisch selbständig. Jeder Subanun ist also jederzeit Mitglied einer Kernfamilie.

Die Kernfamilie steht im Zentrum eines variablen Netzes von sozialen Beziehungen zu Verwandten und Nachbarn. Die Verwandtschaft gilt bilateral. Erwachsene Subanun, deren Kinder bereits verheiratet sind, haben verwandtschaftliche Beziehungen und Bindungen an die Familien ihrer Eltern und an die Familien ihrer Kinder, schließlich an die Familien ihrer jeweiligen Ehepartner.

Eine Heirat wird normalerweise durch die beteiligten Familien unter Nachbarn und Verwandten arrangiert, wobei Cousins und Cousinen die nächstmöglichen Heiratspartner innerhalb der Verwandtschaft sind. Der Heirat gehen komplizierte rechtliche Verhandlungen zwischen den beiden Familien voraus, die oft schon vor Beginn der Pubertät der künftigen Brautleute beginnen, wobei es vor allem um den Brautpreis geht. Die Familie bzw. Verwandtschaft des Bräutigams erbringt diesen Brautpreis, der den Verwandten der Braut gegeben wird; anstatt der vollen Zahlung des Brautpreises kann dieser auch abgedient werden, was meist drei bis vier Jahre dauert. Daher errichtet das Brautpaar seine erste Wohnung in der Regel auch in der Nähe der Familie der Braut.

Wenngleich die Subanun weit verstreut wohnen und keine politische Organisation kennen – oder vielleicht gerade deswegen –, schätzen sie gemeinschaftliche Zusammenkünfte über alles; und sie finden Anlässe genug, zusammenzutreffen und Feste jeder Art und Form zu feiern. Dabei wird getrunken – mit Vorliebe Reiswein –, gesungen, getanzt, gespielt, erzählt; und niemand wird davon ausgeschlossen.

Doch dem Leben der Subanun fehlt es auch keineswegs an sozialer Kontrolle, auch nicht an Personen, die eine herausragende Autorität, hohes Ansehen, einen besonderen gesellschaftlichen Einfluss besitzen. Es sind jene Individuen, die sich besondere rechtliche Kompetenz erworben haben, denn das Prozessieren, das Diskutieren und Lösen rechtlicher Streitfälle scheint die Plattform zu sein, wo gesellschaftliche Interaktion ihren deutlichsten Ausdruck findet. Die Fähigkeit, bei Gesetzeshändeln und den sie begleitenden juristischen Debatten die persönlichen Beziehungen beeinflussen zu können, wird sehr hoch bewertet.

Frake hält das ausgeprägte Rechtsbewusstsein der Subanun geradezu für ein charakteristisches Merkmal ihrer Kultur, ja er glaubt, die Subanun sogar »prozesssüchtig« (litigious) nennen zu können, und das, obwohl sie kaum formale Rechtsinstitutionen haben (1957, 38; 1980c). Alles und jedes kann Anlass zu einem Rechtsstreit sein, und die Subanun lassen keine dieser Gelegenheiten ungenutzt verstreichen. Ziel eines solchen Streites ist es, für einen Fehler, ein Vergehen, einen Vertragsbruch von dem »Schuldigen« eine Kompensation zu erwirken. Es geht dabei meistens um Kleinigkeiten, selten um größere oder wichtigere Dinge; es geht z. B. um persönliche Beleidigungen, um üble Nachrede, um ein vorlautes Wort, um Verletzungen der Etikette, um das Nichteinhalten von Verträgen. Physische Gewalt, die gar in Mord und Totschlag endet, gibt es so gut wie gar nicht.

Es gibt drei Arten, wie eine solche Kompensation erfolgen kann:

1) Man zahlt der beleidigten und betroffenen Seite, bevor eine Rechtsverhandlung stattfindet, d. h., man nimmt das mögliche Urteil schon voraus; das geschieht oft, wenn bestimmte Heiratsregeln übertreten werden müssen.
2) Es wird gezahlt nach einem Richtspruch ohne formellen Prozess, also nach »rechtlicher Belehrung«; das ist nur bei sehr geringfügigen Vorkommnissen möglich, wobei der Weg zu einem ordentlichen Prozess immer offen steht.

3) Der Normalfall ist allerdings ein Urteilspruch in einem ordentlichen, öffentlichen Gerichtsverfahren.

Ein wichtiger Effekt dieses Rechtssystems ist es, über die kleine Gruppe der Familie hinaus eine soziale Kontrolle aufrecht zu erhalten. Man wacht über die Rechte und Pflichten, die jede Person hat. Und niemand kann sich dem System entziehen, indem er sich etwa weigert, nach einer Verurteilung Kompensation zu zahlen, er würde sonst seine sozialen Status gefährden.

Wichtiger und bedeutender aber noch scheint ein anderer Aspekt dieses Rechtssystems zu sein. Mit den Prozessen sind immer auch Feste jeder Art und Größe verbunden. Rechtsstreitereien bieten die häufigsten und wichtigsten Gelegenheiten zum Treffen mit Leuten außerhalb der kleinen Gruppe der Familie oder der Nachbarschaft. Sie wirken also als gesellschaftsaufbauend und -konstituierend; damit wirken sie in dieselbe Richtung wie die Opfer und Opferfeste der Subanun. Und nicht zu unterschätzen ist auch der Unterhaltungswert beider Institutionen für die Gesellschaft.

Die traditionelle Religion der Subanun

Nach Frake (1993, 245) ist es die Religion der Subanun, ihr gemeinsamer Glaube und ihre gemeinsamen Riten, die sie kulturell abheben von den christlichen Philippinos in den tiefer liegenden Gebieten und den Muslims an der Küste. Wer diese Religion verlässt, Christ oder Muslim wird und in deren Gebiete zieht, gibt damit in aller Regel auch die eigene kulturelle Identität auf.

Eine ganze Reihe von übermenschlichen Wesen *(kanaq kilawan)* teilen mit den Subanun deren Universum: Götter *(diwata)*, Dämonen *(getau-telunan)*, Geister *(mitubuq)*, Seelen *(gimuud)*. All diese übernatürlichen Wesen können den Menschen nützen oder schaden, wie umgekehrt auch die Menschen durch ihr Handeln auf sie Einfluss ausüben. Übernatürliche Wesen tun den Menschen ihren Willen und ihre Wünsche kund durch Medien in Trance-Ritualen, etwa wenn sie für ihre Hilfe bei Heilungen Opfer brauchen.

Zwischen Menschen und übernatürlichen Wesen zu vermitteln, ist also Aufgabe von Medien, aber auch von anderen rituellen Spezialisten *(belian)* wie z. B. Schamanen. Während rituelle Spezialisten allgemein für die Durchführung der zahlreichen Opfer verantwortlich sind, sind Schamanen vor allem die Spezialisten für Heilung von Krankheiten, sei es mit natürlicher Medizin, sei es mit magischen Mitteln. Die *belian* gehören zu den wenigen Subanun, die einen klar definierten sozialen Status haben, der sie aus der Menge heraushebt. Die meisten religiösen Spezialisten sind ältere Männer; sie erwerben ihre fachliche Kompetenz durch Lernen bei anderen (Meistern), gelegentlich auch durch direkte Berufung durch Götter.

Nicht alle Krankheiten benötigen zu ihrer Diagnose und Heilung einen *belian*. Oft genügen gesunder Menschenverstand und Erfahrung im Umgang mit Heilkräutern. Sollte dies nicht zur Heilung führen, zieht man einen kräuterkundigen »Medizinmann« hinzu, der seine eigenen Diagnose- und Heilungsmittel hat. Erst wenn auch dieser nicht weiterkommt, ist der *belian*, der hauptamtliche religiöse Spezialist, am Zuge, denn dann stehen übermenschliche Wesen hinter der Krankheit, bei denen es mit Kräutermedizin alleine nicht getan ist. Meistens kennt sich ein *belian* auch mit Kräutern und natürlichen Heilmitteln aus wie der Medizinmann, während nur sehr selten ein Medizinmann auch *belian* ist (Lingating 1994, 148).

Nur zwei Punkte im Lebenszyklus eines Menschen werden durch besondere religiöse Riten ausgezeichnet: sein Anfang und sein Ende, also Geburt und Tod. Letzterer vor allem ist Anlass für eine ganze Reihe von Riten und Zeremonien mit ihren Opfern und Festen. Sinn und Zweck dieses Geschehens ist es, sicherzustellen, dass die Seele des Verstorbenen diese Welt auch wirklich verlässt, um als Geist in der anderen Welt, im Reich der Götter, weiterzuleben, und dass sie dort gut lebt. Diese Geister, die »Ahnen«, spielen eine große Rolle im Leben ihrer Angehörigen, denn sie werden zuallererst als Vermittler zwischen Menschen und übermenschlicher Welt gesucht, solange sie erinnert werden. Einen eigentlichen Ahnenkult kennen die Subanun dagegen nicht.

Feste und Opfer

Opfer gehören für die Subanun in den Bereich des »Essens«: Menschen geben den übernatürlichen Wesen zu essen. Essen gehört zu den alltäglichen Tätigkeiten der Subanun, meist aber wird dieses Essen als »Mahlzeit« qualifiziert, dann nämlich wenn es über bloße informelle Nahrungsaufnahme hinausgeht und einige Bedingungen erfüllt. Sie findet wenigstens einmal täglich statt und wird nach Möglichkeit gemeinsam eingenommen. Die Nahrung, die gegessen wird, ist gekocht und stärkehaltig, es sind also besondere Vorbereitungen nötig; die Mahlzeit wird von anderen Tätigkeiten abgehoben, der oder die Teilnehmer kauern vor dem Essen nieder.

Man kann zwei Arten von Mahlzeit unterscheiden: »die gewöhnliche Mahlzeit« und »das Festessen«. Dabei berücksichtigt man drei Kriterien:

Bei der gewöhnlichen Mahlzeit kommen (1) die Teilnehmer aus der

Kernfamilie; gibt es (2) nur Pflanzenkost; gibt es (3) keinen Reiswein (*gasi*).

Beim Festessen kommen (1) die Teilnehmer aus mehreren Familien; kommt (2) zur Pflanzenkost Fleisch als Beigabe hinzu; wird (3) *gasi* getrunken.

Festessen finden in unregelmäßigen Abständen statt, sie benötigen einen besonderen Anlass, einen besonderen Grund. Und ein solcher Anlass wird gerne gesucht und gefunden und Gründe gibt es viele. Wird eine gute Jagdbeute gemacht, z.B. ein Wildschwein erlegt, gibt es ein Fest; kommen Besucher, gibt es ein Festessen; kommt man zu Rechtsverhandlungen zusammen, gibt es ein Festessen. Jedenfalls verbringen Subanun mit dem Planen, Arrangieren und Organisieren von Festen ein gut Teil ihrer Zeit. Oft ist ein Festessen eingebettet in den Rahmen anderer festlicher Aktivitäten wie Wett-Trinken, Singen, Tanzen, es ist also Teil eines Festes.

Während mancher Feste lassen sich Festessen besonderer Art beobachten. Es werden besondere Gegenstände benutzt und die Essenden sind unsichtbar für die normalen Subanun. Solche Festessen, bei denen Menschen unsichtbaren und übermenschlichen Wesen zu essen geben, werden von den Subanun *kanu* genannt, »Opfer«. Im Lauf eines Festes können mehrere solcher Opfer stattfinden. Ein Fest, während dessen Opfer dargebracht werden, nennt man entsprechend Opferfest; Frake spricht von »ceremony«, was mit »Opferzeremonie« bzw. »Opferfest« übersetzt werden könnte (1964, 114). Dieses Opferfest kann mit anderen Arten von Festen verbunden sein, etwa mit Festen aus Anlass eines Prozesses, beim Werben von Arbeitern, beim Teilen von Wildbeute, wie überhaupt verschiedene Festanlässe gerne zusammengefasst werden, nicht zuletzt auch aus wirtschaftlichen Gründen.

Die aufgeführten verschiedenen Arten von »Essen« werden von den Subanun also folgendermaßen kategorisiert:

- Essen:
  - informell
  - Mahlzeit:
    - gewöhnliche Mahlzeit
    - Festessen:
      - gewöhnliches Festessen
      - Opfer

Auf den ersten Blick scheinen Opfer nur ein kleiner, unscheinbarer Teil anderer festlicher Aktivitäten zu sein; in Wirklichkeit ist das Gegenteil der Fall. Planung, Vorbereitung und Durchführung von Opfern stellen einen bedeutenden Teil der kulturellen Tätigkeiten der Subanun dar; man muss einen bestimmten Opferplatz herrichten, es bedarf bestimmter, höchst unterschiedlicher Arrangements, Paraphernalia und höchst unterschiedlicher Opferspeisen je nach Art, Ziel und Zweck des Opfers. Für Frake macht all das Denken und Tun, soweit es ums Opfern kreist und mit Opfern zu tun hat, das Wesentliche der Subanun-Religion aus; für ihn ist es »religiöses« Verhalten schlechthin (1964, 114f.).

Opfer und Opfern

Für Opfer fixierte und bestimmte Gebäude, Räume oder Plätze gibt es bei den Subanun nicht. Welcher Ort gewählt wird – das Haus, der Platz ums Haus, Felder, Wald usw. –, auch welche Paraphernalia gebraucht und vorbereitet werden, hängt von der Art des Opfers und von den Empfängern des Opfers ab. Für ein Opfer, das Festmahl also für übermenschliche Wesen, müssen einige Voraussetzungen erfüllt werden: die Hauptnahrung muss Reis sein; zur Fleischbeigabe kommen Eier hinzu; der Reiswein muss rituell zubereitet sein; die Betelnüsse, die zum Kauen angeboten werden, müssen in ganz bestimmter Weise vorbereitet sein. Bei einigen Opfern muss die Nahrung roh sein, bei anderen gekocht, je nach Empfänger. Die Opfergabe wird den Adressaten auf einem Altar angeboten, danach wird sie von den menschlichen Festgästen verzehrt, oft als Teil eines Festes. Für die beteiligten Leute ist natürlich die Fleischbeigabe ein wichtiger Aspekt. Im Wert der geschlachteten Tiere, meist Hühner oder Schweine, spiegelt sich direkt die Bedeutung des Opfers wider.

Alle, die an einem Opfer teilnehmen, gehören zur Kategorie der »Personen« *(getaw)*, d.h. jener Lebewesen, mit denen man in Kommunikation treten kann; sie lassen sich wiederum in zwei Unterkategorien einteilen: die Sterblichen oder die Menschen *(kilawan)* und die Übernatürlichen *(kanaq kilawan)*. Letztere können von den normalen Subanun nicht bewusst gesehen oder visuell wahrgenommen werden, das unterscheidet sie von den Sterblichen. Bei den »Unsichtbaren«, den übernatürlichen Wesen also, unterscheiden die Subanun, wie oben angegeben: Seelen, Geister, Dämonen und Götter.

Die übernatürlichen Wesen *(kanaq kilawan)* im Überblick:

Seelen *(gimuud)*

Geister *(mitubuq)*

Dämonen *(getau-telunan)*
- Menschenfresser *(menemad)*
- Kobolde *(menenwa)*
- Pygmäen *(menubuq)*

Götter *(diwata)*

Seelen wird dann geopfert, wenn sie aus irgendeinem Grund den Körper des Menschen verlassen haben und so eine Krankheit verursachen; das Opfer soll sie zurückbringen und damit die unheilvolle Situation bereinigen.

Nach dem Tod eines Menschen wird dessen Seele zum Geist, dem die nahen Angehörigen des Verstorbenen Opfer bringen, solange seine Erinnerung wach ist; verlöscht die Erinnerung allmählich, wird ein Geist also von seinen lebenden Nachkommen vergessen, verschwindet er in der Himmelswelt und nimmt die Attribute eines Gottes an. So sind Geister also eigentlich nur recht kurzlebige »Ahnen«; ein Ahnenkult, der eine gewisse genealogische Tiefe voraussetzt, konnte sich bei den Subanun demnach nicht entwickeln. Unter allen Übernatürlichen sind es allerdings gerade die Geister, mit denen die Subanun den engsten Kontakt haben, der oft von Emotion und Zuneigung geprägt ist; ihnen werden auch die meisten Opfer zugedacht. Im Allgemeinen gelten sie als weniger habgierig, als leichter zufrieden zu stellen als andere Übernatürliche. Sie dienen als Vermittler zwischen Menschen und weniger zugänglichen übernatürlichen Wesen.

Als überwiegend bösartig und übel wollend gelten die Dämonen, von denen die drei oben genannten Arten nur die wichtigsten sind. Sie sind deshalb so gefährlich, weil sie sich in der Welt der Menschen herumtreiben und deshalb immer gefürchtet werden müssen. Wenn man ihnen begegnet, bringt das Krankheit, vor allem wenn man sie ungewollt an ihren Wohnplätzen aufstöbert, etwa beim Anlegen eines neuen Feldes.

Ausgesprochen wichtig und gefürchtet, da ähnlich übel wollend, sind aus der Schar der Götter jene, »die ihre Opfergaben roh verzehren«. Von Zeit zu Zeit ziehen sie zu den Oberläufen der Flüsse im Subanun-Gebiet und bringen Krankheiten und Epidemien und verursachen Missernten. Absolut notwendig sind daher die jährlichen Opfer an bestimmten Flussgabelungen, die diese Götter gnädig stimmen sollen.

Als weit weniger übel wollend, wenn nicht gar freundlich, gelten die »Himmelsgötter«. Sie mischen sich weniger in menschliche Belange ein; sie sind freilich verantwortlich für das Wachstum des Reises. Auch nehmen sich die meisten Männer im Laufe ihres Lebens aus ihren Reihen einen Schutzgott, dem sie jährlich Sühneopfer darbringen. Wie für die Dämonen so gilt auch für die Götter allgemein, dass es ungezählte Arten von ihnen gibt, je nach Wohnort und Funktion; kein Subanun kennt sie alle. Die hier vorgenommene Aufzählung und Kategorisierung ist also nicht erschöpfend, sondern nur der Versuch, ein einigermaßen überschaubares Bild zu geben:

Götter *(diwata)*
- Himmelsgötter *(getau-langit)*
- Rohkostgötter *(kemungluq, mengilaw),*
  - Götter des Sonnenuntergangs *(getau-sindepan)*
  - Seegötter *(getau-dagat)*
  - Meeresgötter *(getau-laud)*
- Götter des Sonnenaufgangs *(getau-sebang, rumiag)*
- Unterweltgötter *(getau-bayak)*

Auch die menschlichen Teilnehmer am Opfer werden von den Subanun je nach ihrer Aufgabe und Funktion verschiedenen Kategorien zugeordnet: religiöse Funktionäre *(sug mikanu dun)*, ihre Helfer *(gimpang)*, die Nutznießer des Opfers *(sug pikanuan dun)*, die restlichen Anwesenden, die keine Aufgabe haben *(sug suminaup dun)*.

Bei den religiösen Funktionären, die beim Opfern gebraucht werden, unterscheidet man wiederum solche, die diese Rolle privat wahrnehmen, und solche, die diese Aufgaben hauptamtlich durchführen, also religiöse Spezialisten. Sie bereiten die Opfer vor, rufen die übernatürlichen Gäste herbei und sorgen für die ordnungsgemäße Durchführung des Opfers. Wenn es nur um einfache Opfer im Kreis der kleinen Familie geht, übernimmt der Ehemann diese Aufgabe. Geht es aber um größere Opfer, braucht man einen religiösen Spezialisten *(belian)*. Letztere werden von den Subanun zwei Kategorien zugeordnet: den *batak belian*, den »kleinen« Spezialisten, und den *gulang belian*, den Medien.

Wenn ein religiöser Spezialist mit einem oder mehreren übermenschlichen Wesen in Beziehung steht und diese in Séancen aktivieren kann, gilt er als Medium. Ein Medium kann wiederum entweder Schamane *(guleligan)* oder einfacher Befrager *(meninduay)* sein. Schamanen fallen in Trance, während der ihre übermenschlichen Vertrauten von ihrem Körper Besitz ergreifen (Besessenheit). Einfache Befrager werden nicht besessen, doch sie können mit den bei einem Opfer anwesenden übermenschlichen Wesen sprechen und sie befragen.

Der Tätigkeitsbereich der Medien erstreckt sich normalerweise weit über die Grenzen ihres eigenen Siedlungsgebietes hinaus; diese Tätigkeit beansprucht einen gut Teil ihrer Zeit und Kraft, die dann für die eigene Feldarbeit verloren geht. Sie erhalten daher für ihre Dienste eine materielle Entschädigung, vor allem aber können sie an zahlreichen Festen und Festessen teilnehmen, ohne sich revanchieren zu müssen.

Die religiösen Funktionäre *(sug mikanu dun)* im Überblick:

hauptamtlich *(belian)* ─┬─ kleine Spezialisten *(batak belian)*
└─ Medien *(gulang belian)* ─┬─ Schamanen *(guleligan)*
└─ Befrager *(meninduay)*

Die übrigen Teilnehmer spielen beim Opfer Rollen, die sich aus dem Zusammenhang ergeben und für die keine besonderen Bedingungen gelten:

1) die »Helfer« *(gimpang)* stehen den Spezialisten bei der Vorbereitung und Durchführung der Opfer zur Seite; sie werden ohne größere Formalitäten bestimmt.
2) »Nutznießer« des Opfers *(sug pikanuan dun)* ist die Person, bzw. sind jene Personen, für die ein Opfer dargebracht wird; das kann eine Einzelperson, eine Familie, eine Siedlung oder eine ganze Region sein. Aufgabe des Nutznießers ist es, die nötigen Vorbereitungen für das Opferfest zu treffen, die Helfer zu bestimmen und die Opferspeisen beizubringen.

Der Rest der Teilnehmer *(sug suminaup dun)* ist in das ganze Opfergeschehen kaum involviert, das auch, abgesehen von den Séancen, kaum Interesse erweckt. Man konzentriert sich sehr viel mehr auf das mit dem Opfer verbundene Fest mit Essen und Trinken, Gesang und Tanz. Opfer sind die Angelegenheit der direkt Betroffenen und von Spezialisten und Funktionären; sie sollen einen praktischen Zweck erreichen, religiöse »Erbauung« ist jedenfalls nicht ihr Ziel.

Opfer im kulturellen Kontext

Nachdem nun ziemlich ausführlich die verschiedenen Teilnehmer am Opfergeschehen, die menschlichen wie die nicht sichtbaren, vorgestellt wurden, geht es nun darum, die Frage genauer zu untersuchen und zu beantworten: Wann finden solche Opferfeste oder -zeremonien überhaupt statt? Wann erfordert eine gegebene Situation die Darbringung eines oder mehrerer Opfer? Es geht darum, den Platz des Opfers im kulturellen Kontext näher zu bestimmen, die kulturellen Rahmenbedingungen festzustellen.

Es geht darum, herauszufinden, welche Handlungen und Ereignisse einer Opferzeremonie vorausgehen oder ihr folgen, also ihren Rahmen bilden. Die adäquate Beschreibung eines solchen Rahmens erfordert zunächst die Klärung dreier Punkte:

1) Wie wahrscheinlich sind die Rahmenereignisse?
2) Können statt einer Opferzeremonie auch andere rituelle oder soziale Handlungen und Veranstaltungen stattfinden?
3) Welche verschiedenen Arten von Opfern passen in einen gegebenen Rahmen, der ein Opfer verlangt?

Aus der Beantwortung dieser Fragen lässt sich die charakteristische Einordnung einer Opferzeremonie bestimmen.

Das soll verdeutlicht werden am Beispiel von Opferzeremonien, die im Jahreszyklus, genauer im Ackerbauzyklus, ihren festen Platz haben, also planmäßig, regelmäßig abgehalten werden. Die Subanun kennen etwa neun solcher jährlich wiederkehrender Opferriten, die nach folgenden Charakteristika geordnet werden können:

1) Die Rahmenereignisse, z.B. die Rodung eines Feldes oder die Ernte, haben hohen Wahrscheinlichkeitswert; sie sind also leicht vorhersehbar.
2) Es gibt keine Handlungen oder Veranstaltungen, die in dem vorgegebenen Rahmen eine Opferzeremonie ersetzen oder an ihren Platz treten könnten.
3) Ein bestimmter Rahmen lässt nur eine einzige Art von Opfer zu; also jedes Opfer erfordert eigene Rahmenbedingungen.

Der Vollzug solcher planmäßiger Opferzeremonien bietet also für alle, die die Subanun-Kultur näher kennen, keinerlei Überraschungseffekte; im Gegenteil, er ist geradezu ein Merkmal der Normalität. Fällt ein solches Opfer aus, so ist das Anzeichen oder der Anlass einer Krise, verursacht durch die Unsichtbaren, die offenbar nicht zu ihrem Recht gekommen sind. Das wäre etwa der Fall, wenn eine Ernte ausfiele, weil Trockenheit, Heuschrecken usw. sie zerstört haben, oder wenn die Subanun es versäumten, angemessene Ernteopfer durchzuführen. Die Subanun betonen ausdrücklich, dass sie solche »planmäßigen« Opfer vollziehen, um Krisen zu vermeiden.

Regelmäßiger Vollzug bestimmter Opferzeremonien ist notwendige Bedingung zur Vermeidung von Krisen, doch er ist nicht hinreichend. Es kommt immer wieder trotz Erfüllung dieser notwendigen Bedingung zu ernsten Krisen, z.B. zu Krankheitsfällen. Die Subanun begegnen dieser Situation, indem sie »außerplanmäßige« Opferzeremonien durchführen. Auch das soll nach dem oben angewandten Schema etwas ausführlicher dargestellt werden:

1) Die Rahmenereignisse lassen sich nicht vorhersagen, sie sind nicht wahrscheinlich, man kann nicht mit ihnen rechnen und im Voraus planen, z.B. bei plötzlicher Krankheit.
2) Im gegebenen Rahmen sind neben Opferzeremonien auch andere Ak-

tivitäten denkbar, z. B. die Behandlung und Heilung durch einen Medizinmann, wenn er mit seinen Mitteln helfen kann.

3) Vielfach lässt ein vorgegebener Rahmen, auch wenn er eine Opferzeremonie verlangt, die Möglichkeit der Auswahl zu, über die die Unsichtbaren in Befragung oder Séance konsultiert werden und ihren Wunsch äußern.

Gerade bei Krankheiten stellt sich dem Patienten, also dem, der ein Opfer verspricht und dem es zugute kommen soll, die Frage, wann er die eingegangene Verpflichtung einlösen soll, nämlich vor, während oder nach der Behandlung und Heilung. Dem gesunden Menschenverstand folgend, möchte auch ein Subanun erst bezahlen, wenn er erhalten hat; denn oft genug kann er erfahren, dass auch ein generöses Opfer nicht den erhofften Heilungserfolg bringt. Zudem hat er Angst, schon während der Krankheit zu opfern, da die Übernatürlichen Gefallen an seiner Krankheit finden und neue Opfer fordern könnten. Andererseits sind viele Fälle bekannt, dass Subanun nach der Heilung das »Bezahlen« der Unsichtbaren durch Opfer immer wieder hinausschieben; wohl in der Hoffnung, die Sache könnte in Vergessenheit geraten und man könnte dabei ein kleines Geschäft machen. Das Ende vom Lied ist dann nicht selten, dass die düpierten Unsichtbaren sich mit neuen Krankheiten in Erinnerung bringen, und das Ganze fängt von vorne an: der Kranke opfert und bezahlt seine Schuld und hat schon wieder eine neue auf sich geladen.

Hier zeigt sich wiederum, dass für die Subanun das Opfer zuallererst eine Technik ist, mit der sie etwas erreichen wollen, was ihnen mit rein menschlichen Mitteln unmöglich erscheint. Opferzeremonien sind in der Regel aufwendiger und teurer als andere Mittel, daher nimmt man zu ihnen vor allem in Krisen Zuflucht oder wenn man Krisen verhindern bzw. ihnen vorbeugen will. Die regelmäßige Durchführung der geplanten Opferzeremonien im Jahreszyklus soll Krisen verhindern, unplanmäßige Opferzeremonien dienen der Bewältigung von Krisen, sie dienen dazu, die Dinge wieder in ihren normalen Lauf zu bringen.

4 OZEANIEN

Traumzeit, Totem, Territorium

Die Aranda von Zentralaustralien

Als die Engländer Ende des 18. Jahrhunderts Australien, den Südkontinent, für die britische Krone reklamierten und dort eine Strafkolonie etablierten, bewohnten etwa 300000 Ureinwohner dieses Land. Sie waren über den ganzen Kontinent zerstreut. Wohl mehr als 200 Sprachen wurden gesprochen, die genetisch einer einzigen Familie zugeordnet werden können, die sich also aus einer gemeinsamen Ursprache, dem Proto-Australisch, entwickelt haben (Wurm 1972; Dixon 1980). Diese Familie der australischen Sprachen hatte keinerlei Beziehungen zu anderen Sprachfamilien außerhalb Australiens. Aus diesen und anderen Gründen, etwa archäologischen, schließt man, dass die Besiedlung Australiens sehr früh stattgefunden hat; man glaubt heute, dass dies bereits vor 30000 bis 80000 Jahren gewesen sein könnte (Dixon 1980, 19). Die Besiedlung Australiens ging vom asiatischen Festland aus und erfolgte über die indonesische Inselwelt nach Nordaustralien.

Die Ureinwohner Australiens – in der deutschen Fachliteratur spricht man zunehmend von »Aborigines« – können von der physischen Anthropologie ihrer Rasse nach weder den Negriden noch den Mongoliden zugerechnet werden; so fand man für sie die Kategorie der Australiden. Man schätzt die Zahl der Aborigines heute auf etwa 50000, die Zahl der Mischlinge auf etwa 80000; doch ist damit nicht gesagt, dass noch alle ihre angestammte australische Sprache sprechen können. Wurm meint, dass von ihnen kaum die Hälfte Kenntnisse einer australischen Sprache hat (1972, 11).

Von den ca. 200 australischen Sprachen, die zu Beginn der Invasion der Weißen 1788 gesprochen wurden, sind heute etwa 50 bereits ausgestorben, etwa 100 werden nur noch von wenigen Individuen gesprochen; doch die restlichen 50 Sprachen haben wohl gute Chancen zu überleben, zumal der Assimilationsdruck auf die Aborigines in den letzten Jahrzehnten abnimmt und sich deren Position wieder ein wenig stabilisiert (Dixon 1980, 474).

Man ordnet die australischen Sprachen zwei großen Bereichen zu: einem nördlichen und einem südlichen Bereich – eine Einteilung, die im Wesentlichen bereits bei W. Schmidt zu finden ist (1908b, 1919), die in ihrer jetzigen Form von K. Hale Anfang der 60er-Jahre entwickelt und heute allgemein akzeptiert ist (Dixon 1980, 20; Capell 1956). Der nördliche Bereich umfasst das Gebiet von Nordwestaustralien und Arnhem Land, der »südliche« den Rest des Kontinents, einschließlich Zentralaustralien und der Kap-York-Halbinsel. Während die Sprachen im nördlichen Bereich Präfixe gebrauchen, fehlen solche bei den übrigen Sprachen, die auch zur Gruppe der Pama-Nyungan-Sprachen zusammengefasst werden. Aranda wird von ca. 2500 Aborigines in Zentralaustralien gesprochen, im südlichen Teil des Northern Territory; es gehört zu den Pama-Nyungan-Sprachen.

Die Aranda (Ethnonyme sind Arrernte, Arunta u. a.; vgl. Tindale 1974, 221), deren Zahl heute wieder in etwa der Zahl zu Beginn der Kolonialzeit entspricht, bewohnen das aride bergige Land in Zentralaustralien um die Städte Alice Springs und Hermannsburg am südlichen Wendekreis (Tindale 1974, 220 f.). Seit mehr als 100 Jahren wird ihre Sprache und Kultur von Ethnologen und Linguisten erforscht; über keine andere Aboriginesgruppe in Australien dürfte es mehr an wissenschaftlichen Publikationen geben. Und man stritt sich lange Zeit um die Stellung der Aranda unter den australischen Stämmen (Schmidt 1908a).

Das begann 1899 mit der Publikation von »The Native Tribes of Central Australia« durch Baldwin Spencer (1860–1929), damals noch Biologie-Professor in Melbourne, und seinen Freund F. J. Gillen, lange Jahre Postmeister in Alice Springs, der von den Aranda geachtet und geschätzt wurde und so Spencer Zugang zu sonst unzugänglichen Situationen verschaffte. Aus dieser Zusammenarbeit gingen weitere Publikationen hervor: »The Northern Tribes of Central Australia« (1904) und »The Arunta« (1927). Von Spencer allein stammte schließlich der Band »Native Tribes of the Northern Territory of Australia« (1914). Spencer, der vom Biologen zum Ethnologen wurde, hat mit seinen Publikationen großen Einfluss in der Ethnologie ausgeübt. Er ist vor allem dafür verantwortlich, dass die Aranda einen zentralen Platz in der ethnologischen Forschung einnahmen. So setzte etwa die Diskussion um den Totemismus bei ihnen an (Durkheim 1902, 1912; Frazer 1910), und J. G. Frazer fand hier Argumente für seine evolutionistische Theorie, die den Aborigines keine Religion, sondern nur Magie zugestand (1911, 234).

Ein weiterer Pionier der Aranda-Forschung ist der lutherische deutsche Missionar Carl Strehlow (1871–1922), der von 1894 bis zu seinem Tod 1922 in der Missionsstation Hermannsburg bei den westlichen Aranda wirkte. Im Gegensatz zu Spencer und Gillen, deren Sprachkenntnisse über Pidginenglisch mit einigen Brocken Aranda kaum hinauskamen, erwarb sich Strehlow vorzügliche Kenntnisse des Aranda und einiger der westlichen Nachbarsprachen. Neben seiner Missionstätigkeit trug er eine umfangreiche ethnographische Sammlung zusammen, »Die Aranda- und Loritja-Stämme in Zentral-Australien«, die, z. T. bearbeitet von Moritz von Leonhardi, von 1907–1920 in fünf Bänden erschien.

N. Wettengel, der 1901–1906 mit Strehlow als Missionar in Hermannsburg arbeitete, hat ebenfalls umfangreiches ethnographisches Material hinterlassen, von dem allerdings nur ein kleiner Teil posthum publiziert wurde (Hellbusch 1941). Auf seine Informationen geht auch ein kurzer Abriss der »Aranda-Grammatik« zurück, den W. Planert veröffentlichte (1907); ein Aranda-Wörterbuch aus seiner Hand ist wohl nie über das Stadium der Ankündigung hinausgekommen.

Hatten Spencer und Gillen Zutritt zu sonst geheimen und fremden verschlossenen Zeremonien, so waren sie durch ihre mangelnden Sprachkenntnisse gerade bei der Beobachtung und Aufnahme von Texten doch sehr behindert (Leonhardi 1907, 285; 1910, v). Als Missionar war Strehlow demgegenüber einerseits im Nachteil, da er an den totemistischen Kulten nicht teilnehmen konnte und ganz auf Befragungen angewiesen war. Seine guten Kenntnisse des Aranda halfen ihm andererseits, die aufgenommenen Kultgesänge etwa genau zu verstehen und akkurat zu übersetzen. So ergänzen sich die wissenschaftlichen Arbeiten von Spencer/Gillen und Strehlow ausgezeichnet.

Theodor G. H. Strehlow (1908–1978), der Sohn von Carl Strehlow, wurde in Hermannsburg geboren und wuchs unter den Aranda auf. Er setzte die wissenschaftliche Arbeit seines Vaters fort; er studierte in den 30er-Jahren das Aranda und publizierte von 1942–1944 als Ergebnis »Aranda Phonetics and Grammar« (1944). Weitere wichtige Veröffentlichungen folgten: 1947 »Aranda Traditions«, 1964 »Personal Monototemism in a Polytotemic Community« (1964b, vgl. 1978), 1971 »Songs of Central Australia« und schließlich eine Reihe von Aufsätzen (1964a, 1965, 1970).

Die Aranda sind wie alle Aborigines-Stämme seit Beginn der Kolonialisierung vor über 200 Jahren einem unwiderstehlichen Kulturwandel unterworfen. Der Assimilationsdruck war groß, und für viele, auch unter den Ethnologen, war es nur eine Frage der Zeit, wann die Aborigines-Kulturen untergehen oder sich auflösen würden. Die Bevölkerungszahl der australischen Stämme ging stark zurück und die öffentliche Meinung in Australien war dem Erhalt der Aborigines-Kulturen im größten Teil des 20. Jahrhunderts nicht günstig gestimmt.

Wie so oft nahm die Entwicklung aber nicht ganz den befürchteten Gang. Die Aranda etwa sind an Zahl heute wieder auf dem Stand zu Beginn der Kolonialisierung, und nach den Landrechtsentscheidungen der letzten Jahre gibt es wieder Ansätze der Selbstverwaltung und der Belebung alter Traditionen. Darüber berichtet I. Domeier ausführlich und gründlich in ihrer Dissertation »Akkulturation bei den westlichen Aranda in Zentralaustralien« (1993). Einen pessimistischeren Ausblick gibt H. Zinser in seinem Aufsatz »Der Untergang des Aranda-Totemismus« (1986). Wer immer heute über die Kultur der Aranda oder anderer Stammesgesellschaften schreibt, muss bedenken, dass er es mit Wandel und Flexibilität zu tun hat und nicht mit statischen Einheiten, also mit Vergangenheit und Gegenwart gleichzeitig.

Der ethnographische Rahmen

Die Aranda sind zuerst und vor allem durch ihre Sprache verbunden (ich folge in diesem Teil weitgehend den Ausführungen von Morton 1991 und Domeier 1993). Den einzelnen größeren Dialektgruppen und der geographischen Lokalisierung nach unterscheidet man sechs Stämme: die Westlichen, die Nördlichen, die Mittleren, die Östlichen und die Südlichen Aranda; Letztere werden wiederum von einem nördlichen und einem südlichen Stamm gebildet. Ihr traditionelles Siedlungsgebiet, d.h. ihr Streifgebiet, erstreckt sich zwischen 132° und 137° ö.L. und 20° und 27° s.Br. und umfasst ca. 122000 km^2 (Tindale 1974, 221). Der größte Teil der Aranda lebte im gebirgigen Teil der australischen Wüstengegend um Hermannsburg und Alice Springs; ein kleinerer Teil besiedelte die hügligen Sandstriche an den nördlichen, östlichen, südlichen Rändern der Aranda-Region. Heute wird man freilich den weitaus größten Teil der Aranda bei Hermannsburg, Alice Springs und Santa Teresa finden und nicht über das ganze traditionelle Siedlungsgebiet verstreut.

In traditionellen Zeiten waren die Aranda Jäger und Sammler. Sie zogen in kleineren Lokalgruppen oder Horden von Lagerplatz zu Lagerplatz, von Wasserstelle zu Wasserstelle. Das Recht einzelner Gruppen auf diese Plätze war in mythischen Zeiten begründet, jeder Platz mit mythischen Wesen und Ereignissen assoziiert. Die Größe einer Lokalgruppe war recht flexibel, angefangen von nur einer Großfamilie bis hin zu Gruppen von 200 Personen, die etwa zu einem bedeutenderen Ritual zusammenkamen; Voraussetzung für Letzteres war eine Zeit ausgiebigen Regens, nach dem ein Landstrich eine solch große Gruppe ernähren konnte. Als Behausungen dienten einfache Hütten aus Laub und Zweigen, gedacht als Windschutz oder Schlafstätten. Bei den Siedlungen der Weißen, aber auch auf den sog. »Outstations«, bewohnen die Aranda heute Hütten aus dauerhafterem Material (Steine, Wellblech usw.).

Wie alle Wildbeuter waren auch die Aranda mehr Sammler als Jäger. Das Jagen von größerem Wild, wie z. B. von Kängurus und Emus, war Aufgabe der Männer, das Einbringen von kleineren Tieren (Säugetiere, Reptilien, Insekten, Vögel) und das Sammeln von Früchten und Pflanzen eher Sache der Frauen, wobei auch die Männer sich am Sammeln beteiligten. Die nomadische Lebensweise erlaubte keine Anhäufung von Werkzeugen und Geräten, der materielle Teil der Kultur war der Situation angepasst; Decken und Kleidung waren überflüssig. Diese traditionelle Lebens- und Wirtschaftsform ging nach und nach zurück; wenngleich auch heute noch ein wenig Sammeln und Jagen betrieben wird, leben die meisten Aranda inzwischen doch überwiegend vom Nahrungsangebot der Märkte und Geschäfte in den Siedlungen, unterstützt vom staatlichen Sozialsystem. Während sich Frauen früher wie heute um den Haushalt und die Erziehung der Kinder kümmern, suchen sich Männer heute auch Beschäftigung bei Farmen oder im Dienstleistungsgewerbe.

Individuelle Landrechte erwirbt ein Aranda zunächst einmal durch alle vier Großeltern. Er hat eine enge Beziehung vor allem aber zum Land des Großvaters väterlicherseits und des Großvaters mütterlicherseits. Landrechte bedeuten für ihn vor allem rituelle Rechte auf einen Platz oder Ort im Schweifgebiet seiner Horde oder aber auch darüber hinaus. Von großer Bedeutung war dies in den vorkolonialen Zeiten; jetzt, da die weißen Farmer das Land in Beschlag genommen haben, kommen die beiden Seiten darüber oft genug in Konflikt.

Ein Aranda hatte wenig zu vererben; das Erbe, das für ihn wirklich großen Wert hatte, war das Recht auf Land, das Eigentum von rituellen Dingen, die damit verbunden waren, die dazugehörenden Mythen und Riten, die damit verbundenen Beziehungen zu den mythischen Wesen der Urzeit. Solche Rechte waren naturgemäß immer auch Gegenstand von sozialen und politischen Konflikten und Auseinandersetzungen unter den beteiligten Verwandten.

Die Verwandtschaft wurde und wird, wie oben angedeutet, nach beiden Seiten gerechnet. Eine Horde oder Lokalgruppe, oft nur aus einer Großfamilie bestehend, setzte sich aus Verwandten väterlicher- wie mütterlicherseits zusammen. Und auch heute folgen die kleinen Ansiedlungen der Aranda diesem Prinzip. Man kann das Verwandtschaftssystem der Aranda, das im Übrigen ausgesprochen kompliziert ist, im Großen und Ganzen also als ambilineal bezeichnen, wobei es eine kleine Tendenz zur Patrilinearität zu geben scheint.

Die Aranda besitzen ein achtklassiges Heiratssystem, d. h., jeder Aranda gehört zu einer von acht Heiratsklassen. Die für einen Mann vorgeschriebene Heirat war die mit Mutters Mutters Bruders Tochters Tochter (MuMuBrToTo) oder mit Mutters Vaters Schwesters Tochters Tochter (MuVaSwToTo); die Partner konnten sowohl tatsächliche als auch klassifikatorische Verwandte sein (Domeier 1993, 60). Diese Heiratsvorschrift wird heute nicht mehr sehr streng beachtet. Der ausersehene Bräutigam hatte bei seinen potentiellen Schwiegereltern Dienste zu leisten; so blieb er bei ihnen, bis er seine Braut heiraten konnte. Nach der Heirat war die Residenz patrilokal.

Zu einem Haushalt, einer Großfamilie, gehörten die Eltern und die unverheirateten Kinder, dazu kamen oft andere Verwandte wie Großeltern, unverheiratete Geschwister usw. Doch bleibt immer zu bedenken, dass die Mitglieder äußerst mobil waren und sich eine »typische« Familie kaum definieren lässt. Die Kindererziehung betonte Werte wie Unabhängigkeit und Autonomie des Einzelnen, entsprechend war auch Strafe keine anerkanntes Erziehungsmittel. Pädagogische Strenge setzte erst ein mit der Initiation.

Die Gesellschaft der Aranda war egalitär. Das ein oder andere Individuum mochte aufgrund besonderer Kenntnisse oder Erfahrungen, etwa in der Heilkunde, mehr Ansehen haben als andere. In der Lokalgruppe hatten ältere Männer das Sagen, seltener ältere Frauen. In jedem Fall rührte diese Autorität von den Beziehungen dieser Personen zu ihrem Land und von ihren Landrechten her und wurde gespeist von den mit dem Land verbundenen mythischen Beziehungen. Über die Lokal- bzw. Territorialgruppe hinaus gab es keine soziopolitische Organisation. Der Stamm der Westlichen Aranda etwa war und ist nicht politisch organisiert oder strukturiert. Er ist eher eine ideele Einheit, verbunden aus gemeinsamer Sprache und Geschichte und gebunden an ein gemeinsames Territorium. Soziopoltische und religiöse, auch verwandtschaftliche Beziehungen pflegten die Horden bzw. Lokalgruppen untereinander, auch über Sprach- und Dialektgrenzen, ja auch über Stammesgrenzen, hinweg.

Die traditionelle Religion der Aranda

Bei J. G. Frazer kann man lesen, »dass unter den Eingeborenen Australiens, den rohesten Wilden [the rudest savages], von denen wir Kenntnis haben, die Magie allgemein ausgeübt wird, während Religion im eigentlichen Sinne einer Besänftigung und Versöhnung der höheren Mächte fast unbekannt zu sein scheint. Im Ganzen genommen sind alle eingeborenen Männer in Australien Magier, aber nicht ein einziger ist Priester. Jeder bildet sich ein, er könne seine Gefährten oder den Lauf der Natur durch sympathetische Magie beeinflussen, aber kein Einziger denkt daran, Götter durch Gebet und Opfer zu besänftigen« (1968, 79; vgl. 1911, 234 und 1910, 141 ff.). Frazer beruft sich bei diesem Urteil nicht zuletzt auf die Publikationen von Spencer und Gillen über die Aranda und auf einen Briefwechsel mit Spencer, für den er eine Art Lehrer- und Meisterrolle übernahm und der ihm folgsam die »Religionslosigkeit« der Aranda nachbetete. Zahlreiche Anthologien und Monographien über die Religionen der Aborigines zeigen, dass man Frazer in dieser Frage schon lange nicht mehr als Autorität anerkennt (cf. z. B. Worms und Petri 1968; Eliade 1973; Berndt 1974; Charlesworth et al. 1984; Berndt et al. 1987; Swain 1995; Charlesworth 1998; Erckenbrecht 1998).

Das ethnographische Material, das Frazer bei Spencer und Gillen fand, diente ihm dazu, seine evolutionistische Theorie zu untermauern. Magie war derzufolge in der Entwicklung der menschlichen Kulturen nur eine Vorstufe von Religion; Höhepunkt dieser Entwicklung war selbstverständlich der christliche Monotheismus des Abendlandes. Die Aborigines galten Frazer als die »rohesten Wilden, von denen wir Kenntnis haben«, also standen sie für ihn am Anfang der menschlichen Entwicklung, also durften sie noch keine Religion haben.

Man kann sich nur wundern, wie Frazer zu einem solchen Urteil kam. Den Aranda z. B. jede Form von Religion absprechen zu wollen, ist unsinnig und kaum verständlich. Es sind doch gerade die Publikationen von Spencer und Gillen, die von einer überaus komplexen Form von Religion mit zahlreichen komplizierten Ritualen und totemistischen Beziehungen berichten. Zudem lassen sich Magie und Religion, auch nach Frazers Definition, nicht klar voneinander trennen, und der Magie ein »höheres« Alter zuzuweisen als der Religion, ist bestenfalls willkürlich.

Gewiss gehören die Aborigines nicht zu den »einfachsten« Kulturen, auch nicht zu Frazers Zeiten; das zeigt etwa das verwickelte Verwandtschafts- und Heiratssystem der Aranda. Man wird sich in der Beurteilung der ganzen Frage wohl eher W. Schmidt anschließen dürfen, der, gestützt auf das gleiche ethnographische Material, das Frazer auswertete, feststellt: »Bezüglich der Aranda-Kultur aber glaube ich jetzt, von den verschiedensten Seiten her den Beweis erbracht zu haben, dass sie nicht eine einfache, primitive, sondern eine späte, komplizierte […] Kulturform ist« (1908a, 901).

Was man freilich bei den Aranda vergeblich sucht, ist ein höchstes Himmelswesen, das die Welt und die Menschen geschaffen hat und erhält, und zu dem die Menschen beten und dem sie opfern. Zwar kennen die Mythen der Aranda auch Himmelswesen, doch die entsprechen nicht den eben genannten Kriterien. Ich beziehe mich bei der Vorstellung der Aranda-Religion im Folgenden vor allem auf »Central Australian Religion« von T. Strehlow (1978 bzw. 1964, vgl. auch T. Strehlow 1947). Zusammenfassende Darstellungen der Religion der Aranda geben I. Domeier (1993, 64ff.) und R. M. Berndt (1974/4, 10ff.).

Zeit und Traumzeit

Himmel und Erde, so glauben die Westlichen Aranda, bestehen seit ewigen Zeiten – über ihre Erschaffung berichten keine Mythen. Und beide waren bewohnt. Im Himmel wohnte seit Ewigkeiten der Große Vater oder der Ewig Junge, mit Emu-Füßen; er hatte eine Reihe von Frauen, mit Hunde-Füßen, und zahlreiche Söhne und Töchter, wobei die Söhne Emu-Füße und die Töchter Hunde-Füße hatten. Sie lebten von Früchten und Pflanzen, Trockenheit gab es nicht, die Milchstraße war ihr Fluss, die Sterne waren ihre Lagerfeuer; es gab kein Jagdwild, man aß kein Fleisch. Diese Himmelsbewohner waren zeitlos und unsterblich. Sie nahmen keinerlei Notiz von der Erde und von dem, was auf ihr vorging; sie werden daher von den Menschen nicht mit Liedern besungen oder verehrt, sie werden weder gefürchtet noch setzt man irgendeine Hoffnung in sie. Man wird also den Großen Vater nicht als Höchstes Wesen oder als Himmelsgott ansehen können.

Im Zentrum von Religion und Mythologie der Aranda steht die Erde, nicht der Himmel. Auch die Erde ist von Ewigkeit her. Am Beginn der Zeit war sie eine kahle und ungegliederte Landschaft, ohne Berge, ohne Sandhügel, ohne Flüsse und Sümpfe; sie lag in Finsternis; denn Sonne, Mond und Abendstern schliefen noch unter der Erdkruste. Es gab allerdings bereits unfertige menschliche Wesen auf der Erde, Embryos gewissermaßen, zu Hunderten zusammengedrängt, Augen, Mund und Nase geschlossen, unfähig sich zu bewegen und sich zu verändern. Leben gab es auf der Erdoberfläche noch nicht, aber auch keinen Tod.

Leben gab es dagegen unter der Erdoberfläche, wo ungezählte übernatürliche Wesen seit Ewigkeit existierten, doch in ewigem Schlaf lagen. Diese Wesen erwachten, und das war der Beginn der mythischen Zeit. Sie durchbrachen die Erdkruste und die Plätze, an denen dies geschah, die »Geburtsorte« und waren getränkt von ihrem Leben und ihrer Macht. Bis heute sind dies die heiligen Plätze der Aranda; Stellen, an denen nur wenige Urzeitwesen aufgestiegen waren, haben geringere Bedeutung, Stellen, an denen sehr viele dieser Wesen aufgestiegen waren, sind natürlich von entsprechend größerer Bedeutung.

Die Erde wurde hell, denn auch die Sonne stieg aus der Erde auf und erwärmte sie. Diese Urzeitwesen erschienen in den unterschiedlichsten

Gestalten und Formen: in Tiergestalt, etwa als Kängurus, Emus usw., oder in menschlicher Gestalt, als Männer oder Frauen; doch die tiergestaltigen Wesen dachten und handelten wie Menschen, die Wesen in Menschengestalt konnten sich in Tiere verwandeln; Urzeitwesen, die mit Pflanzen verbunden waren, nahmen menschliche Gestalt an. Diese übernatürlichen Wesen nennt man Totem-Ahnen oder Totem-Vorfahren.

Die Urzeitwesen fingen nun an, über die Erde zu wandern und diese zu gestalten: Sie schufen die Landschaft mit Bergen, Ebenen, Sandhügeln, Flüssen, Quellen und Sümpfen. Zahlreiche Mythen berichten von den einzelnen Taten dieser Urzeitwesen; in zahlreichen sakralen Liedern, von den Urzeitwesen selbst verfasst, wird die Erinnerung daran wach gehalten. Letztlich werden die Formen und der Inhalt der ganzen Religion auf diese Kulturheroen zurückgeführt und gelten daher als ewig und unveränderlich. Diese mythische Zeit der Gestaltung der Erde, die mythische Schöpfungsphase, wird von den Aranda *altjiranga* (»ewig während«, »noch nicht erschaffen«, »Ewigkeit«) genannt; in der einschlägigen Literatur hat sich jedoch dafür der Ausdruck »Traumzeit« durchgesetzt.

Eine der wichtigsten Aufgaben der Urzeitwesen war es, die wartenden Menschen-Embryonen zum Leben zu erwecken und sie lebenstüchtig zu machen, sie z.B. den Gebrauch von Speeren und Schilden oder den Gebrauch des Feuers zu lehren. Zahllose Erzählungen der nichtsakralen Tradition berichten davon. Als die Urzeitwesen ihre Aufgaben erfüllt hatten, kam große Müdigkeit und Erschöpfung über sie. Denn sie waren dem Altern und dem Verfall geweiht, wie die Menschen auch, doch sie waren unsterblich. Daher sanken sie nun in den früheren Schlaf zurück. Sie verschwanden entweder wieder in der Erde oder ihre Körper verwandelten sich in Felsen, Bäume oder sakrale Objekte *(tjurunga)*. Die Orte, an denen sie verschwanden, gelten wie ihre »Geburtsorte« als wichtige heilige Plätze; sie trugen den gleichen Namen *(pmara kutata)* und nur initiierte Männer durften sich ihnen zu rituellen Zwecken nähern. Sonst waren sie bei Todesstrafe zu meiden.

Bevor die Urzeitwesen sich endgültig zurückgezogen hatten, war der Tod auf die Erde gekommen: Durch böse Machenschaften bestimmter übermenschlicher Wesen der Urzeit war die Verbindung zwischen Himmel und Erde unterbrochen und den Erdbewohnern der Tod angesagt worden. Ein Mythos der Südlichen Aranda erzählt darüber (Strehlow 1978, 12):

»Einst, in mythischen Zeiten, stand ein riesiger Kasuar-Baum in Akar Injota, einem Ort in der Simpson-Wüste, der mit den obersten Zweigen seiner Krone den Himmel berührte. Ein anderer Kasuar-Baum, der einige Meilen entfernt wuchs, lehnte sich schräg an den ersten Baum an; beide hätten so den Erdbewohnern später als Leiter zum Himmel dienen können. Doch einige Tanka, mythische Wesen aus der Gruppe der ›Bluträcher‹, hackten die beiden Bäume nieder und zerstörten so die Brücke zum Himmel, zu ewigem Leben für immer.«

Sonne, Mond und die anderen Himmelskörper, die aus der Erde gekommen waren, erhoben sich am Ende der Urzeit zum Himmel und nahmen dort ihre Plätze ein. Für die Menschen begann nun das Leben mit harter Arbeit, mit Schmerz und Mühe und mit Tod. Das goldene mythische Zeitalter hatte ein Ende.

Damit ist der Rahmen für die Religion der Aranda abgesteckt: Die Himmelswesen haben kaum religiöse Bedeutung; die Religion dreht sich ganz um die Beziehungen zwischen den Menschen und den vielen Urzeitwesen, den Totem-Ahnen oder Totem-Vorfahren, mit denen sie Totem-Verbindungen haben, was zahlreiche rituelle Implikationen mit sich bringt.

Die Totem-Ahnen

Als die Totem-Vorfahren über die Erde zogen und wanderten, hinterließen sie in der Landschaft eine Spur mit ihrer Lebenskraft zurück, die bis heute wirksam ist. Etwas von dieser Lebenskraft kann bei Kontakt mit dieser Spur in den Leib einer werdenden menschlichen Mutter eindringen und sich dort im Kind eine neue Existenz suchen. Die Totem-Vorfahren reinkarnieren sich so mit einem Teil ihres Lebens in neuen Menschen.

Nach dem Glauben der Aranda besitzt der Mensch zwei Leben oder Seelen oder Lebensprinzipien: das sterbliche menschliche Leben, das der Fötus durch die Zeugung erhält *(guruna)*, und die zweite Seele, das unsterbliche Leben, das ein Teil des unsterblichen Lebens eines Totem-Ahnen darstellt, das in den Leib der Mutter eindringt, wenn sie während ihrer Schwangerschaft die Lebensspur dieses Urzeitwesens an einer bestimmten Stelle der Landschaft kreuzt.

T. Strehlow berichtet über die Westlichen Aranda: Wenn die Schwangere sich ihres Zustandes gewiss geworden ist, d.h., wenn sie überzeugt ist, an einer bestimmten Stelle die Spur eines Urzeitwesens gekreuzt zu haben, erzählt sie ihrem Mann von diesem Ereignis und zeigt ihm genau den Ort, wo die »Empfängnis« stattgefunden hat. Der Mann konsultiert die alten Männer seines Klans, er sucht in den Mythen und Legenden seiner Gruppe, welcher Totem-Ahne an diesem Platz gewesen war, welcher Totem-Ahne sich also jetzt in dem ungeborenen Kind reinkarniert, indem er entweder direkt in den Leib der Mutter eingangen ist oder ein kleines Schwirrholz gegen die Hüfte der Frau geworfen hat (1947, 87) und so Eingang fand.

Diese zweite, unsterbliche Seele bestimmt die Persönlichkeit des Menschen, oft sogar das Aussehen; sie definiert die Verwandtschaft des Individuums mit einem ganz bestimmten Totem-Ahnen. Jede Stelle einer Lebensspur von Totem-Ahnen konnte zu einem »Ort der Empfängnis« werden. Und ein Totem-Ahne konnte sich gleichzeitig und natürlich nacheinander in mehreren Kindern inkarnieren.

Für die Aranda ist der wichtigste Aspekt ihrer Vorstellungen über Empfängnis und Reinkarnation die Verbindung des sterblichen Menschen mit dem unsterblichen Totem-Ahnen, die Verbindung des der Zeit unterworfenen Menschen mit unwandelbaren Mächten der Ewigkeit, der Zeit mit der Traumzeit. Zugleich steht der Totem-Ahne im Zentrum der Beziehungen der Aranda zu ihrer Umwelt. Wenn ein Aranda sich z.B. einen Känguru-Mann nennt, dann heißt das, sein Totem-Ahne ist ein Urzeitwesen, von dem zu Beginn der Zeit die Kängurus ihren Ausgang nahmen. Diese Totem-Beziehung über den Ahnen zu dem Totem-Tier oder der Totempflanze bedingt einerseits, dass Tier oder Pflanze in der Regel für diesen Aranda tabu sind und er sie nicht essen darf. Aus dieser Beziehung folgt andererseits, dass die Menschen auf Tiere, Pflanzen oder andere Dinge, die ihre Totems sind, Einfluss ausüben können, wenn sie sich in ihren sakralen Riten an ihren gemeinsamen Totem-Ahnen wenden.

Freilich haben diese Riten in der Form und an den Plätzen zu erfolgen, die von den entsprechenden Totem-Ahnen festgelegt worden sind. An solchen Riten, wenigstens an den geheimsten und sakralsten Teilen, dürfen nur solche Männer teilnehmen, die mit den Totem-Ahnen ein Stück des Lebens teilen oder wenigstens mit ihnen patrilinear verbunden sind.

Jeder Aranda war also mit einem persönlichen Totem-Ahnen verbunden, und normalerweise hatte in einer Familie jedes Mitglied einen anderen Totem-Ahnen; es gehörte jeder zu einem anderen totemistischen Klan. Die persönliche Totem-Beziehung bestimmte die Rechten, Pflichten und Aufgaben des Einzelnen im Bereich der Religion. Daher bezeichnet T. Strehlow die Religion und Gesellschaft der Aranda als »Monototemismus in einer polytotemistischen Gemeinschaft« (1964, 1978).

War ein Aranda durch seine »Empfängnis« mit einem persönlichen Totem-Ahnen verbunden, so gehörte er durch seine Geburt in den Totem-Klan seiner Familie, und er gehörte außerdem zu einer ganz bestimmten Heiratsklasse. Alle drei Beziehungsverhältnisse hatten totemistischen Charakter, sie setzten den Einzelnen in Bezug zu einer Reihe von Totem-Ahnen, sie brachten dem Erwachsenen diesen gegenüber Rechte und Pflichten, Schutz und Sicherheit in vielen Lebenslagen aber auch Speisetabus und Riten, Lieder, heilige Plätze, sakrale Objekte, die ihm »gehörten« und um die er sich kümmern musste; sie gaben ihm Heimat.

Die enge Verbindung eines Aranda mit dem Totem-Ahnen, von dessen Leben er sogar ein Stück besaß, führte Zeit und Traumzeit, Zeit und Ewigkeit in einer Person zusammen. So lag das »ewige Leben«, das Menschen vieler Kulturen nach dem irdischen Leben erwarten, für den Aranda nicht in der Zukunft – es war Gegenwart. Der Tod erst zerstörte diese Verbindung von Zeit und Ewigkeit unwiderruflich; er trennte die beiden Seelen bzw. Lebensprinzipien der Person. Die sterbliche Seele verließ beim Tod den Körper und hörte bald auf zu existieren. Die unsterbliche Seele kehrte zum »Ort der Empfängnis« zurück und ging wieder ein in den Lebensstrom des Totem-Ahnen. Die Aranda erwarteten keinen Himmel nach dem Tod, aber sie brauchten auch keine Hölle zu fürchten. Furcht und Angst spielten in der traditionellen Religion der Aranda keine besondere Rolle.

Die Initiation der Jungen

Der Schlüssel zur Traumzeit war für die männlichen Aranda die Initiation. Durch sie wurde der Aranda vom Jungen zum Mann, zum Erwachsenen, der nun heiraten konnte, der aber vor allem die geheimen Lieder, Mythen und Riten erfuhr und erlernte, die ihm den Zugang zu den Totem-Ahnen, den Traumzeitwesen eröffneten. So stehen die Initiationsriten im Zentrum der religiösen Tradition der Aranda, und alle wichtigen Gewährsleute berichten ausführlich darüber (vgl. Spencer und Gillen 1899, 212–386; T. Strehlow 1947, 96–119); meine Darstellung folgt den Ausführungen von C. Strehlow (1913, 10–44).

Auf eine Initiation der Aranda-Mädchen, zu der u.a. auch die Beschneidung gehörte, geht die ethnologische Literatur leider kaum ein (vgl. Domeier 1993, 48); möglicherweise kommt ihr eine größere Bedeutung zu, als man bisher vermutet hat. Die Rolle der Frauen in der Aranda-Kultur generell scheint bisher überhaupt recht stiefmütterlich und unvollständig behandelt worden zu sein.

Die Reihe der Initiationsriten begann für die Aranda-Jungen, wenn sie etwa 14 bis 16 Jahre alt waren. Bis dahin waren ihnen die heiligen und geheimen Objekte *(tjurunga)*, Plätze, Mythen, Lieder und Riten verborgen, sie waren also von einem wesentlichen Teil der Aranda-Welt ausgeschlossen. Umso begieriger und bereitwilliger warteten sie auf die Initiation, selbst wenn sie wussten, dass diese mit ziemlich viel Schmerzen verbunden war. Die Inititation umfasste zwei Ritualkomplexe mit zahlreichen Zeremonien, die zeitlich Jahre auseinander liegen konnten.

Es beginnt mit dem »Zum Himmel werfen« *(alkiraka iwuma)*. Der Initiand wird von einem Verwandten von seiner Mutter weggeführt und zu den älteren Männern gebracht, die ihm zunächst den Körper bemalen. Dann ergreifen sie ihn und werfen ihn in die Höhe, fangen ihn auf, werfen ihn wieder hoch usw. Einige Tage später erfolgte bei einigen Aranda-Gruppen der *ltata*-Tanz, bei anderen die Einladung der Leute aus benachbarten Lagern.

Erster Höhepunkt der Initiation war die Beschneidung *(intunama)*. Zunächst werden dem Novizen von den Männern einen ganzen Tag lang geheime Zeremonien vorgeführt; von nun an wird er nach und nach in die Geheimkulte eingeweiht. Abends und nachts darauf führen Frauen und Mädchen Tänze auf. Am folgenden Tag richten die Männer den Beschneidungsplatz *(pulla)* her. Am Abend kommt es wiederum zu Tänzen und Zeremonien, an denen teils die Männer, teils die Frauen beteiligt sind. Auch der kommende Tag vergeht mit zahlreichen Liedern und Zeremonien; am Abend wird der Kandidat beschnitten und erhält ein großes Schwirrholz, das er künftig bei seinen Wanderungen mitnehmen soll.

In den kommenden Tagen und Wochen muss sich der Novize vom Lager fern halten. Er wird weiter unterrichtet, etwa was sein moralisches Verhalten angeht, und erhält Speiseverbote. Er wird schließlich in die Geheimsprache der Männer eingeführt, die er sich nun Tag für Tag einprägen muss. Wenn die Beschneidungswunde geheilt ist, also nach etwa 6 Wochen, folgt ein weiterer wichtiger Ritus der Initiation, die Einschneidung der Harnröhre *(araltakama)*. Es beginnt mit einer blutigen Zeremonie, bei der dem Novizen von den Männern die Kopfhaut verletzt und zerbissen wird und deren Sinn es war, ein starkes Wachstum des Haares zu stimulieren. Am Ende des folgenden Tages, der wiederum mit Gesängen und Zeremonien gefüllt ist, findet der Inzisionsakt statt. Die äußerst schmerzhaften Eingriffe der Beschneidung und Inzision sollen nicht zuletzt den Zweck erfüllen, die Jungen unter die Autorität der Alten zu bringen; in einer Radikalkur lernen sie Gehorsam.

Wiederum 6 Wochen später folgt die Zeremonie der Räucherung *(ulbuntakelama)*, eine Reinigungszeremonie, bei der die Frauen und Kinder den Novizen zum ersten Mal nach der Beschneidung wiedersehen.

Damit ist der erste Hauptkomplex der Initiationsriten abgeschlossen. Der Initiand gilt nun als vollgültiger Mann, doch er muss sich noch bis zur Beendigung der *inkura*-Riten vom Hauptlagerplatz fernhalten. Die *inkura*-Feier, der zweite Hauptkomplex, bildet den feierlichen Abschluss der Initiationsfeierlichkeiten; mit ihr wird der Initiand öffentlich in die Reihen der vollberechtigten Männer aufgenommen. Sie findet für alle Neuinitiierten gemeinsam statt, entweder alljährlich oder alle zwei Jahre, je nach potentiellen Teilnehmern, und kann bis über zwei Monate dauern. Frauen sind am Anfang und Ende beteiligt; da auch Gäste aus anderen Lagern eingeladen werden, können bis zu 300 Leute zusammenkommen. Das setzt natürlich eine Zeit mit gutem Nahrungsangebot voraus.

Während der Zeit der *inkura*-Feier werden die Initianden Zeugen vieler Zeremonien und rituellen Aufführungen, die sie mit ihren Mythen und religiösen Traditionen vertraut machen; sie nehmen aktiv an ihnen teil. Sie lernen die sakralen Objekte *(tjurunga)* kennen, in denen die Totem-Ahnen präsent sind; sie erhalten ein neues, kleines Schwirrholz mit einer Zeichnung des eigenen Totem als persönliches *tjurunga*.

Die Initiation hat für den Novizen, wie hier gezeigt, große persönliche Bedeutung, denn sie öffnet ihm eigentlich das Tor zum Leben. Von nicht geringerer Bedeutung sind die Initiationsfeierlichkeiten allerdings für die gesamte Gruppe, die hier die Gelegenheit findet, über die Familie hinaus sich zu solidarisieren. Zudem wirkt sie im Weitergeben der Traditionen an deren Erhalt mit, sie schafft sich die eigene Zukunft; denn sie ermöglicht, dass sich auch weiterhin Zeit und Traumzeit verbinden.

Geister, Götter und Dämonen

Die Enga von Papua-Neuguinea

Das große Volk der Enga stellt heute mit mehr als 200 000 Mitgliedern den größten Teil der Bewohner der Enga-Provinz im westlichen Hochland von Papua-Neuguinea (Mitte der 80er-Jahre: 175 000; vgl. Meggit 1991, 148; Dlugosz 1998, 12). Sie bewohnen die Täler und Berghänge im Nordwesten und Westen der Hagen-Kette; die bewaldeten Bergkämme sind unbewohnt. Das Siedlungsgebiet der Enga umfasst ca. 10 000 km^2, es liegt in einer Höhe von 1200 m bis 2700 m über dem Meeresspiegel. Das Klima ist semitropisch; es gibt im Durchschnitt 265 Regentage mit einer Regenzeit im Sommer (November bis April) und einer Trockenzeit im Winter (Mai bis Oktober). Es ist erstaunlich, dass man in einem Land wie Papua-Neuguinea, in dem bei einer Gesamtbevölkerung von 3,6 Mio. Einwohnern über 800 Sprachen gesprochen werden, in einem so zerklüfteten Gebiet ein so großes Volk mit einigermaßen geschlossener Kultur und Sprache findet.

Die Sprache der Enga zählt zu den Papua-Sprachen; hier und in ganz Papua-Neuguinea ist sie die größte einzelne Sprache. Sie gehört zur Westzentral-Familie im »East New Guinea Highland Stock«. Man unterscheidet bei den Enga heute neun verschiedene Dialekte, die sich sprachlich sehr nahe stehen, für die in der Literatur auch andere als die hier angegebenen Namen genannt werden: Mae (Mai), Kaina, Layapo (Laiapu, Raiapu), Kopona, Sau, Malamuni (Maramuni), Tayato, Yandapo, Kandepe (Elkin 1953, 162; Wurm 1975, 469; Brennan 1982, zit. in Wiesner und Tumu 1998, 16). Kyaka, das von westlicher siedelnden Nachbarn gesprochen wird, gilt bei einigen Linguisten nicht als Enga-Dialekt, sondern als dem Enga eng verwandte eigene Sprache (Wurm 1982, 125). Bis jetzt liegen nur zwei umfangreichere Publikationen zur Enga-Sprache vor (Lang 1973, 1975).

Die Bezeichnung »Enga« wurde ursprünglich nur von den Leuten um die Hagen-Bergkette herum, vor allem von den Melpa, gebraucht; nach und nach haben ihn dann die Kolonialverwaltung und die Bezeichneten selbst übernommen (Wirz 1952, 8). Gelegentlich fasst man die am Ambum und oberen Lai wohnenden Mae, die Kaina um das Provinzzentrum Wabag und die Layapo am mittleren Lai, am Tale und am Minamb zur Gruppe der Zentral-Enga zusammen und hebt sie von den anderen, »am Rande« siedelnden Enga-Gruppen ab. Alle zusammen bilden zweifellos eine zusammengehörende kulturelle Einheit, die zwar keine übergeordnete politische Struktur kennt, aber gleichwohl verbunden ist durch Institutionen wie den *tee*, den zeremoniellen Muschel-Schweine-Tausch, der sie weit über die Region hinaus bekannt gemacht hat; kleinere kulturelle Differenzierungen und Unterschiede fallen demgegenüber kaum ins Gewicht.

Obwohl die Enga erst zu Beginn der 30er-Jahre mit Weißen in Berührung kamen – Kolonialverwaltung und christliche Mission folgten bald und errichteten ihre Stützpunkte –, liegt inzwischen ein umfangreiches Korpus von ethnographischer Literatur zu nahezu allen Bereichen der Enga-Kultur vor; die ethnologische Erforschung begann in den 50er-Jahren (vgl. Bus 1951 und Wirz 1952). Am längsten und gründlichsten hat sich Mervyn Meggit mit der Enga-Kultur allgemein, vor allem aber mit den Mae-Enga, befasst; Feldforschungen unternahm er zwischen 1955 und 1973, die umfangreiche Liste seiner Enga-Publikationen reicht von 1956 bis 1991 (vgl. Zitierte Literatur). Die Enga-Forschung mit ihren Veröffentlichungen von übergreifenden Studien und Detailstudien geht bis heute weiter (vgl. Jentsch und Doetsch 1986; Bazzi 1994; Wiessner and Tumu 1998; Dlugosz 1998). Zur Erforschung der Geschichte der Enga, die sich naturgemäß vor allem mit mündlich überlieferten Traditionen befassen muss, gibt es vergleichsweise wenig Publikationen (vgl. Lacey 1974, 1980, 1981; Wiessner and Tumu 1998).

Der ethnographische Rahmen

Die folgende ethnographische Übersicht lehnt sich im Wesentlichen an Meggits jüngste Darstellung der Mae-Enga an (vgl. Meggit 1991). Die Enga wohnen nicht in festen Dörfern, sondern in Streusiedlungen; sie errichten ihre Häuser oder Hütten, getrennt für Männer und Frauen, bei ihren Gärten und Baumpflanzungen. Eine solche Streusiedlung beherbergt die Männer eines patrilinearen Klans oder Subklans und deren Frauen und Kinder, im Durchschnitt etwa 400 Personen verteilt auf ca. 5,2 km^2 (Meggit 1991, 149). Es herrscht Klan-Exogamie; die oberste soziale Organisationseinheit der Enga ist die Phratrie, die eine Reihe von Klans (zwischen 4 und 20) zusammenfasst und nichtexogam ist. Ein Klan umfasst einige Subklans (2 bis 8), die wiederum von Patrilineages (2 bis 4) gebildet werden. Eine Patrilineage umschließt etwa 20 monogame oder polygame Familien. Alle diese Einheiten sind durch Abstammung miteinander verbunden.

Polygynie war früher mehr verbreitet als heute (bis 1960 hatten ca. 15 % der Männer mehr als eine Frau), sie war abhängig von ökonomischen, sozialen und machtpolitischen Faktoren. Außer der Klan-Exogamie und dem Levirat gibt es kaum Heiratsvorschriften; unerwünscht ist allerdings die Heirat in den Subklan der Mutter oder in die Subklane bisheriger Ehefrauen. In der traditionellen Kultur der Enga bestimmen die Eltern den ersten Ehepartner der Kinder. Der Wohnsitz des neu verheirateten Paares ist in der Siedlung des Bräutigamvaters, also patrilokal. Da durch die Heirat zwischen den beteiligten Klans lang andauernde Tauschbeziehungen entstehen, sind Scheidungen unerwünscht und nur schwer zu realisieren.

Die Sexualität der Frau gilt den Männern der meisten Enga-Gruppen als große Gefahrenquelle für ihr Leben und ihre Gesundheit; entsprechend vorsichtig gestaltet sich das beiderseitige Verhalten. Frauen betreten nie die Hütten ihrer Männer und Söhne, Männer die Hütten ihrer Ehefrauen, in denen auch die unverheirateten Töchter und die kleinen Kinder wohnen, nie zum Schlafen. Gleichwohl ist die Elementarfamilie die soziale und wirtschaftliche Grundeinheit. Für deren Funktionieren nach innen und außen trägt der Ehemann die volle Verantwortung. Die Erziehung der Mädchen liegt in den Händen der Frau, die der Jungen in denen der Männer. Der Mann vererbt Land, Bäume, Häuser, Schweine usw. an seine Söhne; die Töchter erben von ihrer Mutter Haushaltsrequisiten.

Die traditionelle Sozialstruktur der Enga hat auch die ersten Jahrzehnte der Zeit nach der Kolonisierung ziemlich unbeschadet überstanden. Oberste wirksame Organisationseinheit ist der Patriklan; er hält Landrechte, auf seiner Ebene sind vielfältige gemeinsame Aktionen angesiedelt:

1) Krieg, Streitereien und Friedensschlüsse;
2) Zahlungen von Schweinen und Geld als Kompensationen für Tötungen und Morde;

3) Teilnahme am zeremoniellen *tee*, dem zyklischen Tausch von Schweinen und Wertsachen auf der Ebene zwischen den Klans;
4) Teilnahme an großen Ahnenriten.

Diese Klan-Gesellschaft ist ziemlich egalitär; es gibt keine vererbbare oder wählbare Leitungsämter. Die Aktivitäten des Klans werden geleitet und organisiert von fähigen Männern, die sich ihren Einfluss durch bewiesene Leistungen erwerben müssen, den »Big men«.

Sehr vage ist die ethnographische Literatur, was die Rolle der Phratrie angeht, in der jeweils einige Klans zusammengefasst sind. Es scheint, dass die Phratrien heute weitgehend auf eine genealogische Funktion beschränkt sind, wenn sie je mehr waren als Bausteine von Mythen: Die Phratrien wurden von Himmelswesen begründet; die Söhne eines solchen Phratriegründers auf Erden wurden zu den Urahnen der zugehörigen Klans. Innerhalb einer Phratrie wird geheiratet, werden Kriege geführt; gemeinsame politische Aktivitäten auf dieser Ebene scheint es nicht zu geben. Während Meggit und andere Ethnologen für die Mae an den Phratrien festhalten (Elkin 1953; Goodenough 1953; Lacey 1974), scheint z.B. Feil ihre Bedeutung, wenn nicht gar ihre Existenz, für die westlicher siedelnden Sau-Enga zu bestreiten (Feil 1984, 23; vgl. Bazzi 1994, 37ff.).

Wenn auch der Klan oft eigenes bebaubares Land besitzt, so ist doch der größte Teil in den Händen der Untergliederungen Subklan und Lineage. Streit um Land ist zwischen benachbarten Klans nicht selten Anlass für Krieg und blutige Fehden. In die Verantwortlichkeit des Subklans fallen Totenfeste und Kompensationen für mütterliche Verwandte, falls ihnen Unrecht geschah; die Junggesellenfeste mit ihren Reinigungsritualen sind hier angesiedelt. Das Aufbringen des Brautpreises ist Aufgabe der Lineage, die nach der Familie die wichtigste ökonomische und soziale Einheit darstellt; man hilft sich hier z.B. auch beim Häuserbau oder dem Anlegen von Gärten.

Das System der sozialen Kontrolle ist genau austariert; die Sanktionen reichen von öffentlicher Kritik und Verweigerung von Hilfe bis zur physischen Gewalt. »Big men« setzen oft ihren Einfluss in die friedliche Beilegung von Konflikten, doch es gibt unendlich viele Streitanlässe, z.B. über Land- und Schweinebesitz, und Blut wird schnell vergossen, eine Eigenart, die den Hochlandvölkern in Papua-Neuguinea gemeinsam zu sein scheint.

Die Enga waren und sind auch heute noch größtenteils Gartenbauern und Schweinehalter. Sie betreiben eine Mischung aus Brandrodung und Schwendbau: Ein Stück Buschland wird gerodet und eingezäunt, der anfallende Pflanzenabfall wird verbrannt und die Asche als Dünger verwandt. Hauptanbaufrucht ist die Süßkartoffel, die in einer Art von Kompostbeeten angepflanzt wird und mit über zwei Drittel der gesamten

Agrarproduktion die Grundnahrung für Mensch und Tier darstellt (vgl. Meggit 1958; Waddell 1972, 1973). Weiter werden angebaut: Taro, Bananen, Zuckerrohr, Bohnen, Blattgemüse, dazu Kartoffel, Mais und Erdnüsse.

Schweinehaltung und Schweinezucht sind für die Enga von herausragender Bedeutung. Schweine gelten als eigentlicher Reichtum der Enga, »sie sind unsere Herzen«, sagen die Enga (Meggit 1958, 286); sie liefern zwar auch Fleisch für den täglichen Speiseplan, doch der bei weitem größte Anteil der Schweine dient, lebendig oder geschlachtet, dem zeremoniellen, zyklisch wiederkehrenden Schweine-Muschel-Tausch *(tee)*, den großen öffentlichen Verteilungsfesten (z.B. bei einer Hochzeit) und den Riten in Krisenzeiten (Krankheit, Tod). Aufziehen und Versorgen der Schweine ist Aufgabe der Frauen, für das Schlachten, Kochen und das Verteilen des Fleisches sind die Männer zuständig (vgl. Bazzi 1994, 27ff.).

Auch sonst gilt bei den Enga strikte Arbeitsteilung nach Geschlechtern. Die Schwerarbeit beim Anlegen von Gärten mit Roden, Graben und Zäune-Bauen wird von Männern erledigt, die Frauen kümmern sich um das Pflanzen, Unkraut-Jäten und Ernten. Hausbau ist Sache der Männer, die Frauen bringen Gras zum Dach-Decken herbei und sorgen dafür, dass die Bauarbeiter zu essen haben. Die Frauen holen Feuerholz und Wasser, bereiten das tägliche Essen, kümmern sich um die kleinen Kinder im Haus. So liegt der Löwenanteil der häuslichen Wirtschaft in den Händen der Frauen, während die Männer weitgehend frei sind für ihre politischen und zeremoniellen Aktivitäten.

In der traditionellen Enga-Kultur gab es immer Handel und Tausch mit den Nachbarvölkern. Schweine und Salz aus Asche wurden eingetauscht gegen andere lokale Produkte wie Baumöl, Steinaxtklingen, bestimmte Holzarten, Federn, Muscheln. Alle diese wertvollen Güter fanden bei den Enga dann den Weg in den *tee*, den zeremoniellen Muschel-Schweine-Tausch; sie gehörten schließlich zu den Pflichtgaben, wie sie bei rituellen Situationen (z.B. bei Geburt, Heirat und Tod) nötig waren.

Tee, der zeremonielle Muschel-Schweine-Tausch der Enga

Dieses für die Enga so charakteristische Tauschsystem hat die Ethnologen seit je fasziniert. Den ersten wissenschaftlichen Artikel darüber veröffentlichte G. A. M. Bus, ein katholischer Missionar, der seit 1947 in Wabag und von hier flussabwärts tätig war (Bus 1951); der Basler Ethnologe Paul Wirz griff das Thema in seinem Enga-Aufsatz auf, der frühesten umfangreichen Enga-Publikation überhaupt (1952, 42–47); es folgten eine frühe Publikation von Elkin (1953), ein Artikel von M. Meggit (1974), ein Beitrag von M. Thompson (1980) und zwei Aufsätze von D. K. Feil (1980, 1983); schließlich veröffentlichte D. K. Feil seine umfangreiche Monographie »Ways of Exchange« (1984). An deutschen Publikationen zum Thema wären außerdem zu nennen die Dissertation von Danielle Bazzi (1994: »Das Schweinetauschsystem *tee* der Enga im westlichen Hochland von Papua-Neuguinea«) und ein Abschnitt aus der Monographie von Jentsch und Doetsch über die Enga von Keman (1986, 333–341). Den Abschluss der bisherigen Veröffentlichungen zum *tee* bildet das monumentale Geschichtswerk »Historical Vines« von Polly Wiessner und ihrem Enga-Mitautoren Akii Tumu (1998; vgl. Brandewie 1999).

Tee ist eine gigantische, komplizierte Tauschorgie, deren drei Phasen sich über vier bis fünf Jahre erstrecken, die einen Großteil der Enga angefangen vom Enga-Grenzgebiet im Südosten bis zu den Laiapu-Enga im Nordwesten von Wabag erreicht; Elkin spricht von ca. 60000 Teilnehmern allein in der Wabag-Region (1953, 195). *Tee* ist die zentrale, die wichtigste Institution der Enga. Es geht dabei um politisches und soziales Prestige und um Konkurrenzkampf, um Freundschaft über die Klan-Grenzen hinaus, um gegenseitige Achtung, um Handelsbeziehungen, um wirtschaftlichen Reichtum, um Kredite und Rückzahlungen; *tee* bringt schließlich eine Reihe von Festen und Riten mit sich. Die Vorbereitung dauert Jahre und nimmt vor allem die Beteiligten so in Anspruch, dass andere Aktivitäten in den Hintergrund treten.

In der ersten Phase des *tee*-Zyklus, *saandi pingi*, wandern »Eröffnungsgeschenke« (initiatory gifts: Muscheln, Schweinefleisch, andere wertvolle Gaben) von Subklan zu Subklan, von einem Agenten *(kamoko)* zum anderen, entlang einer imaginären Kette von einer Himmelsrichtung in die entgegengesetzte, je nachdem wo der letzte *tee*-Zyklus geendet hat. Ist das Ende der Kette erreicht, beginnt die zweite Phase des *tee*-Zyklus, *tee pingi*. Die Geber der ersten Phase erhalten nun lebende Schweine als Kompensation, die »Hauptgabe« (main gift). Der Reihe nach finden nacheinander in umgekehrter geographischer Richtung an den Zeremonialplätzen der einzelnen Siedlungen Feste des Schweinetausches statt. Ist die Kette wiederum durchlaufen, setzt die dritte Phase, *yae pingi*, mit rückläufiger Bewegung ein: Ein Teil der *tee pingi*-Schweine werden geschlachtet und gekocht und wandern als »Rückgabe« (return gift) in Form von gekochten Schweinehälften entlang der Kette zurück zu den Spendern der lebenden Schweine. Und der Zyklus kann von vorne beginnen, um die vielen Schulden und Kredite, die im Laufe des *tee* aufgelaufen sind, wieder abzutragen. Jeder der Beteiligten hofft, dass er unterm Strich mehr zurückerhält, als er gegeben hat, eine Hoffnung, die oft genug enttäuscht wird.

G. A. M. Bus beschreibt die ersten beiden Phasen, die er 1949/1950 am Lai-Fluss beobachtete (1951, 815):

Chef Tuwink von Pwakare gibt Pjasjo von Tiljibus eine Muschel; Pjasjo verspricht Tuwink ein Schwein beim nächsten *tee* und pflanzt auf dem Zeremonialplatz seiner Gruppe einen Stecken, an dem das Schwein angebunden werden wird. Pjasjo schenkt die Muschel weiter an Pjuk von Kopenabare, der seinerseits ein Schwein verspricht und einen Stecken auf seinem Zeremonialplatz pflanzt. Pjuk sendet die Muschel weiter zu Kiriljo von Milikinne, und der gibt sie Kopio von Aremand. Jeder wird an die Person ein Schwein zurückgeben, von der er direkt die Muschel erhalten hat. Jeder bleibt mit seinem direkten Partner in Kontakt und jeder weiß, was er beim *tee* zu erwarten hat. Tuwink z. B. hatte 95 Stecken auf seinem Zeremonialplatz, er erwartete also 95 Schweine, von denen er seinerseits viele weitergeben musste.

Wenn in Aremand das *tee*-Fest stattfindet, bindet Kopio ein Schwein an seinen Stecken und gibt es seinem Tauschpartner Kiriljo nach der Zeremonie; dieser bringt das Schwein zu sich nach Hause und gibt es beim dortigen *tee*-Fest seinem Partner Pjuk u.s.w. Die Schweine werden während der ganzen Prozedur nicht besonders pfleglich behandelt; nicht selten mangelt es an Futter, da die Schweine ständig an einen neuen Eigentümer gehen und niemand sich für sie besonders verantwortlich fühlt. Überlebt ein Schwein die Prozedur nicht, kann die Tauschkette zerbrechen, sehr zum Nachteil und zur Enttäuschung derer, die noch in der Warteschlange stehen.

Diese ökonomisch so überaus wichtige Institution des Muschel-Schweine-Tausches war erst möglich geworden, nachdem vor ca. 300 Jahren die Süßkartoffel im Enga-Gebiet eingeführt worden war. Denn damit war ein Grundnahrungsmittel gegeben, das erlaubte, Schweine im Überfluss aufzuziehen und dieses Tauschsystem aufzubauen (vgl. Brandewie 1999; Wiessner and Tumu 1998).

Die traditionelle Religion der Enga

Die Religion und die Weltanschauung der Enga fanden bei den Ethnologen weit weniger Aufmerksamkeit als das *tee*-System. Als wichtigste Beiträge sind hier zunächst die beiden Aufsätze von Meggit (1965) und Feachem (1973) zu nennen; 1977 publizierte dann Paul Brennan zum Thema seine kleine Monographie »Let Sleeping Snakes Lie«. Über die Situation in Keman berichten Thunar Jentsch und Rainer Doetsch (1986, 199–251); einen guten Überblick bringt schließlich Maria Dlugosz (1998, 48–97).

Wenn es um die Religion der Enga geht, bedienen sich die Ethnologen der Dichotomie Glaube/Riten; sie unterscheiden also den Glauben der Leute an Wesen der außerempirischen Welt von den Handlungen der Leute, die sich aus diesem Glauben ableiten, Handlungen, mit denen man die übermenschliche Welt beeinflussen will oder mit denen man auf über- und außernatürliche Geschehnisse reagiert.

Wenn auch alle Enga die gemeinsame Religion teilen und damit auch die Glaubensvorstellungen, so gilt doch auch hier, wie bei vielen Stammenskulturen, dass die einzelnen Individuen höchst unterschiedlich über Details der Glaubensinhalte informiert sein können. Hinzu kommt, dass Enga sich nicht als Theologen oder Philosophen betrachten. Sie kümmert zuerst die harte Realität des Alltags, der man mit Arbeit und Organisation und, wenn es sein muss, mit Krieg begegnet und nicht mit Spekulationen. Wenn es um den Glauben an übernatürliche Wesen geht, so unterscheiden die Enga zunächst nach deren Wichtigkeit. Nahezu immer präsent, auch im Denken und Reden, sind die Geister, die Totengeister. Die Himmelswesen, die Bewohner des Himmels, spielen demgegenüber eine eher geringe Rolle. Noch weiter am Rand scheinen die Dämonen zu stehen, Wesen, die Wald und Busch unsicher machen.

Über den Anfang von Erde und Himmel berichten keine Schöpfungs- oder Ursprungsmythen; sie existierten immer. Die Bewohner des Himmels *(yalyakali)*, von den Ethnologen der Kategorie Götter zugeordnet, wurden von Sonne und Mond erschaffen, und sie wiederum schufen die Gründer der Phratrien der Enga und brachten die Ahnensteine zur Erde nieder. Die Götter sind hellhäutig; ihr Leben ist ein Abbild des Menschenlebens auf der Erde oder besser umgekehrt. Sie legen Gärten an, ziehen Schweine, organisieren *tee* und haben patrilineare Phratrien und Klans. Die Himmelswesen mischen sich kaum in den Alltag der Menschen ein. Sie sind verantwortlich für Wettererscheinungen, schließlich auch für das endgültige Schicksal der Menschen. Da die Götter für die Menschen kaum erreichbar sind, werden auch nur wenige Riten an sie gerichtet (Feachem 1973, 264; Brennan 1977, 32ff.).

Die geringe Aufmerksamkeit, die die Enga den Himmelswesen zuwenden, ist vielleicht dafür verantwortlich, dass nur einige der ethnologischen Beobachter nähere Differenzierungen feststellen konnten und auf den Glauben an einen Schöpfergott gestoßen sind. Brennan etwa erfuhr von einem Schöpferwesen, das über den anderen Göttern steht und über sie eine Art Oberhoheit ausübt: Aitawe (in Keman wird er Yala genannt; vgl. Jentsch und Doetsch 1986, 208).

Ganz im Zentrum der Religion der Enga steht dagegen der Glaube an Totengeister (*timango* oder *timongo*). Alle Menschen, auch einige Tiere, besitzen eine Art Seele, einen Geist, den die Ahnen dem Fötus beigeben. Stirbt der Mensch, so wird dieser Geist frei und zum Totengeist, der im Klan-Territorium bleibt und für die Lebenden eine ständige Quelle der Gefahr und der Angst darstellt. Diese Totengeister sind grundsätzlich bösartig und übel wollend, und sie bedrohen besonders ihre nächsten Verwandten. Sie verursachen Krankheiten, gelegentlich Tod, Schäden in den Gärten, Missgeschicke und Übel jeder Art. Sie sind besonders aktiv bei Nacht. Ist ein Totengeist verantwortlich für den Tod eines Menschen, vor allem eines Klan-Angehörigen, so wird er aufgenommen in die anonyme Gruppe der Klan-Ahnen. Auch die Gruppe der Ahnen kann Schaden stiften, doch sie bedroht eher den ganzen Klan als ein Individuum.

Die Ahnen stiften in ihrem Klan Unheil, wenn dieser die geltenden Traditionen verletzt hat. Mit Riten, an denen der ganze Klan beteiligt ist, müssen die Ahnen wieder versöhnt werden. Wird ein Unglück oder ein Missgeschick einem einzelnen Totengeist zugeschrieben und bleiben die angewandten Riten oder magischen Praktiken unwirksam, so wird nicht selten schließlich die ganze Gruppe der Klan-Ahnen verantwortlich gemacht; und der ganze Klan bemüht sich um rituelle Abhilfe.

Die Dämonenwesen in Wald und Busch *(pututuli)*, die in Höhlen, Wasserfällen und Teichen hausen und einzelne Wanderer bedrohen, sind autonom und keinem einzelnen Klan zugeordnet. Sie sind weniger gefürchtet, eher lästig. Ihr Einfluss ist streng auf Wald und Busch beschränkt, in der Siedlung haben sie keine Macht.

Die Religion der Enga, vor allem der Glaube an Götter, Geister und Dämonen, hält für die Menschen wenig Erfreuliches bereit. Sie erklärt manches, doch sie spendet wenig Freude und Trost. Kein Wunder also, dass die Grundstimmung der Enga nicht geprägt ist von fröhlichem Optimismus, sondern eher von einem harten Realismus, der gewöhnt ist, Übel zu ertragen und sich mit ihm auseinanderzusetzen. »Für die Enga«, urteilt Meggit ein bisschen harsch, »die keineswegs ein besonders liebenswürdiges Volk sind (which are by no means a lovable people), ist das Leben eine reele und ernste Angelegenheit. Die Männer glauben, dass sie verwickelt sind in einen nie endenden Kampf und Streit mit habgierigen Nachbarn, mit säumigen Schuldnern, mit feindlich gesinnten übernatürlichen Wesen, schließlich mit einer widerspenstigen Umwelt« (1962, 217).

Im Leben der Enga spielen Vermittler eine große Rolle, im alltäglichen Leben wie bei besonderen Anlässen, z.B. beim *tee*. Es ist also nicht erstaunlich, dass sie sich auch in ihren Beziehungen zur übernatürlichen Welt einer Vielzahl von Vermittlern bedienen. Diese religiösen Spezialisten oder Funktionsträger werden unter dem Begriff *topoli* zusammengefasst. Sie unterscheiden sich in vielfältiger Art: Einige sind Spezialisten der Wahrsagerei, die wiederum verschiedene Methoden benutzen (vgl. Brennan 1977, 29–31); sie werden von den Enga bemüht, um die Ursachen von Störungen jeder Art, die dem Einfluss der Welt der übermenschlichen Wesen zugeschrieben werden, ausfindig zu machen, damit man mit dem nötigen Ritual antworten kann.

Andere sind rituelle Spezialisten; sie kennen wirkungsvolle Riten und Zeremonien, oft verbunden mit magischen Praktiken, mit denen übermenschliche Wesen besänftigt und befriedet werden können. Die meisten der *topoli,* in der Regel Männer, sind nur für wenige Situationen und ihre Riten spezialisiert, etwa als Heiler. Die Wirksamkeit einiger erstreckt sich nur auf einen sehr engen Umkreis, während andere über Klan-Grenzen hinaus gesucht und eingesetzt werden. Maßstab für das Ansehen und Größe der *topoli* ist der Erfolg, der wiederum auf langjähriger Erfahrung beruht. Das Amt des religiösen Spezialisten wird meist von Vater auf Sohn (bzw. von Mutter auf Tochter) vererbt, mit ihm der ganze Schatz des magischen Wissens und der Erfahrung, soweit diese übertragbar ist.

Die Dienste der *topoli* werden gut bezahlt. Die Höhe richtet sich nach Größe und Schwierigkeit der Aufgabe, nach der Reputation des eingeladenen Spezialisten, schließlich auch nach dem Vermögen des Klienten. Bezahlt wird mit allem, was den Enga wert und teuer ist: Schweinefleisch, Äxte, Salzasche, Geld usw. Gehört zu einer Zeremonie das Schlachten und Essen eines oder mehrerer Schweine, so kann der religiöse Spezialist eine halbe Schweineseite erhalten. *Topoli* gelten als wohlhabend; doch sie gehören nicht unbedingt zum Kreis der politisch und sozial wichtigen Männer (Big men).

Während Feachem bei der Darstellung der Riten einerseits nach der Art der Problemsituation unterscheidet, andererseits danach, ob sie einen raschen Erfolg anstreben (short-term goal) oder eher auf langfristige Wirkungen gerichtet sind (long-term goal), ordnet Brennan die Riten nach den Adressaten (Himmelswesen, Totengeister) und den Klienten (Gruppe, Individuen). Die Übersicht, die Feachem gibt (1973, 281), nennt freilich auch die letztgenannten Kriterien, dazu auch, ob und in welchem Umfang *topoli* hinzugezogen werden und ob und in welchem Umfang die Sumpflilie (Echte Kalmus, *Acorus calamus*), die wichtigste Zeremonialpflanze der Enga, eingesetzt wird.

Im Folgenden sollen einige der wichtigsten Riten genannt werden (die Namen variieren je nach Enga-Gruppe; die hier genannten sind Brennan [1977] entnommen, der auch andere Varianten nennt):

1) *Yalu Lenge:* Der Ritus wird von den Männern des Klans organisiert; Anlass können Wetterprobleme oder mangelnde Fruchtbarkeit des

Landes sein. Er wendet sich an Aitawe und die Himmelswesen und soll den besonderen Respekt der Menschen diesen Wesen gegenüber zum Ausdruck bringen. Opossums und kleine Schweine werden geschlachtet und verspeist. Der Ritus wird nicht häufig durchgeführt. Meggit (1965) nennt ihn nicht.

2) *Imbu:* Auch dieser Ritus betrifft den ganzen Klan und wird entsprechend von den Männern (in der Vorbereitung auch von Frauen und Kindern; an den Zeremonien selbst dürfen sie auf keinen Fall teilnehmen) organisiert. Er verlangt genaue Planung und umfangreiche Vorbereitungen, denn viele Schweine und Opossums müssen beigebracht werden. Der relativ selten ausgeführte Ritus findet vor allem dann statt, wenn sich der Klan vor außerordentlich schwierigen Situationen (lang andauernde Unfruchtbarkeit der Gärten, Krankheiten bei Kindern und Schweinen usw.) findet, aus denen alltägliche Rezepte nicht heraushelfen. Die Ahnen sind unzufrieden und lassen ihren Unwillen erkennen; sie müssen besänftigt und versöhnt werden. Während der Zeremonie werden die Ahnensteine herbeigebracht; von ihnen aus nehmen die Ahnen den Geruch der Speisen wahr und nehmen so am Festmahl teil.

3) Beim größten Teil der Riten und Zeremonien der Enga geht es um die Heilung von Krankheiten, die auf das Einwirken einer der gefürchteten Totengeister zurückgeführt werden. Sie finden privat, d.h. im kleinen familiären Kreis statt; oft, nicht immer, muss ein Schwein geschlachtet werden, vor allem wenn es sich um eine schwere Krankheit handelt; fast immer braucht man einen *topoli*.

4) Viele andere Gelegenheiten werden genannt, bei denen sich Enga unterschiedlicher größerer oder kleinerer Riten und magischer Zeremonien bedienen: Wenn es darum geht, gestohlene Gegenstände oder Schweine wieder zu finden bzw. den Dieb ausfindig zu machen, wenn es um die Schönheit des Körpers geht, die man positiv beeinflussen will, wenn es um Erfolg und Glück im Garten, bei der Jagd und auf Reisen geht, wenn es um die Vermehrung des Wohlstands geht, wenn es ums Heiraten geht. Oft handelt es sich dabei um sehr private Zeremonien, bei denen kein religiöser Spezialist gebraucht wird.

5) Hexerei wird zwar offiziell verachtet und als unmoralisch angesehen und niemand gibt zu, dass er darin involviert ist. Andererseits glaubt fast jeder, dass der andere oder die andere Gruppe sich der Hexerei bedient, um Tod oder Krankheit über jemanden zu bringen: »Hexerei ist etwas, was die andern Leute tun!« (Feachem 1973, 276). Immer wenn ein Tod oder eine Krankheit sonst nicht zu erklären ist, macht man Hexerei dafür verantwortlich. Mittel und Techniken der Hexerei sind z.B. magische Sprüche, verbunden mit Menstrualblut, Exkremen-

ten oder Leichenteilen, die man heimlich dem Wasser beifügt, das ein Opfer trinkt.

Dieser kurze Überblick über die Riten der Enga zeigt deutlich, dass es in diesen nicht eigentlich um Verehrung oder gar Anbetung von Göttern und Geistern geht. Die Riten sind schlicht und einfach pragmatische Reaktionen auf Krisensituationen, die man als von diesen übermenschlichen Wesen verursacht sieht; Zweck der Riten ist es, den Schaden einzudämmen oder zu beseitigen, indem man diesen Wesen entgegenkommt, sie beruhigt, sie versöhnt, sie sich in irgendeiner Weise vom Leibe hält. Magie steht nicht im Zentrum der Riten, ja viele kommen ganz ohne sie aus, doch oft genug ist sie integraler Bestandteil des rituellen Geschehens.

Das *sandalu*-Ritual

Keiner der ethnographischen Berichte über Kultur und Religion der Enga vergisst es, das *sandalu*-Ritual (bei einigen Enga-Gruppen *sanggai* genannt) der Junggesellen zu erwähnen (vgl. z.B. Wirz 1952; Goodenough 1953). Es handelt sich dabei um eine Art Reifefeier oder Initiationsfeier, an dem die jungen Burschen von ihrer Pubertät an bis zur Heirat teilnehmen. Sie wird vom Subklan alle paar Jahre organisiert, sodass jeder junge Mann an vier bis fünf *sandalu*-Feiern teilnehmen kann.

Wie einer der ersten und umfassendsten ethnographischen Berichte über den *tee*-Tausch der Enga aus der Feder eines katholischen Missionars stammt (Bus 1951), so wurde auch der ausführlichste Text über das *sandalu*-Ritual von einem Missionar verfasst: John Schwab, seit 1934 im Sepik-Gebiet tätig, wirkte von 1952 bis 1987 bei den Enga. Er nahm zwischen 1953 und 1962 an drei *sandalu*-Ritualen bei drei verschiedenen Subklans der Layapo teil, konnte also aus teilnehmender Beobachtung berichten; unveröffentlichte Aufzeichnungen darüber gab er kurz vor seinem Tod der Anthropos-Redaktion, die diese zusammen mit dem Missionar und Enga-Spezialisten Philip Gibbs bearbeitete und 1995 publizierte (Schwab 1995); Gibbs hat sich durch einige Arbeiten über die Religion der den Enga benachbarten Ipili (1975, 1977, 1978) und durch kleinere missionstheologische Arbeiten ausgewiesen. Detaillierte Darstellungen der Junggesellenfeiern publizierten auch Meggit (1964, 210–217) und Wiessner (Kyakas and Wiessner 1992, 51–61).

Erster Sinn und Zweck des Rituals ist es, die jungen unverheirateten Männer von allen Schaden bringenden Berührungen mit weiblicher Sexualität zu reinigen, also zu verhindern, dass sie in ihrer Fruchtbarkeit, Gesundheit und ihrem allgemeinen Glück und Wohlbefinden geschwächt werden. So ist dieses Ritual vor allem Ausdruck und Bestärkung des Antagonismus Mann/Frau, der bei den Enga deutlich zu Tage tritt. Der Reinigung bedürfen die jungen Burschen wohl immer, denn leicht können ihre Augen auf unbedeckte weibliche Geschlechtsteile fallen, und das genügt z. B. zur Verunreinigung der Augen, die im *sandalu* rituell gewaschen und gereinigt werden.

Zum Zweiten hat dieses Ritual die Aufgabe einer gemeinsamen öffentlichen Verlobungsfeier für die älteren unter den Junggesellen, deren Heirat ansteht. Als dritte Funktion des *sandalu* nennt Schwab dessen enge Verbindung mit dem Schweinetausch-Fest des *tee;* oft wird es in zeitlicher Nähe zu diesem abgehalten, sodass es als eine Art Vorbereitung, wenn nicht sogar als Teil von *tee* angesehen werden kann, denn die große Abschlussfeier bringt viele Menschen in einem Fest zusammen, bietet also beste Voraussetzungen für Verhandlungen aller Art.

Der größte Teil des *sandalu*-Rituals findet abseits im Busch statt, im *sandalu*-Haus, bei einer Quelle, wo die Teilnehmer für fünf Tage zurückgezogen und vom Leben der Siedlung abgetrennt die Riten vollziehen. Im vollen Umfang können nur Junggesellen im strikten Wortsinn teilnehmen; wer schon einmal Geschlechtsverkehr mit Frauen hatte, kann an den zentralen Feiern des Rituals nicht teilnehmen (etwa bei der Füllung des heiligen Bambus oder bei den Träumen). Unter den Teilnehmern unterscheidet man die älteren, die früher schon mal an einem solchen Ritual teilgenommen haben, und die jungen, die zum ersten Mal dabei sind. Beiden Gruppen kommen unterschiedliche Riten und Aufgaben in diesen Tagen zu.

Während der Tage des Rituals gelten strikte Speise- und Getränke-Tabus. Es ist verboten, Wasser zu trinken. Als Ersatz gilt das Kauen von Zuckerrohr. Das Essen, das in diesen Tagen genossen wird, darf nicht von Frauen berührt worden sein. Die jüngsten Burschen erhalten die besten Stücke des Essens usw.

Als wichtigste Paraphernalia nennt man die heiligen Bambusstücke, die mit einer Flüssigkeit (Wasser, Blätter und andere Ingredienzien) gefüllt sind und die während des Rituals neu gefüllt werden. Zusammen mit den heiligen Pflanzen (*Acorus calamus*, die auch bei anderen Riten eine Rolle spielt), die an einem verborgenen Platz in der Nähe der *sandalu*-Hütte angepflanzt und gezogen wurde, werden sie in diese Hütte gebracht und dort bis zum Ende des Rituals versteckt aufbewahrt. Sie sind die eigentlichen Garanten für den Erfolg der Feier, sie bringen Stärke und Fruchtbarkeit, sie bringen die Träume, die zum eigentlichen Kern der Feier gehören.

Im zweiten Teil seines Berichtes beschreibt Schwab die einzelnen Phasen oder Stationen der Feiern, an denen er teilgenommen hat (1995, 33–45). Es beginnt am ersten Abend mit einer Reinigungszeremonie, bei der alle Teilnehmer ihre Körper waschen; dabei werden Zaubersprüche gesprochen. Die Feier setzt sich bis tief in die Nacht fort mit Belehrungen durch den oder die Leiter der Jugendfeier über das *sandalu* und mit dem Lernen und Singen zugehöriger Lieder. Es folgt am frühen Morgen die »Süßkartoffel-Zeremonie«. Mit Singen von Liedern und unter magischen Sprüchen werden die Süßkartoffeln zeremoniell geschält und schließlich gegessen. Dabei erhalten alle, für den Zeitraum der Feier jedenfalls, einen neuen Namen.

Es folgt die »Reinigung der Augen«. Frisches Quellwasser wird in die geöffneten Augen geschüttet, die man gründlich reibt und »säubert«. Auch bei dieser Zeremonie werden zahlreiche Gebete gesprochen oder magische Sprüche gebraucht; Schwab zitiert eine kleine Auswahl davon. Es schließt sich eine weitere Reinigungszeremonie an, bei der die Jungen von magischen Sprüchen (oft mit sexuellem Inhalt) befreit werden sollen, die etwa Mädchen an und auf sie gerichtet haben.

Danach kommt die Feier zu einem ersten Hauptteil. Gemeinsam besucht man den geheimen Garten mit den heiligen Pflanzen. Den Anwesenden wird ihre Pflanze gezeigt oder sie dürfen sie berühren; mit Wasser oder Erde von der Pflanze reiben sie Kinn und Backen, damit der Bart besser wächst. Die Pflanze selbst wird neu eingepflanzt; einige Blätter werden zur Hütte mitgenommen. Eine Gruppe wird geschickt, die Bambus-Behälter mit der heiligen Flüssigkeit auszugraben. Zunächst muss natürlich der Platz wieder gefunden werden, wo man sie am Ende des letzten *sandalu*-Rituals in der Erde versteckt hat. Eine andere Gruppe hat die Aufgabe, neue Bambus-Behälter zu besorgen. Nun wird die Flüssigkeit aus den alten in die neuen Behälter umgefüllt. Alle diese zeremoniellen Schritte werden von magischen Sprüchen begleitet.

Nach dem zeremoniellen Süßkartoffel-Essen am späten Nachmittag versammeln sich alle im *sandalu*-Haus, wo man auf die Nacht der Träume wartet, den zweiten Höhepunkt der Feier. Man rezitiert und singt Lieder und wartet auf gute Träume: vom Kampf, vom Töten, vom *tee*. Fällt jemand in einen kurzen Schlaf und hat er dabei einen Traum, erzählt er ihn, und alle machen sich daran, über den Traum einen Liedvers zu dichten – oft in Andeutungen, die Außenstehende nicht verstehen können –, der dann refrainartig immer wieder wiederholt wird. Auf die Traumnacht folgt eine Zeremonie um einen besonderen Baum, mit dessen Zweigen und Blättern man sich das Gesicht reibt, um das Wachsen des Bartes zu fördern, der ein Zeichen von Stärke und Fruchtbarkeit ist. Bald folgt das Vergraben der heiligen Bambusbehälter, für das man einige besonders geschätzte junge Männer auswählt; sie müssen für eine Reihe von Tagen besondere Tabus einhalten.

Damit ist der Teil vorbei, bei dem die jungen Burschen weitgehend vom übrigen Leben abgeschlossen sind. Die Klausur wird nun gelockert, und es geht jetzt darum, den festlichen Abschluss vorzubereiten. Nun sind alle damit beschäftigt, sich für den späteren öffentlichen Auftritt herzurichten. Die älteren knüpfen sich Perücken aus Haar, das sie lange vorher gesammelt haben, die sie mit Zuckersaft und Schweinefett in eine feste Positur bringen. Die jüngeren fertigen sich eine Art Bastmütze. Immer wieder finden sie sich dabei auf einem Platz außerhalb des *sandalu*-Hüttenbereichs ein, wo sie die Traumverse und -lieder immer wieder wiederholen und üben.

Die folgende Nacht, also die Nacht nach der Entfernung der heiligen Bambus-Behälter, nennt Schwab »die Feuernacht«. Die älteren Teilnehmer sitzen ums Feuer und bemühen sich um Liebeszauber und singen Lieder; die jüngeren müssen sich zurückhalten. Während der Nacht kommen immer wieder Grüppchen von Mädchen mit einigen der künftigen Bräute zur *sandalu*-Hütte im Busch; sie tanzen, stampfen und singen Lieder, abwechselnd mit den jungen Männern. Schließlich erreichen die Mädchen das Lager, erhalten von ihren Freunden jeweils ein Stückchen glimmendes Holz und ziehen sich wieder zurück. Früh am Morgen kommen wieder tanzende und lärmende Mädchen, die dieses Mal den Zaun ums Lager niederreißen, der von innen freilich nicht ernsthaft verteidigt wird. All dies geschieht unter Tanzen und Singen.

Am nächsten Tag ziehen die Burschen festlich gekleidet und geschmückt zum Festplatz der Siedlung (ceremonial ground), wo auch sonst alle größeren Riten gefeiert werden, etwa beim *tee*, und wo sich jetzt alle möglichen Zuschauer und Interessenten versammelt haben. Nun singen die Burschen die vorher geübten Traumlieder: einer singt vor, alle anderen wiederholen den Traumvers wie einen Refrain, immer und immer wieder. Nach Schwab ist das ein höchst angespannter Augenblick. Mädchen greifen schließlich einige der aufgereihten Burschen in einem Scheinkampf an, um sich für früheren Ärger zu rächen. Es wird bis zum Abend getanzt und gesungen. Allmählich geht die Feier in Diskussionen um *tee* unter den Big men über. Yam und Taro werden verteilt. Es wird gegessen und gefeiert.

In den folgenden Tagen bemühen sich jene unter den älteren *sandalu*-Teilnehmern, die sich in der Feuernacht öffentlich mit ihren Bräuten »verlobt« haben, weiter um ihre Bräute. Sie lassen sich von deren Eltern nach Hause einladen, machen den Mädchen mit Liebesliedern den Hof, essen und trinken gut. So endet die *sandalu*-Feier, die in ihrem ganzen Verlauf die ambivalenten Beziehungen zwischen den Geschlechtern aufzeigt und in vielerlei Weise darstellt.

5 AMERIKA

Medizinmänner und Missionare – Kulturbegegnung, Kulturveränderung, Kulturzerfall

Die Huronen im 17. Jahrhundert (Kanada)

Huronen und Irokesen sind vielen bekannt aus James Fenimore Coopers Lederstrumpf-Romanen der Jugendliteratur; hatten doch gerade James Fenimore Cooper und George Catlin mit den deutschen Übersetzungen ihrer Indianerwerke Mitte des 19. Jahrhunderts auf die entstehende Abenteuer- und Indianerliteratur in Deutschland – am bekanntesten wurde später Karl May und er ist es bis heute geblieben – einen beachtlichen Einfluss (vgl. Catlin 1851; Lutz 1985). Unser romantisches Bild nordamerikanischer Indianer ist weitgehend durch sie geprägt; es hat leider keine Wurzeln in der Realität, da auch Cooper, der selbst kaum über authentische Kenntnisse der Materie verfügte, die Indianer idealisierte oder dämonisierte, wie die Dramaturgie seiner Romane es gerade erforderte.

Auch in der Wissenschaftsgeschichte der Ethnologie spielen der kleine Stamm der Huronen und ihre irokesischen Verwandten eine beachtliche Rolle. Der französische Missionar Joseph François Lafitau S.J. wurde mit seinem Werk »Mœurs des Sauvages Ameriquains, comparées aux Mœurs des premiers temps« (1724, 1987), in dem er u. a. eine ausführliche Ethnographie der Huronen und Irokesen vorlegte, zum Vater der vergleichenden Ethnologie der Neuzeit.

Sein französischer Landsmann, Vorgänger und Widerpart Louis-Armand de La Hontan (Lahontan) hatte in seinem Reisebericht »Nouveaux voyages [...] dans l'Amerique septentrionale« (1703) bereits wertvolle ethnographische Angaben über Huronen, Irokesen und andere Indianervölker im Koniferengürtel Kanadas veröffentlicht; im letzten Teil des Werkes, bzw. im Supplément, setzt sich der Autor in einem fiktiven Gespräch zwischen ihm und einem Huronenhäuptling kritisch mit seiner eigenen französischen Zivilisation auseinander (erste deutsche Übersetzung 1981; vgl. Kohl 1981, 63–76). Fast 300 Jahre später schließt der kanadische Historiker Georges E. Sioui, selbst ein Hurone oder Wendat, an La Hontan an, zu unkritisch allerdings, wie Tooker kritisiert (Sioui 1992; Tooker 1994).

Lafitau war am Ufer des Sankt-Lorenz-Stroms bei Quebec auf vertriebene Reste des Huronenstammes getroffen, deren Vorfahren 1648/49 von ihren irokesischen Nachbarn als Volk aufgerieben worden waren. An Niederlage und Untergang der Huronen war ihre Begegnung mit den weißen Siedlern und den christlichen Missionaren aus Frankreich nicht wenig schuld, wie die Quellen zeigen; zu den wichtigsten Quellen zählen die jährlichen Berichte der Missionare an ihre Oberen, auf die sich die spätere ethnohistorische Literatur stützt, und die zum großen Teil ediert vorliegen (»The Jesuit Relations and Allied Documents. Travels and Explorations of the Jesuit Missionaries in New France 1610–1791«, 73 Bände, 1896–1901 editiert von R. G. Thwaites; Neuauflage 1959). An weiterer Literatur zur Geschichte und Kultur der Huronen sind vor allem zu nennen: Tooker 1964, 1978; Trigger 1969, 1976; Heidenreich 1978; Morissoneau 1978; Sioui 1992; Miller 1994; Post 1997.

Wer waren die Huronen, wie sie von den Franzosen genannt wurden? Dieses Volk, das sich selbst Wendat (»Leute von der Halbinsel«) nannte – die Bezeichnung lebt weiter im Namen heutiger Nachfahren des Volkes in Kanada und USA: Wyandot –, wurde bei den ersten Begegnungen mit den Weißen Anfang des 17. Jahrhunderts auf etwa 20 000 Personen geschätzt. Sie lebten im Waldland an der Georgian Bay des Lake Huron im heutigen Ontario/Kanada in einem Siedlungsgebiet von ca. 880 km^2. Obwohl ein Bauernvolk, standen sie im Zentrum eines regen Handelsaustausches mit den benachbarten Völkern im Norden und Nordosten, im Westen und im Süden ihres Territoriums.

Mit ihren am Südostufer des Lake Ontario siedelnden, verfeindeten irokesischen Nachbarvölkern, den Völkern der Irokesenliga oder der »Fünf Nationen« (Seneca, Cayuga, Onondaga, Oneida, Mohawk), teilten sie mit der Sprache auch weitere Teile ihrer Lebens- und Denkweise; wie sie sprachen die Huronen ein nordirokesisches Idiom. Obwohl Irokesisch, die Sprache der Huronen eingeschlossen, wahrscheinlich die erste Sprache nordamerikanischer Urbewohner war, die von Europäern untersucht und aufgezeichnet wurde (vgl. Hanzeli 1969; Mithun 1979), sind die linguistischen Beziehungen innerhalb des Irokesischen bis heute immer noch nicht ganz geklärt. Die drei bekannten Huronendialekte, die Sprachen der Huronen von Lorette, der Wyandot und der Neutral, werden heute nicht mehr gesprochen (Lounsbury 1978).

Der ethnographische Rahmen

Die Huronen waren Bodenbauern, sie betrieben Brandrodung. Alles nichtgenutzte Land war gemeinsames Stammeseigentum; jede Familie nahm sich davon so viel Boden, wie sie bepflanzen und bewirtschaften konnte. Wurden ausgelaugte Äcker aufgegeben, fielen sie wieder ins Nutzungsrechte des ganzen Stammes. Da Land also nicht verkauft oder vererbt werden konnte, taugte es nicht zum Ansammeln von Reichtum und Prestige. Mais-, Bohnen-, und Kürbisarten waren die wichtigsten Anbaufrüchte, mit ihnen wurde der bei weitem größte Teil des Essens bestritten (ca. 80%; vgl. Heidenreich 1978, 379). Die Huronen kannten außer der bei der Brandrodung anfallenden mineralreichen Asche keine besondere Düngung; Mischpflanzungen verlängerten allerdings die Nutzungsdauer der Felder. Tabak wurde nur in geringem Umfang angebaut; der größte Teil musste importiert werden.

Die Feldarbeit oblag weitgehend den Frauen, auch den Kindern, ebenso das Sammeln von Feuerholz im Frühjahr, das Anfertigen von Kleidern und Gegenständen des täglichen Gebrauchs wie Körbe, Töpfe, Matten usw., Jagd und Fischfang waren Aufgabe der Männer, ebenso Brandrodung, Haus- und Bootsbau, Herstellung von Werkzeugen, Jagdgeräten usw. Neben der Einzeljagd waren Treibjagden in kleineren oder größeren Gruppen beliebt. Insgesamt war die Jagd von untergeordneter Bedeutung, nur 5% der Nahrung bestand aus Wild; Hirsch- und Rehwild und Bär waren bevorzugtes Jagdwild. Fischfang wurde das ganze Jahr über betrieben. Ein wichtiger Fleischlieferant war auch der Hund, das einzige Haustier der Huronen; er diente vor allem bei Festen und Zeremonien zur Anreicherung des Speiseplans.

Ein gut Teil des Jahres waren Gruppen von Männern auf kriegerischen Beutezügen oder auf Handelsreisen unterwegs. Mit Nachbarstämmen war Tauschhandel Brauch. Bei den Huronen selbst wechselten Güter fast nur in zeremoniellem Rahmen den Besitzer; die Großfamilie, d.h. die Bewohner eines Langhauses, hatte gemeinsamen Besitz. Feste und größere Zeremonien waren immer auch Gelegenheit, den Überschuss einzelner Familien auf die größere Gruppe zu verteilen.

Kleinste soziale Zelle war die Kernfamilie; mehrere von ihnen bildeten die Großfamilie, die eigentliche soziale und wirtschaftliche Einheit; gemeinsam bewohnten sie ein Langhaus mit Feuerstellen für jede Kernfamilie im Mittelgang, gemeinsam wurde gearbeitet. Die Abstammung war matrilinear, die Kinder erbten von ihren Müttern; im Langhaus übte die älteste und angesehenste Frau die Hauptautorität aus. Sexuelle Freizügigkeit vor der Ehe war gang und gäbe. Ehen waren monogam und in der Regel matrilokal, die neue Kernfamilie nahm Wohnung im Langhaus der Mutter; es bestand Klan-Exogamie, d.h., niemand durfte mit jemandem aus dem Klan der Mutter sexuelle Beziehungen oder eine Ehe eingehen. Scheidung war möglich, vor allem solange noch keine Kinder da waren;

sie konnte sowohl von der Frau wie auch vom Mann angeregt werden. Die Instabilität der jungen Ehen rührte nicht zuletzt daher, dass die Ehemänner dem mütterlichen Klan stark verhaftet blieben. Für die Erziehung der Kinder waren ohnehin nicht die Väter, sondern die Onkel mütterlicherseits zuständig.

Die Gesellschaft der Huronen war in acht matrilineare Klans geteilt: Schildkröte, Wolf, Bär, Biber, Hirsch, Falke, Stachelschwein und Schlange, die sich auf vier bzw. fünf Stämme verteilten. Die hierarchischen Systeme von Klan und Stamm überschnitten sich. An der Spitze der Klans standen Häuptlinge mit überwiegend zeremonieller Funktion; Klans waren wiederum unterteilt in Klansegmente oder Lineages, die wiederum ihre eigenen Zivil- und Kriegshäuptlinge hatten. Auch diese Ämter wurden matrilinear vergeben, sodass der Sohn der Schwester das Amt von deren Bruder erbte. Mehrere Klansegmente bzw. Langhäuser bildeten ein Dorf, das oft durch Palisaden vor Feinden geschützt war und in Abständen von etwa 10 Jahren verlegt wurde, etwa wenn der Boden ausgelaugt war.

Ein Dorf hatte also so viele Häuptlinge, wie es Klansegmente beherbergte. Von einem Häuptling erwartete man die Fähigkeit zu einem weisen Urteil, Rednerbegabung, Großzügigkeit; von einem Kriegshäuptling dazu besonderen Mut und große Führerqualitäten. Man konnte das Häuptlingsamt durch bewiesene Unfähigkeit verlieren; meistens jedoch erlosch es erst mit dem Tod. Entsprechend gab es einen Zivilrat und einen Kriegsrat, an dem die alten Männer und die Häuptlinge teilnahmen, nicht jedoch die Frauen. Entschlüsse des Rates fielen einstimmig, doch sie hatten für die einzelnen Individuen keine rechtlich bindende Kraft, sie waren nur starke Willensbekundungen des Rates. Freilich setzte sich ein Dorfmitglied, das ganz offensichtlich gegen den Strom der allgemeinen Meinung schwamm, der öffentlichen Missbilligung und damit starkem sozialen Druck der Gruppe aus.

Oberste politische Einheit war der Stamm, der die Huronendörfer zusammenfasste; an seiner Spitze stand ein Stammesrat mit eher zeremonieller Autorität, seine Sitzungen und ihre Sprache waren stark ritualisiert. Der Stammesrat konnte einberufen werden, wenn es um Probleme und Belange ging, die die Grenzen und Möglichkeiten des Dorfes überstiegen. Die vier Huronenstämme bildeten wiederum Allianzen oder Konföderationen miteinander, vor allem wenn es darum ging, feindliche Interessen fremder Stämme oder Völker abzuwehren. Der Gang der Geschichte zeigte, dass die Huronenkonföderation im Kampf gegen die Irokesen wenig erfolgreich war.

Die traditionelle Religion der Huronen

In den Vorstellungen der Huronen war die gesamte Welt um sie, die belebte und die unbelebte Natur, beseelt und mit Geistern aller Art belebt, die Einfluss auf ihr tägliches Leben nehmen konnten, mit denen sie daher ihrerseits Kommunikation suchten. Mächtigster der Geister *(oki)* war der Himmel, der die Jahreszeiten, die Winde und Wellen kontrollierte. Er wurde bei bestimmten Gelegenheiten angerufen, ihm zu Ehren wurden Feste veranstaltet und Opfer verbrannt. Da auch Tiere und Fische ihre Geister hatten, gingen die Huronen sehr vorsichtig und achtsam mit ihnen um.

Einige der machtvolleren Geister konnten in menschlicher oder halbmenschlicher Gestalt erscheinen. Der Kriegsgott *(ondoutaehte)* z.B. nahm die Gestalt eines Zwerges oder einer alten Frau an, während *onditachiaé*, der Geist des Donners, des Blitzes und des Regens, als Mischwesen aus Mensch und Truthahn erschien. Nach dem Himmel waren die beiden wichtigsten Geister *ataensic*, eine Frau, die mit dem Mond identifiziert wurde, und ihr Enkel *iouskeha*, der mit der Sonne identifiziert wurde. Beide wurden als Schöpfergottheiten angesehen: *iouskeha* erschuf die Seen und Flüsse, er setzte die Tiere frei, ließ den Mais wachsen, sorgte für günstiges Wetter, teilte den Menschen mit, wie man Feuer macht; *ataensic* war die Mutter aller Menschen, die sie auch sterben ließ und über deren Seelen sie Macht besaß.

Die Huronen ordneten die Krankheiten nach ihren Ursachen drei Kategorien zu:

1) Krankheiten mit natürlichen Ursachen, Wunden z.B., wurden von Heilern behandelt; sie gebrauchten vor allem Heilkräuter, ihre Erfahrung und ihren gesunden Menschenverstand.
2) Krankheiten, die durch Zauberei und Hexerei verursacht wurden, fielen in den Zuständigkeitsbereich von Medizinmännern. Feste, Tänze, Gegenzauber galten hier als Heilmittel. Hexerei wurde als eines der schwersten Verbrechen angesehen und hart bestraft, manchmal mit dem Tod. Aufgabe des Medizinmannes war es, die Diagnose zu stellen und die verursachende Person ausfindig zu machen, damit sie den Zauber zurücknehme.
3) Es gab schließlich Krankheiten, die durch unerfüllte persönliche Wünsche eines Huronen verursacht wurden. Heilung setzte Identifizierung und Erfüllung der Wünsche voraus. Auch hier wurde der Medizinmann gebraucht, der vor allem durch Traumdeutung die Wünsche identifizieren und Wege zu ihrer Erfüllung finden konnte.

Bei fast allen Krankheiten hatten auch Geister ihre Hand im Spiel. Träume waren eines der bevorzugten Mittel, mit denen Huronen den Willen der

Geister erforschen konnten; in Träumen erfuhren sie von künftigen Ereignissen, in Träumen wurde ihnen gesagt, wie sie sich zu verhalten hatten, was sie tun mussten, um dem Willen der Geister gerecht zu werden. Oft waren Feste und Tänze gefordert. Träume und auch sonstige Weisen der Geister, sich Gehör zu verschaffen, mussten gedeutet werden. Dies war vorzugsweise die Rolle der Medizinmänner; bei den Huronen waren das Spezialisten, die die wirksamsten und mächtigsten Mittel (d.h. Medizinen) hatten, mit den Geistern umzugehen.

Feste wurden vor allem veranstaltet, um Geistern ihren Willen zu erfüllen; sie waren natürlich aber auch vorzüglich geeignet, den sozialen Status des Veranstalters zu erhöhen, Wohlstand zu teilen, Freundschaften zu stärken. Die Huronen kannten vier Hauptarten von Festen: Erntedankfeste *(enditeuhwa)*, Heilungsfeste *(awataerohi)*, Sterbefeste *(athataion)* und Singfeste *(atourontaochien)*. Singen, tanzen und essen waren die wesentlichen Elemente des Festes.

Weit wichtiger und größer als die genannten Feste war das große Totenfest der Huronen, an dem alle Dörfer eines Stammes teilnahmen und das etwa alle acht bis zwölf Jahre abgehalten wurde. Der Tod eines Huronen wurde, wenn möglich, eingeleitet durch eine Fest, bei dem der Sterbende von seinen Freunden Abschied nahm *(athataion)*. Klagen und Lobpreisungen für drei Tage folgten dem Tod; dann kam das Begräbnisfest, ausgerichtet von einem Nachbar-Langhaus, an dem die Seele des Verstorbenen teilnahm und an dem der Tote und die trauernden nahen Verwandten beschenkt wurden. Die Leiche wurde in Hockerstellung auf einem drei Meter hohen Totengerüst zur vorläufigen Ruhe beigesetzt. Die Trauerzeit dauerte im Allgemeinen zehn Tage, für Witwe oder Witwer jedoch ein Jahr, in dem sie nicht wieder heiraten und nicht an Festen teilnehmen durften.

Alle zehn Jahre etwa fand dann das große Totenfest statt. Ein großes Gemeinschaftsgrab wurde ausgehoben und die Dörfer eines Stammes brachten ihre Toten der letzten Jahre zusammen; die Skelette der länger Verstorbenen wurden von allem Fleisch gereinigt. Dann wurden die Leichen der jüngst Verstorbenen auf den Grund des Gemeinschaftsgrabes gelegt, die Knochen der anderen darüber geschichtet, es folgte eine Fülle von Geschenken und Grabbeigaben; schließlich wurde Matten und Rinde darüber ausgebreitet und Sand darüber gehäuft. Der Hügel wurde mit Holzscheiten abgedeckt. Ein großer Teil der Totengaben, die die zahlreichen Trauernden mitbrachten, wurde unter den Anwesenden verteilt. Das ganze Ritual war Teil eines großen Festes, bei dem alle ihre Toten priesen und feierten, froh nun auch selbst wieder frei zu sein. So war auch dieses ein großes Verteilerfest, an dem der Wohlstand ausgeglichen wurde und die Freundschaft und Solidarität im Stamm gestärkt und erneuert wurde.

Ein wichtiger Zweck des Festes aber war, die Seelen der Verstorbenen endgültig zu verabschieden. In der Vorstellung der Huronen hatte jede Person zwei Seelen. Die eine Seele blieb bis zum Totenfest in der Nähe ihres Körpers; dann wurde sie befreit und konnte nun in einem der Nachkommen wieder geboren werden. Die andere Seele trat nach dem Fest die große und beschwerliche Reise zum Dorf der Toten an.

Den weißen Händlern und Missionaren blieb lange der kommunale und rituelle Charakter vieler religiöser Handlungen der Huronen, etwa ihrer Feste und Tänze, verborgen; man sprach ihnen daher jegliche Art von Religion bzw. Religiosität ab. So meinte etwa Samuel de Champlain, einer der Pioniere der französischen Kolonisierung von »Neufrankreich«, die indianischen Ureinwohner wüssten nicht, Gott zu verehren und anzubeten; man könne sie daher umso leichter christianisieren (Kuttner 1998, 121) – ein großes Fehlurteil, wie die Missionare bald zu spüren bekamen.

Erst Lafitau bereinigte später den eurozentrischen Irrtum von der sog. Religionslosigkeit der Indianer. Freilich fehlte den Huronen wie ihren Nachbarvölkern ein aufs Jenseits gerichteter Kultbetrieb mit festen Priesterämtern und einem dogmatischen Lehrgebäude. Die Religion der Indianer war auf das Diesseits ausgerichtet, das bevölkert war von den unterschiedlichsten Geistern und übermenschlichen Wesen; sie mussten nicht unbedingt verehrt werden, doch war man ihnen Achtung schuldig: »Das Bemühen um ein gutes Einvernehmen mit diesen nichtmenschlichen Wesen war das Ziel indigener Spiritualität« (Post 1997, 30).

Der Spezialist des Spirituellen, der Medizinmann, hatte zwei Aufgaben, die eng miteinander zusammenhingen: Er half bei der Kommunikation mit den Geistern und er behandelte die Kranken. Waren Krankheiten immer auch irgendwie durch Geister, fremde oder die eigene Seele, verursacht – Krankheiten konnten, wie oben ausgeführt, auch durch Schadenszauber, durch Hexerei verursacht sein –, so bedurfte es zur Diagnose und zur Therapie ebenfalls der Unterstützung der Geister, die der Medizinmann vermitteln konnte. Die Beliebtheit und Wertschätzung eines Medizinmannes hing nicht an seinem Amt, sie war strikt leistungsbezogen, abhängig von seinem persönlichen Charisma; ohne Erfolg gab es kein Ansehen. Neben dem medizinischen Wissen, den Kenntnissen psychosomatischer Krankheitszusammenhänge, der Kenntnis der Heilkräuter zeichnete den Medizinmann eben seine Kompetenz im Umgang mit der Geisterwelt aus. Gerade Letzteres machte die Medizinmänner den Missionaren suspekt; sie wurden damit zu den eigentlichen Feinden und Gegenspielern der Missionare und zu den Verteidigern der indigenen Tradition.

Die Begegnung mit den Franzosen

Die erste Begegnung der Franzosen mit den Huronen 1609 war der Beginn einer militärischen, vor allem aber ökonomischen Allianz zwischen Franzosen einerseits und Huronen und benachbarten Algonkin andererseits; Gegner waren die Irokesen (mit ihren holländischen und englischen Verbündeten in späteren Jahren). Hauptzweck der Allianz war der Handel, vor allem der lukrative Pelzhandel. Alle Beteiligten kamen zu ihrem Profit. Die Huronen trieben externen Handel nur mit Partnern, mit denen sie förmliche Friedensabsprachen hatten und die für sie potentielle Kriegsverbündete waren. So war es für sie selbstverständlich, dass auch die Franzosen von Anfang an in diese Politik eingebunden wurden und sich an Streifzügen gegen die Irokesen zu beteiligen hatten. Wollten die Franzosen Handelspartner sein, so mussten sie auch Allierte sein.

Vor der Ankunft der Franzosen waren folgende Waren bevorzugte Handels- und Einfuhrgüter der Huronen: Muschelschalen, Kieselschiefer, roter Schiefer, Kupfer, Felle, Tabak von den südlichen Handelsnachbarn, die, z. T. weiterverarbeitet, von den Huronen zu den nördlichen Algonkin-Völkern vermittelt wurden. Die Huronen wiederum bezogen von den Algonkin ihrerseits Trockenbeeren, Matten, Fisch, Felle und sie lieferten ihrerseits Perlenbänder, Wampums (Gürtel aus Muscheln), Netze, Mais – das Land der Huronen galt als »Kornkammer« der Algonkin (Tooker 1964, 25). Die Ankunft der Franzosen hatte auf den Handel der Huronen- und Algonkin-Stämme große Auswirkungen. Die Franzosen benötigten für einen wachsenden europäischen Markt große Menge an Fellen, sie lieferten dafür Dinge der europäischen Zivilisation; Gewehre brachten die Franzosen zunächst allerdings nicht in den Handel ein. Der Handel mit den Franzosen erfolgte teils direkt – Huronenhändler zogen bis zum Sankt-Lorenz-Strom und nach Quebec –, teils indirekt durch Algonkin-Mittelsmänner. Jeder hütete eifersüchtig seine Handelsmonopole. Innerhalb der Huronengesellschaft waren Handelsrechte Eigentum der Großfamilie.

Die katholische Mission

Die militärische und ökonomische Allianz zwischen Franzosen und Huronen kam nach und nach auch der katholischen Mission zugute. Deren Anfänge ab 1615 waren zunächst nicht besonders erfolgreich; einmal lag dies an den unflexiblen Missionsmethoden, die eher französisieren als missionieren wollten, zum andern nahm die augenblickliche wirtschaftliche und politische Sicherheit den Huronen allen Druck, ihre Traditionen zu verlassen. Man spricht gelegentlich von den »Goldenen Zwanzigern« der Huronen (Post 1997, 146).

Die Mission war 1615 von Franziskanern begonnen worden, deren Zahl für einen durchschlagenden Erfolg allerdings auch zu gering war; insgesamt hielten sich von 1615 bis 1629 nur 15 ihrer Missionare in ganz Neufrankreich auf, davon nie mehr als vier zur gleichen Zeit (Kuttner 1998, 133f.). Zwar bemühten sie sich, die Sprache der Huronen zu erlernen, doch es fiel ihnen schwer, sich, wenn auch nur für kürzere Zeit, in den Alltag der Huronen einzugliedern; ihnen war eher daran gelegen, junge Huronen Französisch und Latein lernen zu lassen, um ihnen später eine französische Seminarausbildung geben zu können. Interkulturelle Missverständnisse zwischen Huronen und Missionaren häuften sich; offenbar duldeten die Huronen ihrerseits die Missionare nur, weil sie den Pelzhandel mit den Franzosen nicht gefährden wollten.

Anders verhielten sich dagegen die Jesuiten, von denen sich zwei seit 1626 zusammen mit den Franziskanern bei den Huronen aufhielten. Im Erlernen der Sprache der Huronen sahen sie ihre erste wichtige Aufgabe. Und einem von ihnen, dem sprachbegabten Jean de Brébeuf, gelang das so gut, dass er bereits 1630 einen Katechismus in huronischer Sprache veröffentlichte, der erste gedruckte huronische Text überhaupt (Hanzeli 1969, 20). Die vorübergehende Eroberung Quebecs durch die Engländer 1629 beendetet diesen ersten Teil der Huronenmission.

Nach der Rückgabe Neufrankreichs an die Franzosen 1632 nahm die Mission, dieses Mal allein die der Jesuiten, einen neuen Anlauf. Die Huronen scheinen nach den Erfahrungen mit den Franziskanern von dem Zuzug neuer Missionare nicht begeistert gewesen zu sein; lieber hätten sie bewaffnete Hilfe der Franzosen in ihrem Land gesehen, zumal sie bisher mit den französischen Zivilisten besser zurecht gekommen waren als mit den Missionaren. Die Hoffnungen der Jesuiten dagegen waren groß. Gerade die Sesshaftigkeit der Huronen, im Gegensatz zu der halbnomadischen Lebensweise von Waldlandindianer in der Nachbarschaft, schien Gewähr für einen dauerhaften Missionserfolg zu bieten. Zudem versprach der huronisch-französische Handel stabile Rahmenbedingungen für die Mission.

In dieser zweiten Hälfte der Huronenmission stellten sich bald größere Erfolge ein: Die Missionare lernten systematisch die Sprache der Huronen und versuchten, deren Kultur zu begreifen und sich weitgehend der einheimischen Lebensführung anzupassen. Zum Zweiten veränderten verheerende Seuchen 1634–1640 (vor allem Pocken), die die ganze Gegend heimsuchten, die Situation grundlegend. Die Huronen verloren etwa die Hälfte ihrer Bevölkerung. Die totale Resistenz der europäischen Missionare gegen diese Seuchen steigerte zunächst deren Ansehen. In den Augen der Huronen wirkte auch in vielen Fällen die Taufe als mächtige Medizin, zu Anfang der Epidemien jedenfalls. Die eigenen Medizinmänner dagegen wirkten angesichts der Seuchen macht- und hilflos.

Das Andauern der verheerenden Seuchen bremste den wachsenden Missionserfolg jedoch bald. Die für die Mission zunächst günstige Stimmung änderte sich, als auch die Missionare der eingeschleppten Krankheiten nicht Herr werden konnten. Was anfänglich als Hilfe gegen die Krankheit gesehen wurde, geriet in den Augen vieler Huronen zunehmend zum Schadenszauber selbst. So gerieten die Missionare bald in die Rolle des Schadenszauberers, nicht zuletzt auf Druck der Medizinmänner; auch die Resistenz der Missionare gegen die Seuchen brachte sie selbst zudem immer mehr in ein schlechtes Licht, sodass man bald sogar deren Vertreibung als alleiniges Heilmittel öffentlich diskutierte. Die Medizinmänner hatten von allen das größte Interesse an diesem Stimmungsumschwung gegen die Mission, die ja gerade ihre Existenz gefährlich bedrohte. Die Missionare ihrerseits erklärten die Epidemien als Strafe Gottes für das sündige Leben der Huronen.

So boten sich den Huronen zwei gegensätzliche Lösungsansätze in der Abwehr gegen die Krankheiten, die der Faktionierung der Huronengesellschaft in frankophobe und frankophile Huronen entsprach: die Vertreibung der Missionare als Lösung der Medizinmänner einerseits und die Unterordnung der Huronen unter die Mission andererseits, also der Bruch mit den Franzosen oder der Bruch mit den Traditionen und damit auch auf lange Sicht mit der traditionellen Kultur.

Die Huronen suchten einen Mittelweg: Sie wollten die Missionare dulden, gleichzeitig an ihren traditionellen Vorstellungen und Riten, also auch an ihren Medizinmännern, so weit wie möglich festhalten. Dies entsprach auch dem allgemeinen Verhaltensmuster der Huronen, demzufolge Konflikte möglichst im Konsens gelöst werden mussten. Die Vorteile der großen Handelsallianz, die auch von einem Teil der Huronen gesehen wurde, ließen nach diesem Ausweg suchen, nämlich Missionierung nur so weit, dass die Traditionen nicht gefährdet wurden. Dass die Macht der Medizinmänner damit etwas eingeschränkt wurde, nahm man in Kauf. Das Abflauen der Seuchen um 1640 gab der Mission wieder etwas mehr Atemfreiheit.

Die christliche Mission fand bei den Huronen wenig Anknüpfungspunkte, wenn sie kirchliche Gemeinden nach europäischem Stil schaffen wollte, in denen Ritus und Kult straff organisiert und damit die spirituelle Herrschaft des Priesters gewährleistet werden konnte. Die Verdrängung der Medizinmänner, die eine spirituelle Konkurrenz darstellten, war damit oberstes Gebot des missionarischen Programms. Dem entsprach auch das Bemühen der Mission, die individualistisch geprägte Spiritualität der Indianer, die ihnen ermöglichte, frei mit den Geistwesen zu kommunizieren, in den kirchlichen Rahmen einzubinden und so zu kanalisieren. Freilich entsprachen dem Anspruch des Missionars auf spirituelle Herrschaft auch Pflichten, die nicht selten bis zum Einsatz des eigenen Lebens gehen konnten.

Der Untergang der Huronen

Anfang der 1640er-Jahre aber setzten die Überfälle der Irokesen wieder ein. Der Handel mit den Franzosen wurde empfindlich gestört und verlor an Lukrativität. Die lange Abwesenheit vieler Männer auf Handelsreisen nach dem weit entfernten Sankt-Lorenz-Strom schwächte die Abwehrkraft der Dörfer zu Hause. Die langen Handelswege waren natürlich auch besonders anfällig für Übergriffe der Irokesen, was den Handel schließlich sehr einschränkte.

Seit 1639 hatten die Irokesen leichteren Zugriff auf die begehrten Gewehre der Weißen, die sie nun von Holländern und Engländern erhandeln konnten, was ihnen große militärische Vorteile über die Huronen verschaffte. Die Franzosen andererseits händigten nämlich nur getauften Indianern die begehrten Feuerwaffen aus. Daher wurde die Anwesenheit der Missionare in dieser Situation als Heilmittel gesehen. Denn getauft zu werden, brachte nun dem einzelnen Huronen einen dringend benötigten Vorteil, der äußere Missionserfolg stieg damit natürlich.

Den Huronen gereichte es auch zum Nutzen, dass inzwischen die kleine französische Missionskolonie in ihrem Land durch französische Soldaten geschützt wurde. Auch bewährte sich die Mission als Nahrungsmittel-Lieferant für die Huronen, als deren eigene Bestellung der Felder durch die andauernden Irokesenüberfälle behindert wurde und es zu Hunger und Not unter den Huronen kam. Die karitative Rolle der Kirche erreichte im Allgemeinen nur die Getauften und bot hier durchaus ein beachtliches Mittel zur Machtausübung. Die Mission wuchs und gedieh erstaunlich, 1649 hatte der Anteil der Christen etwa 50% erreicht (Post 1997, 174), was wenige Jahre zuvor niemand zu ahnen gewagt hätte.

Insgesamt führte allerdings der zunehmende Erfolg der katholischen Mission auch dazu, dass die Stämme der Huronen innerlich immer mehr zerrissen wurden. Den christlichen Huronen war es nicht mehr erlaubt, an vielen traditionellen Riten und Festen teilzunehmen, wichtige Distributionsverpflichtungen wurden also vernachlässigt. Je erfolgreicher die Missionare wurden, umso kompromissloser stellten sie sich gegen die traditionelle Religion. Die Traditionalisten, an ihrer Spitze die Medizinmänner, wehrten sich vergeblich.

Die Tradition verlor ihre Integrationskraft, die Einheit der Huronen war zersplittert. Das hatte zur Folge, dass gegen die angreifenden Irokesen keine einheitliche Abwehrstrategie gefunden werden konnte. Die Huronen waren gespalten in einen christlichen und einen traditionalistischen Teil, der Graben ging durch Familien hindurch und zerstörte Freundschaften. Der zum Überleben so notwendige gesellschaftliche Konsens war verloren gegangen. Selbst eine Annäherung der Kriegsparteien, die sich 1645 anbahnte, ließ sich nun nicht mehr durchsetzen.

Unter dem Druck der Irokesen verlor die militärische und ökonomische Allianz mit den Franzosen zunehmend an Wirkung und Sinn. Mit dem Untergang und der Vernichtung des Huronenvolkes war natürlich auch die Mission zu Ende. 1650 verließen die Missionare das Huronenland, die Huronendörfer hatten sich aufgelöst. Eine Gruppe von 600 christlichen Huronen folgte den Missionaren nach Quebec, wo deren Nachfahren, die Huronen von Lorette, heute noch leben. Viele Jahre hindurch praktizierten sie den gewohnten Ackerbau, der später in den Hintergrund trat; Handwerk, Fischfang, Jagd und Fallenstellen kamen hinzu. Die Zahl der Huronen, die zu dieser Reservation gezählt werden, wird für 1971 mit ca. 1000 angegeben (Morisonneau 1978).

Andere Huronen-Gruppen suchten Zuflucht bei benachbarten Völkern im Süden und im Westen des Gebiets der Großen Seen. Sie versuchten, ihre gewohnte Lebensweise mit einer Mischung von Ackerbau, Jagd, Fischfang und Pelzhandel fortzusetzen, wo immer sie gerade siedelten. Nach 1671 konzentrierten sich diese Gruppen im Gebiet zwischen Lake Michigan und Lake Huron in Mackinac; sie zogen Anfang des 18. Jahrhunderts weiter in die Gegend von Detroit, ein Teil davon 30 Jahre später nach Ohio zum Sandusky-Fluss. Mitte des 19. Jahrhunderts zogen sämtliche Huronen oder Wyandot von dort Richtung Westen nach Kansas, wo sie Land erhielten und zusammen mit Delawaren siedelten, wenig später zog eine Gruppe von 200 Wyandot weiter nach Oklahoma, wo sie bei Seneca siedelten. Heute (im 20. Jahrhundert) zählt diese Gruppe im Oklahoma-Reservat ca. 900 Personen (Tooker 1978).

Ein guter Teil der Huronen, die 1650 ihre alte Heimat verließen, wurde von irokesischen Stämmen südöstlich des Lake Ontario, wie den Senecas, Onondagas und Mohawks, aufgesogen. Sie waren mehr als willkommen, da sie die großen Verluste durch die Epidemien, die auch die Irokesen betroffen hatten, ausgleichen halfen. Viele christianisierte Huronen hielten hier an ihrem christlichen Glauben fest auch ohne Missionare, sie bildeten sog. »gefangene Kirchen« und waren einer der Gründe, warum bald die Mission auch unter den Irokesen willkommen war, wenngleich sie damit auf Probleme neuer Art stieß (Post 1997, 204ff.).

Dem Volk der Huronen hatte die Begegnung mit den Weißen letztendlich nur den Untergang und die Auflösung als politische und kulturelle Einheit bringen können. Die von den Weißen eingeschleppten Seuchen, in der Kolonialgeschichte auch in anderen Gegenden der Welt als »Mikrobenschock« bekannt, dezimierten die Bevölkerung; die »geglückte« Mission schließlich zerstörte die lebensnotwendige Einheit der Stämme, die so zur leichten Beute der kriegerisch überlegenen Nachbarn wurde.

Heiler, Hexer und Schamanen – Rausch und Wirklichkeit

Die Matsigenka von Südostperu

Der Stamm der Matsigenka besiedelt heute den tropisch-feuchten Regenwald im Einzugsbereich des oberen und mittleren Urubamba und seiner Nebenflüsse, dazu im Osten das Gebiet bis zwischen Rio Manú und Rio Alto Madre de Dios, ein Stück also des riesigen Quellgebietes des Amazonas-Systems. Im Westen wird ihr Siedlungsgebiet begrenzt durch die Cordillera de Vilcabamba, die Wasserscheide zwischen dem Urubambatal und dem Rio Apurimac. Es gehört zum größten Teil zu den Ostabhängen der Anden (Monta Za) und erstreckt sich von 300 m Höhe ü.d.M. bis 1200 m. Als Hauptverkehrswege dienen die zahlreichen großen und kleinen Flüsse und Wasserläufe des Gebietes.

Der Name Matsigenka (Matsiguenga, Machiguenga) ist die Selbstbezeichnung des Stammes und hat die Bedeutung »Leute«. In älterer Literatur werden die Matsigenka mit dem nordwestlichen Nachbarstamm der Campa unter dem Namen »Anti« zusammengefasst. Als eigener Stamm werden die Matsigenka erst in den letzten Jahrzehnten gesehen. Noch das »Handbook of South American Indians« von 1948 zählt sie als Untergruppe zu den Campa, und es widmet ihnen lediglich knappe sechs Zeilen (Steward and Métraux 1948, 539; vgl. Carrasco Hermoza 1970, 231). Man schätzt die Bevölkerungszahl heute auf 7000 bis 12000, nachdem sie im Kautschukboom dieser Gegend Anfang des Jahrhunderts mit seinen schädlichen Fremdeinflüssen arg geschrumpft war (Johnson and Johnson 1994, 230).

Das Matsigenka, die Sprache des Stammes, gehört zur weit verzweigten Sprachfamilie des Aruak, der am weitesten verbreiteten Sprachfamilie Südamerikas, deren Verbreitungsgebiet von der Karibik im Norden bis nach Paraguay im Süden, von Brasilien im Osten bis nach Peru im Westen reicht (Payne 1991, 360ff.). Innerhalb des Aruak gehört das Matsigenka, wie die Sprachen der Nachbarstämme Campa und Piro etwa, der Gruppe des »Präandinen Aruak der Monta Za« an (Baer 1984, 50). Doch wie so oft in der Linguistik ist auch hier die sprachliche Zuordnung nicht ganz unumstritten. Trotz historischer Kontakte mit anderen, vor allem Quetschua-sprechenden Andenvölkern finden sich im Matsigenka nur wenige Lehnwörter aus dem Quetschua. Neben den genannten jüngeren linguistischen Publikationen informieren die beiden Aufsätze von Mary Ruth Wise über das Matsigenka (1985, 1986).

Obwohl katholische und protestantische Missionare (Dominikaner und SIL) seit Beginn des 20. Jahrhunderts im Gebiet der Matsigenka tätig sind, gibt es bis zu den 70er-Jahren kaum zuverlässiges ethnographisches Material, das in nennenswertem Umfang publiziert vorläge. Enttäuschend ist dies vor allem, was die katholischen Missionare angeht, denn in anderen Teilen der Welt stammen gerade aus ihren Kreisen beachtliche ethnographische Beiträge. Baers Vermutung jedenfalls, dass Mission a priori »die kulturelle Situation, insbesondere die Religion der indianischen Gruppen als deren eigenständige Leistung« nicht würdigen könne oder wolle, scheint mir unberechtigt zu sein (1984, 17).

Jedenfalls setzt die gründliche Erforschung der Matsigenka-Kultur erst in den 60er-Jahren ein. 1970 publizierte Juan R. Carrasco Hermoza einen umfangreichen ethnographischen Bericht, beruhend auf Literaturstudium und eigenen Beobachtungen. France-Marie Casevitz (bzw. Casevitz-Renard oder Renard-Casevitz) bereiste seit 1969/70 das Gebiet des Oberen Urubamba und legte inzwischen mehrere Publikationen vor (1972, 1980/1981, 1988, 1991). Seit 1972 forschen Allen und Orna Johnson über die Matsigenka; auch von ihnen gibt es inzwischen mehrere Publikationen (z.B. A. Johnson 1975, 1983, 2003; O. Johnson 1978; Johnson and Johnson 1975, 1994; Johnson and Earle 1987).

Ging es bei den eben genannten Autoren vor allem um die ökologischen Grundlagen, um die Wirtschaftsweise, um das Verwandtschaftssystem und um die Sozialstruktur der Matsigenka, so steht im Zentrum der Forschungen des Baseler Ethnologen und ehemaligen Museumsdirektors Gerhard Baer die Religion der Matsigenka. Baer ist sicher der Ethnologe, der sich am längsten und gründlichsten mit der Matsigenka-Kultur auseinandergesetzt hat. Zwischen 1968 und 1978 hielt er sich zu fünf längeren Feldforschungen bei den Matsigenka auf; Ergebnis ist eine umfangreiche Sammlung von ethnographischen Daten in Form von Arbeitsnotizen, Fotos und Filmen, Tonbändern. In zahlreichen Publikationen legte er diese Daten vor, diskutierte und interpretierte er sie (vgl. die Literaturliste). Seine Arbeit gipfelt in dem 1984 publizierten gründlichen und monumentalen Hauptwerk, der Monographie »Die Religion der Matsigenka, Ost-Peru«.

Der ethnographische Rahmen

Die Matsigenka siedeln, soweit sie ihrer angestammten Tradition folgen, in kleinen Weilern, in Gruppen von etwa 7 bis 25 Personen, die einer oder mehreren Familien angehören. Für ihre semipermanenten Siedlungen bevorzugen sie Hügel oder Bergrücken, die ihnen einen gewissen Schutz vor äußeren Feinden bieten, wie sie in früheren Zeiten etwa Sklavenjäger darstellten. Die Häuser werden am Rande von Wasserläufen errichtet, normalerweise umgeben von einer Waldlichtung mit einem kleinen Garten am Rande. Diese weit verstreuten kleinen Siedlungen hatten den Vorteil, dass man so dem Streit um die begrenzten wirtschaftlichen Ressourcen aus dem Weg gehen konnte. Im Übrigen verlagern die Matsigenka von Zeit zu Zeit ihre Siedlungen, etwa wenn der Boden so weit ausgelaugt ist, dass er nicht mehr genügend zur Ernährung der Gruppe beitragen kann.

Denn die Matsingenka sind Brandrodungsbauern, sie betreiben Schwendbau. Alle vier bis fünf Jahre roden sie ein Stück Wald für ihren Garten. Hauptanbaupflanzen sind Maniok, Mais, Yams, Süßkartoffeln, Taro, Bananen, Ananans, Bohnen, Zuckerrohr, Kräuter, Gewürze, Rausch- und Heilpflanzen und vieles mehr, wie die Auflistungen von G. Baer zeigen (1984, 64–69; Johnson 1983, 40–42). Dieser Gartenbau steuert den weitaus größten Teil der täglich benötigten Nahrung bei (90 % der Kalorien). Wer den Garten anlegt, hat darüber ein Nutzungsrecht, solange dieser bewirtschaftet wird. Wird der Garten aufgegeben, gehört er wieder der Allgemeinheit.

Jagd, Fischfang und Sammeln sind demgegenüber weniger bedeutend; sie liefern freilich die prestigeträchtigeren und begehrteren Erträge. Während Männer und Frauen, wenngleich in unterschiedlicher Weise, sich um den Gartenbau kümmern, ist die Jagd allein Sache der Männer. Doch diese verbringen mit der Jagd nicht ein Drittel der Zeit, die sie für den Garten aufwenden. Der größte Teil der Jagd wird immer noch mit Pfeil und Bogen oder mit Fallen bestritten, hinzu kommen Schrotgewehre, die eine erfolgreichere Jagd ermöglichen. Beutetiere sind Tapire, Wildschweine, Affen und Vögel.

Eine etwas größere Rolle spielt demgegenüber der Fischfang, an dem sich wiederum Männer wie Frauen beteiligen. Man fischt mit Angel und Köder, mit Netzen, aber auch mit Fischgift; Letzteres stellt eine besonders ergiebige Art der Fischerei dar, doch es bedarf dazu auch besonderer Anstrengungen einer größeren Gruppe, da ganze Flussteile abgedämmt werden müssen. Am Sammeln von Wildfrüchten, Pflanzen und Kleintieren beteiligen sich alle, wann immer möglich. Obgleich die Matsigenka Hühner und Enten halten, kann von einer eigentlichen Haustierhaltung kaum die Rede sein; man isst diese Tiere nur in Notzeiten, im Übrigen verkauft man sie an Fremde. Handel in größerem Stil kennt die traditionelle Wirtschaft der Matsigenka darüber hinaus nicht; was an Handel nötig ist, wird im Tausch erledigt.

Fast alles, was die Matsigenka an materiellen Gütern und Gegenständen zum Leben benötigen, fertigen sie selbst an; Ausnahmen sind Macheten und Äxte, Aluminiumtöpfe und ein Teil der Kleidung. Ihre halbnomadische Lebensweise, die Lust am Reisen, an der Mobilität überhaupt, reduziert den Bedarf natürlich sehr. Der Sachgüterbestand enthält darum vor allem Gegenstände, die ein verhältnismäßig geringes Gewicht haben und die aus den Materialen der Umgebung leicht hergestellt werden können (Pfeil und Bogen, Matten, Netze, Kalebassen und Bambusbehälter usw.).

Die Matsigenka zählen ihre Verwandtschaft in väterlicher und mütterlicher Linie. In ihren Verwandtschaftstermini unterscheiden sie zwischen Parallelcousins/-cousinen und Kreuzcousins/-cousinen. Letztere, also Kinder zweier Geschwister verschiedenen Geschlechts, sind potentielle Heiratspartner. Jung verheiratete Paare siedeln oft in der Nähe der Brauteltern; so ist die Frau bei der Geburt ihres ersten Kindes nahe bei ihrer Mutter, der junge Mann kann den Brautpreis leisten, indem er die Schwendfelder seiner Schwiegermutter bebaut. In späteren Jahren kann ein Paar den Siedlungsort ziemlich frei wählen. Man sucht sich den Heiratspartner in der Nachbarschaft, d.h. nicht aus weit entfernten Gegenden. Die Kinder werden früh sozialisiert, ab fünf Jahren wachsen sie in ihre Geschlechterrollen hinein.

Erbschaftsprobleme ergeben sich kaum, da die materiellen Besitztümer, wie gesehen, nicht sehr langlebig sind. Gegenstände wie Äxte oder Spiegel werden vom Vater auf den Sohn oder von der Mutter auf die Töchter weitergegeben. Polygynie ist möglich, kommt jedoch nicht sehr häufig vor; die Frauen wohnen in diesem Falle zwar im selben Haus, doch sie haben dann jeweils ihre eigenen Feuerstellen, ziehen ihre eigenen Kinder groß, wirtschaften auf eigene Rechnung.

Die typische häusliche Einheit ist der Haushalt einer Kernfamilie mit einem 5 × 10 m großen Haus. Größere Einheiten, mit mehr als einem verheirateten Paar etwa oder mit zusätzlichen ledigen Verwandten, sind zwar möglich, doch sie dauern selten längere Zeit. Mehrere solcher Häuser, in der Regel miteinander verwandt, bilden eine Siedlung. Der Haushalt der Kernfamilie ist die soziale Grundeinheit. Er ist wirtschaftlich selbständig und weitgehend unabhängig, wenngleich die Familien einer Siedlung ihre Überschüsse von Jagd und Fischfang großzügig untereinander teilen.

Der verwandtschaftliche Zusammenhalt, etwa der in der Nachbarschaft wohnenden und siedelnden Familien, spielt für die Matsigenka eine große Rolle, denn er gewährt soziale und auch wirtschaftliche Sicherheit. Um dieses Verwandtschaftsnetz so weit wie möglich auszuweiten, werden oft auch fiktive Verwandtschaftsbeziehungen erfunden und gepflegt.

Auch politisch ist der Haushalt in der traditionellen Ordnung die wichtigste unterscheidbare Einheit; er ist weitgehend autonom. Es gibt keine Häuptlinge oder Leitungsgremien, die wirksam in diese Autonomie eingreifen können. Eine gewisse Autorität können sich Schamanen oder andere charismatische Persönlichkeiten erwerben, wenn sie ihre Häuser zu Zentren von Festen und Essen machen oder werden lassen, an denen die ganze Siedlung partizipiert.

Letzteren kann man das Amt des *itinkami* zuordnen, eine Art Häuptlingsamt, das auf einer übergeordneten Ebene angesiedelt ist und heute keine große Rolle mehr zu spielen scheint. In früheren Zeiten erstreckte sich der Einfluss des *itinkami* jeweils auf einen größeren Flussabschnitt mit zugehörigem Hinterland und erreichte ca. 250 Personen. Er war verantwortlich für gemeinschaftliche Unternehmungen wie z.B. Fischfang mit Gift oder größere Handelsreisen auf den Flüssen, er vertrat die größere Gruppe Außenstehenden gegenüber; er bewirtete Gäste. Seine Autorität wuchs ihm aufgrund seiner Führungsqualität zu; seine Position wurde durch eine möglichst große Verwandtschaftsgruppe gestützt; seine meist polygame Familie produzierte Nahrungsüberschuss, der wiederum an die größere Gruppe verteilt werden konnte und damit zum Wachsen des eigenen Prestiges beitrug. Baer bezweifelt, ob heute Schullehrer bei den Matsigenka diese Rolle übernehmen können (1984, 91–93; vgl. dagegen Johnson and Johnson 1975, 637).

Die Gesellschaft der Matsigenka kennt auch andere Elemente der Hierarchisierung und Stratifizierung. So lässt sich eine Gruppe von Menschen ausmachen, denen ein niederer sozialer Status und geringere Rechte zugestanden werden: die Unfreien. Dazu gehören etwa uneheliche Kinder, unerwünschte Kinder, Waisen, die nicht von einer großen Verwandtschaft aufgefangen werden. Sie sind vielerlei Formen der Ausbeutung unterworfen.

Die soziale Kontrolle wird informell durch die Gruppe ausgeübt; wer aus der Rolle fällt, wird öffentlich bloßgestellt. Nach größeren Vergehen, wie sie etwa Mord, Tötung oder Inzest darstellen, wird der Schuldige aus der Gemeinschaft verbannt. Streit im Dorf, wie er nicht selten nach übermäßigem Alkoholgenuss ausbricht, wird in der Regel verbal ausgetragen.

Die Anwendung physischer Gewalt ist verpönt; sie führt meist dazu, dass Betroffene die Gemeinschaft für eine gewisse Zeit oder für immer verlassen.

Die Weltsicht der Matsigenka

Über die Entstehung des Kosmos, über die Erschaffung der Menschen, der Tiere und Pflanzen und der Dinge berichten die zahlreichen Mythen der Matsigenka. Der Kosmos besteht nach Ansicht der Matsigenka aus mehreren Schichten, die untereinander mit unsichtbaren Wegen verbunden sind, die der Schamane in seiner Trance sehen und gehen kann. Nach der sehr detaillierten Zeichnung eines Informanten beschreibt Baer den Aufbau der Welt aus der Sicht dieses Informanten (1984, 227 ff.):

Der Himmel stellt mit drei Schichten den ersten, oberen Teil dar. Die oberste Himmelsschicht enthält Mond, Sonne und Sterne, einen dämonenhaften Kometen, einen himmlischen Fluss (die Milchstraße); wer in Letzterem badet, häutet und verjüngt sich und wird unsterblich. Darunter befindet sich eine zweite Schicht mit Häusern, deren Bewohner *(osharite)* im Himmelsfluss fischen gehen; dazu finden sich hier die Häuser des Falken und des Vogels *inkityeriki*. Alle Bewohner der beiden genannten Schichten haben Menschengestalt. Die unterste Himmelsschicht ist die Wolkenschicht. Hier sind die Häuser der Ertrunkenen, der Geier – auch sie in menschlicher Gestalt, hier sind die Wolken und der Regen. Früher reichte bis hierhin die Himmelsliane, die einst die Himmelsschichten mit der Erde verband.

Darunter folgt ein leerer Zwischenraum, die Luftschicht über der Erde. Die nächste Schicht ist die Erde, wo die Menschen leben, die Schamanen, aber auch die *saankarite*, die der Schamane auf seinen Reisen besucht. Die unterste Schicht stellt die Unterwelt dar, die durch einen Weg mit der Erde verbunden ist. Hier halten sich die Toten auf, der Vogel *koshirigitoni*, der über die Kranken wacht, der schwarze Affe, der auf die Seelen der Kranken lauert. Auch gibt es hier einen großen Fluss, in dem die Toten fischen. Zuunterst finden sich die in dämonische Enten verwandelten Nachtvögel und ganz am Rande die zu den Toten gehörenden Weißen bzw. Peruaner.

Mit der Selbstbezeichnung *matsigenka* (Leute, Volk, »Menschen«) grenzen die Matsigenka sich von den Nachbarstämmen oder den Hochlandindianern und den Weißen ab. Während sie die Nachbarstämme noch irgendwie der Kategorie »Mensch« zuordnen, ist es mit den Hochlandindianern und den Weißen, also den übrigen Peruanern, anders. Letztere werden nicht als vollwertige Menschen angesehen, denn, so heißt es, sie äßen keinen Maniok (Yuca); damit rücken sie in die Nähe von dämonischen Wesen, deren wesentliches Kriterium ist, dass sie eben kein Yuca-Bier trinken und keinen Maniok essen und daher unglücklich sind (Baer 1984, 124f., 178).

Doch werden mit dem Ausdruck *matsigenka* nicht nur die Angehörigen des Matsigenka-Stammes bezeichnet; er kann auch auf außermenschliche Personen angewandt werden wie z. B. auf die »guten Geister« (*saankarite;* die Unsichtbaren, die Reinen). Selbstverständlich unterscheidet man zwischen Menschen und außermenschlichen Personen. Doch man fasst andererseits beide Gruppen mit bestimmten Tieren (Herdentieren) zu einer eigenen Kategorie zusammen, denn man sieht auch eine nahe Verwandtschaft zwischen den drei Gruppen: Gemeinsam ist ihnen, dass sie sich versammeln.

Den Unterschied zwischen Menschen und den Unsichtbaren zeigen die Dichotomien: sterblich/unsterblich; unrein/rein; machtlos/machtvoll. Bei Tieren unterscheidet man, ob sie essbar oder nicht essbar sind. Wie die Menschen haben auch die Tiere Seelen, die nach dem Tod allerdings unterschiedliche Schicksale erfahren. Die Nähe der Tiere zu den Menschen rührt daher, dass die Tiere früher Menschen waren und in mythischer Zeit ihre jetzige Tiergestalt erhalten haben. Sie gelten als die »minderen Brüder« der Menschen.

Die traditionelle Religion der Matsigenka

Die Matsigenka kennen drei Kategorien von außermenschlichen Personen:

1) Die Reinen, die Unsichtbaren, die guten Geister *(saankarite)*,
2) die Gottheiten *(tasorintsi)*,
3) Totengeister, Dämonen *(kamagarini)*.

Die *saankarite* sind von Gott erschaffen; mit ihnen wird Vollkommenheit in jeder Beziehung assoziiert. Sie sind unsichtbar, rein, unsterblich, schön und wohlriechend; sie brauchen nicht zu schlafen, sie essen, trinken, berauschen sich, singen, tanzen, musizieren; sie altern nicht, erkranken nicht, sie legen Pflanzungen an, sie haben Familie und Kinder, doch sie meiden sexuellen Verkehr. Die *saankarite* sind also Wesen, die rituell rein und damit sündlos sind, die machtvoll, den Menschen unter normalen Umständen unsichtbar sind, die unsterblich sind. Sie lieben das Maniokbier, sie mischen sich gelegentlich unter die feiernden Matsigenka, die rituell rein leben. Sie führen ein ewiges, aber ein unkörperliches Leben; sie sind luftige, ätherische Wesen. In der großen Gruppe der guten Geister gibt es mehrere Untergliederungen mit jeweils eigenem Namen, je nachdem wo sie wohnen, wie sie aussehen und welche Erscheinungsformen sie haben, welche Bedeutung sie für die Matsigenka haben.

Ebenso unsichtbar, aber viel mächtiger als die *saankarite* sind die Gottheiten, die *tasorintsi*. Ihr Hauch hat besonders große Kraft, er kann Dinge und Lebewesen erschaffen oder verwandeln. Während es bei den guten Geistern nur Namen für die einzelnen Gruppen, aber nicht für Individuen gibt, werden die einzelnen Gottheiten mit Namen genannt. So heißt etwa der Sonnengott Poreatsiri, der Mondgott Kashiri, die Erdgottheit Kipatsi usw. (vgl. Baer 1984, 167). Die Sonnengottheit gilt als Sohn des Mondgottes, der noch andere Sonnensöhne hatte; zusammen bilden sie die Gruppe der Gestirngötter. Die meisten der Gottheiten sind männlich. In Urzeiten haben sie den Kosmos gestaltet und den Menschen die Kulturgüter gebracht.

Während die *saankarite* im Wesen gütig und den Menschen wohlgesonnen sind, ist das Wirken der *tasorintsi* eher ambivalent. So ist z. B. der Mond ein Wohltäter der Menschen; er brachte ihnen Maniok und viele andere Nutzpflanzen. Er leuchtet in der Nacht und vertreibt das gefürchtete Dunkel. Doch er ist auch ein Kannibale, der Menschen frisst. Ein Teil der Gottheiten werden im Himmel lokalisiert, andere dem Bereich der Erde, vor allem aber der Unterwelt, zugeordnet. Ob die oberste Schöpfergottheit der Matsigenka, die den Namen »Tasorintsi« trägt (ein Name, den die Missionare für den christlichen Gott übernahmen), wie sie der Dominikanermissionar S. Garcia beschreibt, eine rein indianische Gottheit ist, lässt sich bezweifeln; Baer meint, »es hätten sich hier indianische Züge eines Schöpfergottes mit Zügen der christlichen Gottheit vermischt« (Garcia 1935–37, zit. in Baer 1984, 175).

Das vollkommene Gegenstück zu den »guten Geistern« bildet die dritte Kategorie der außermenschlichen Wesen, die *kamagarini*, die Totengeister und Dämonen; sie bringen Krankheit und Tod. Auch sie sind unsichtbar und machtvoll; doch sie sind Furcht erregend, sie sind für die Matsigenka eine allgegenwärtige Bedrohung. Ihr bevorzugter Aufenthaltsort ist der Busch, sind steinige, felsige Gebiete, sind Flusswirbel und Stromschnellen. Die Zeit, die sie für ihr Wirken bevorzugen, ist die Nacht; in der Nacht suchen die *kamagarini* ihre Opfer; sie sind Wesen der Dunkelheit und der Finsternis. Sie werden mit Regen assoziiert. Die Matsigenka unterscheiden eine große Zahl von Untergruppen der *kamagarini*, für die sie jeweils eigene Namen haben; S. Garcia gibt eine Liste mit 20 Namen (zit. in Baer 1984, 179).

Krankheit und Tod werden von den Matsigenka letztlich als Folge aggressiver Handlungen der *kamagarini* gesehen. Sie sind das Ergebnis von bösen, »dämonischen« Verhaltensweisen bzw. Eigenarten der Menschen, die die Gemeinschaft bedrohen, stören und zerstören, wie z. B. Mordlust, Zorn, Rachsucht, Inzest, Geiz. Im Verständnis der Matsigenka »kooperieren« *kamagarini* und menschliche Aggressoren und Hexer zum Schaden der Menschen. Wird jemand krank oder stirbt jemand, so steckt immer ein Dritter dahinter, ein Schuldiger.

Krankheit und Tod sind fast immer auch Ausdruck und Folge sozialer Konflikte oder der Störung der gesellschaftlichen oder der psychosozialen Ordnung. Zu den zahlreichen Faktoren, die die psychosoziale Balance stören und Krankheiten verursachen, gehören auch das Brechen von Nahrungstabus, das Missachten von bösen Träumen oder anderen schlechten Vorzeichen, das Vernachlässigen sozialer Pflichten wie ungerechtes Verteilen von Fleisch und Fisch, Diebstahl, Faulheit.

Zur Entstehung von Krankheiten erzählt Baer ein Beispiel (1992, 84): Wenn ein Matsigenka eine Reihe von wichtigen Tabus gebrochen hat und dadurch befleckt wurde (»stained«), mag er Angst bekommen; dann öffnet sich sein Leib und er wird schutzlos, sodass Pfeile von bösen Schamanen oder von ihren dämonischen Verbündeten in den Leib eindringen können. Das führt zu Krankheit und unter Umständen sogar zum Tod. Wenn der Leib geöffnet ist, kann das »Traum-Ich«, die Seele, den Körper verlassen. Auch diese bedrohliche Situation kann Krankheiten und Tod bringen. In beiden Fällen ist es die Aufgabe des heilenden Schamanen zu helfen: Er entfernt die »Geschosse« aus dem Körper und er bringt die entflohene Seele zurück.

Ein anderes Heilmittel, ein Mittel der Prävention eher, ist das Bemalen des Gesichtes und des Körpers. Es wirkt wie ein Schutzschild und es schreckt übel wollende Geister und Dämonen ab.

Die Schamanen

Die wichtigsten religiösen Funktionsträger der Matsigenka sind die Schamanen, *seripigari* (es gibt kaum Schamaninnen). Das Ayahuasca-Ritual des Schamanen ist das wichtigste religiöse Ritual (vgl. Andritzky 1989 zur Rolle dieses Rituals in Ostperu). Der Schamane ist, wie oben angedeutet, vor allem Heiler. Doch sein Aufgabengebiet ist weiter gespannt:

1) Er ist der Mittler zwischen außermenschlichen Personen und Mächten und seiner Gruppe, vor allem der eigenen Familie, gelegentlich auch der Großfamilie, den Leuten seiner Siedlung oder Dorfschaft usw.; und darin hat er fast ein Monopol. Vor allem pflegt er den Kontakt mit den guten Geistern *(saankarite)*.
2) Er ist ein Seher. Durch die Einnahme von halluzinogenen Drogen wird er fähig, die Verbindung zu den *saankarite* herzustellen und die außeralltägliche Realität zu erfassen und zu »sehen«.
3) So kann er für seine Gruppe wichtige Schutzfunktionen erfüllen. Er

schützt vor Totengeistern und anderen todbringenden Dämonen, er diagnostiziert und heilt Krankheiten, die von diesen im Bunde mit Zauberern, Hexern oder anderen feindlichen Mächten verursacht sind. In Notzeiten (Hunger, sonstiges Unheil) erkennt er die Ursachen und kann die *saankarite* um Abhilfe bitten. Er durchschaut Störungen des sozialen Gleichgewichts. Er strebt nach rituell reinem Verhalten bei sich und seiner Gruppe; so versucht er, sich und seine Gruppe zu »erlösen«, d.h. ohne Tod in das Land der *saankarite* zu kommen.

Der Schamane der Matsigenka wird nicht zu seinem Amt berufen; er wählt es sich selbst nach eigenem freien Willen. Hat er sich entschieden, beginnt er das Trinken des bitteren Absuds von Ayahuasca *(Banisperiopsis)* zu üben und/oder anderer halluzinogener Pflanzen (z.B. Datura). Auch der Tabak gilt als Rauschmittel; er wird geraucht oder sein Absud wird getrunken. Ja, »Schamane« heißt wörtlich übersetzt: der vom Tabak Berauschte. Das Einnehmen solcher psychotroper Drogen führt zur Trance, der Voraussetzung der Begegnung mit den Schutzgeistern. Am Beginn der Karriere des Schamanen steht eine gründliche Zeit der Ausbildung und Lehre (bis zu fünf Monate), während der der Lehrling im Haus eines erfahrenen Schamanen wohnt. Er ist besonderen Nahrungstabus unterworfen, muss sich geschlechtlichen Verkehrs enthalten. Die Ausbildung des Novizen erfolgt zunächst durch den Lehrmeister, aber auch während einer Schamanensitzung etwa durch den herabkommenden Schutzgeist des Meisters.

Wichtiger Teil der Lehrzeit ist die Initiation. Der Novize begegnet dabei verschiedenen außermenschlichen Personen aus dem Kreis der *saankarite*, die seine Schutz- und Hilfsgeister werden. Er erhält von ihnen Steine, schwarze Kiesel und durchsichtige Kristallsteine, denen er täglich Tabak als Nahrung geben muss. Die Steine symbolisieren den Ort, wo sich die Schutzgeister des Schamanen aufhalten. Sie können die Gestalt eines Menschen annehmen oder eines Jaguars und so den Schamanen vor übel wollenden bedrohenden Geistern schützen.

Wenn ein Lehrling drei Monate lang Ayahuasca getrunken hat, begegnet er der »Mutter« des Ayahuasca (und anderer Drogen), dem Specht *kirigetini*, der als ein menschengestaltiger *saankarite*-Geist ihm Perlen zu essen gibt. Wählt der Novize eine gelbe Perle, wird er zum Zauberer, wählt der eine andere, wird er zum Schamanen.

Will der Schamane mit den guten Geistern Verbindung aufnehmen und sie im Haus erscheinen lassen, etwa um eine Krankheit zu heilen oder aus einem anderen Grund, führt er eine Ayahuasca-Séance durch. Baer geht in vielen Publikationen auf diese Schamanen-Sitzungen der Matsigenka ein (1976a, 1979a, 1981, 1984, 1986, 1987, 1992; Baer and Snell

1974); er selbst hatte 1978 Gelegenheit, an einer solchen Séance teilzunehmen, sie zu protokollieren und einen Teil davon auf Tonband zu dokumentieren; die Sitzung war nicht mit einer Krankenheilung verbunden (1984, 274–283).

Die Sitzung findet stets nachts in völliger Dunkelheit im Haus des Schamanen statt. Der Schamane wird von seiner Frau bzw. seinen Frauen während der rituellen Handlung assistiert; sie singen mit dem Schamanen oder im Wechselgesang mit ihm. Weitere Teilnehmer sind: andere Bewohner des Hauses, Gäste, ein Lehrling oder Helfer. Die Séance, an der Baer teilnehmen konnte, dauerte insgesamt anderthalb Stunden; zehn Personen nahmen daran teil, darunter vier Frauen. Baer trank zwar ein bisschen Ayahuasca, doch im Übrigen verhielt er sich wie ein stummer Gast, der möglichst wenig stört.

Zu den unverzichtbaren Paraphernalia gehören: ein Blattfächer, eine Leiter aus zwei Holmen und einer Sprosse, die zum Dach des Hauses führt, eine Sitzmatte am Fuß der Leiter, darauf ein Ton- oder Metalltopf mit dem Ayahuasca-Sud und dem Sud anderer halluzinogener Drogen. Oft trägt der Schamane einen Kopfring aus Bambus mit einigen Ara-Federn, die während der Ekstase »leuchten«. Nicht selten bemalt der Schamane sein Gesicht mit roter, für die *saankarite* wohlriechender Farbe.

Die anwesenden Männer trinken der Reihe nach vom Ayahuasca-Sud, und zwar in unterschiedlichen Mengen. Der Schamane singt und summt und rasselt mit dem Fächer; er fällt in Trance und steigt mehrmals die Leiter auf und ab. Im Verständnis der Matsigenka ist der Mann, der die Leiter auf- und absteigt einmal der Schamane, dann sein Schutzgeist, der ihn »besucht«. In der Trance oder Ekstase löst sich die Seele des Schamanen und steigt empor zum Reich der *saankarite*, wo er seinen Schutzgeist und dessen Verwandte trifft, bewirtet wird, die gewünschten Auskünfte erhält; schließlich kehrt die Seele wieder in den Leib des Schamanen zurück.

Während der ekstatischen Reise der Seele des Schamanen kommen der bzw. die Schutzgeister des Schamanen herab, treten in dessen »leeren« Körper ein und erscheinen so in der Gestalt des Schamanen den Anwesenden, sie sprechen und singen mit dessen Stimme. Findet während der Sitzung eine Heilbehandlung statt, so agiert nicht der Schamane, sondern in seiner Gestalt der Schutzgeist. Für die Matsigenka stellt sich die Frage »Himmelsreise« oder »Besessenheit« nicht, die seit Eliades »Le chamanisme et les techniques archaïques de l'extase« (1951) die Religionswissenschaftler umtreibt (vgl. Quack 1985, 140; Eliade 1961, 155 ff.). Im Schamanen der Matsigenka realisieren sich beide Möglichkeiten: seine Seele steigt auf zum Reich der guten Geister und, während sie sich dort aufhält, inkorporiert sich der Schutzgeist in den Schamanen.

Die Ayahuasca-Séance ist ein Gemeinschaftsritual, an dem alle Anwesenden beteiligt sind. Daher gilt auch, dass alle sich vorbereiten müssen. Notwendige Bedingung für das Gelingen ist die rituelle Reinheit des Schamanen und der Anwesenden. Das gemeinsame Trinken von Ayahuasca durch die Männer, die gemeinsamen Lieder, die innere Einstellung und die gläubige Überzeugung aller verbinden alle Teilnehmer. Ist der Drogentopf leer, schlafen die Anwesenden an Ort und Stelle bis zum nächsten Morgen; der neue Tag beginnt, ohne dass bei den Teilnehmern Spuren der Sitzung übrig geblieben sind.

Dem Gesang des Schamanen kommt große Bedeutung zu. Die Gesänge strukturieren die Sitzung. Sie bringen eine gewisse Feierlichkeit und »Weihe« in den Ritus, die alle erfasst. Nach der Auffassung der Matsigenka sind diese Gesänge die Gesänge der Geister selbst; der Schamane hat sie von diesen gelernt und übernommen. Jedem Schutzgeist entspricht ein eigener Gesang. Je mehr Gesänge ein Schamane kennt, umso mehr Schutzgeister hat er, umso bedeutender ist er. Ein Beispiel kann einen genaueren Eindruck vermitteln (Baer 1984, 211):

Gesang des Schamanen Benjamin Sánchez, den er als Gesang seines Schutzgeistes bezeichnet:

> wir sind (wahrlich) die Söhne der »Mütter«
> [der Daturapflanze]
> wir
> die Blüten [der Daturapflanze] blitzen weiß auf
> wo sie leben
> die Eigner der Daturapflanze
> die Blüten [der Daturapflanze] blitzen weiß auf
> wo sie leben
> ihre »Mütter« [d.h. Eigner der Datura]
> ihr Kopf ist mit einer Baumwollmütze bedeckt
> flammend wie Licht
> ist ihre Cushma
> o helles, blankes Wasser
> wo sie leben
> ihre »Mütter«
> wir
> wir kommen daher
> [vom Ort] wo [die »Mütter« der Datura] leben
> wo nichts wächst
> die [Datura-] Blüten blitzen weiß auf
> im Datura-See

wir
wir kommen daher
wo [die Eigner der Datura] leben
o weiße duftende Blüten
ganz gerade und unbeweglich steht [ein Busch] da
unsere Cushma
es brennt wie Feuer/Licht
auf unserer Cushma
wahrlich, so ist es
wer behauptet, das sei nicht wahr, lügt
der berauscht sich, um andere zu täuschen
der berauscht sich, um andere zu täuschen

Auffallend in diesem Schamanengesang ist der ständige Bezug auf das Licht; die Lichtsymbolik spielt bei der ganzen Séance eine wichtige Rolle. Die Schamanengesänge erleuchten die Teilnehmer. »Ein Schamane, der sein Amt wirklich versteht, kann seinen Gästen Licht geben allein durch das Singen«, berichtete einer von Baers Informanten (Baer 1992, 90). Das Trinken von Ayahuasca und/oder von Datura führt zu einer intensiven Lichterfahrung.

Bei der Behandlung eines Kranken während einer Séance wendet der Schamane, oder der Schutzgeist in der Gestalt des Schamanen, die Technik des Blasens und die Technik des Saugens an. Er bläst oder speit Tabakrauch auf die kranke Stelle des Körpers oder er saugt den Gegenstand, der die Krankheit erregt hat, aus dem Körper heraus, nachdem er zuvor eingedickten Tabaksaft aufgenommen hat; das Blut, das er aussaugt, ist schwarz wie dieser Saft. Ist die Krankheit durch Seelenverlust entstanden, holt der Schamane sie zurück; er bläst auf den Scheitel und öffnet der Seele so den Weg zurück in den Körper.

Gegenspieler des Schamanen ist der Zauberer *(matsikanari)*, der den Menschen Krankheit und Tod bringt, wie oben angedeutet. Auch er hat »Schutz- und Besuchergeister« wie der Schamane, doch es sind Totengeister und Dämonen.

Abgesehen von den schamanistischen Sitzungen ist das religiöse Ritual der Matsigenka nicht besonders reich ausgebildet. »Ceremonial life is minimal«, konstatieren Johnson and Johnson lapidar (1994, 232), »curing and spiritual encounters are conducted by individuals in the privacy of their homes«; Heilungsriten würden von Einzelnen privat im eigenen Haus abgehalten; Feste und Feiern im Jahreskreis gebe es nicht, Ahnenverehrung kenne man nicht. Baer berichtet zwar von Übergangsriten in den verschiedenen Lebensstadien und von Riten vor, während und nach der

Jagd, doch handelt sich dabei eher um Verhaltensvorschriften und Tabus, die zu beachten sind, als um ausgefeilte Zeremonien und Riten.

Der Stamm der Matsigenka, der in der Zeit des Kautschukbooms in Ostperu Anfang des Jahrhunderts mit seinen schädlichen Fremdeinflüssen arg geschrumpft und in seiner kulturellen, materiellen, biologischen Existenz bedroht war, konnte sich in den folgenden Jahrzehnten zwar wieder ganz gut erholen. Doch es scheint, dass der Binnendruck der Zuwanderung aus dem andinen Hochland, wie er vor allem seit den 70er-Jahren zu beobachten ist, zur erneuten Existenzbedrohung wird. Nach einem Besuch bei den Matsigenka 1987 sah Baer in dieser Situation nur noch drei Möglichkeiten (1988, 214; 1979b):

1) Widerstand gegen die Versuche der Neusiedler, sich Land der Einheimischen (Comunidades Nativas) anzueignen;
2) Abwanderung der bedrohten Matsigenka-Gruppen in abgelegene, unwegsame Gebiete, d.h. Rückzug;
3) Angleichung an die Lebensweise der in Ostperu ansässigen Mestizenbevölkerung (insbesondere auch Abwanderung der jungen Matsigenka-Männer und -Frauen in Stadtgebiete, z.B. nach Pucallpa, Puerto Maldonado oder Iquitos).

Die beste Lösung, meint Baer wider alle Hoffnung, bestehe in einem Zusammenschluss der bedrohten Comunidades der Matsigenka; sie entspräche einer Form des Widerstandes, der die Anwendung von Gewalt ein- oder ausschließen könne (1988, 215). Wer sich etwas intensiver mit der Geschichte und Kultur der Matsigenka befasst hat, wird allerdings weniger optimistisch sein. Die Matsigenka haben seit je den Ruf, im Vergleich zu ihren Nachbarstämmen besonders friedliebend und pazifistisch zu sein, eher dem Druck zu weichen als Gegendruck zu entwickeln. So werden sie sich also wohl auch weiter für den Rückzug entscheiden, solange sie das noch können.

6 GLOSSAR

Aborigines: Ureinwohner Australiens.

Abstammung: Zuordnung von Personen zu einer auf verwandtschaftlichen Beziehungen (Filiation) beruhenden Gruppe.

Ahnen, Ahnenverehrung, Ahnenkult: Unter einem Ahn versteht man eine im Jenseits lebende Person der eigenen Verwandtschaftsgruppe, die bereits zu Lebzeiten einen hohen sozialen Status innehatte, der durch die Übergangsriten nach dem Tod aber noch wesentlich erhöht wurde. Die Verehrung der Ahnen gehört gleichzeitig zu den kulturellen Teilbereichen »Religion« und »Gesellschaft«. Wird der Aspekt der Religion betont (Riten, Abhängigkeit von »übermenschlichen« Wesen), spricht man von Ahnenkult; steht der Aspekt der Gesellschaft im Vordergrund (Zugehörigkeit zur Lineage, Verantwortung für die Lineage, Garantie für Aufrechterhaltung der Gruppenordnung), spricht man von Ahnenverehrung. Ahnenkult oder -verehrung kann verschiedene Formen annehmen, je nachdem von wem und von welcher Gruppe sie getragen und verantwortet wird: persönliche Verehrung (eine einzelne Person); Riten im Haus oder Gehöft (Kernfamilie oder Großfamilie); Riten einer größeren Verwandtschaftsgruppe (Lineage); jährlich wiederkehrende Riten am Todestag eines Ahn; jährliche Riten für das Kollektiv der Ahnen.

akephale oder segmentäre Gesellschaften: Stammesgesellschaften ohne politische Zentralinstanzen und formale politische Führerrollen.

Allianzbeziehungen: Verwandtschaftsbeziehungen, die durch Heirat entstehen.

Altershierarchie: Stufung der politischen und sozialen Autorität und Macht nach dem Alter, nach dem Senioritätsprinzip.

Altersklasse, Altersgruppe: Gruppierung von männlichen oder weiblichen Personen nach der Zugehörigkeit zur gleichen Altersschicht oder -stufe; sie gibt ihren Mitgliedern denselben Status. Oft mit Initiationsriten verbunden.

Animismus: ursprünglich der Glaube, dass neben den Menschen auch Tiere, Pflanzen und unbelebte Dinge der Natur eine »Seele« haben. Von den Evolutionisten als erstes Stadium der religiösen Entwicklung der Menschheit postuliert. Der Begriff ist mit der Überwindung evolutionistischer Theorien weitgehend aus dem Sprachgebrauch der Ethnologie verschwunden.

Anthropologie: die »Lehre vom Menschen«; umfasst als Oberbegriff heute alle Humanwissenschaften. Früher eingeschränkt auf das, was heute als »Physische Anthropologie« bezeichnet wird.

apotropäische Riten: Abwehrriten; Riten zur Abwehr schädlicher Einflüsse.

austronesisch: charakterisiert die Sprachfamilie, die von Polynesien über Südostasien bis nach Madagaskar reicht; Synonym von »malayo-polynesisch«.

Bantu: eine der wichtigsten Sprachgruppen der großen afrikanischen Sprachfamilie Niger-Kongo; umfasst mehr als 500 verwandte Sprachen im Gebiet südlich der Linie Kamerun-Kenia, die vielfach Dialektkontinua bilden.

Beschneidung: Verstümmelung männlicher oder weiblicher Geschlechtsorgane aus religiösen oder sozialen Gründen; steht oft in Verbindung mit Initiationsriten.

Besessenheit: Besitzergreifung eines Menschen durch übermenschliche Wesen. Oft rituell herbeigeführter Zustand, der die Verbindung des Menschen mit jenseitigen Mächten ermöglicht.

Brandrodungsbau: Art der Bodenbebauung, vor allem in tropischen Waldgebieten, bei der die Anbaufläche durch Abbrennen der Vegetation gewonnen wird; die entstehende Asche bildet den Dünger. Werden dabei auch die Wurzeln entfernt, spricht man von Brandrodung im eigentlichen Sinn; belässt man die Wurzeln im Boden, spricht man von Schwendbau. Nach Auslaugen des Bodens wird eine neue Anbaufläche erschlossen.

Brautpreis, Brautgabe, Brautpfand: die Gesamtheit der materiellen Werte, die bei einer Heirat von der Gruppe des Bräutigams in die Gruppe der Braut wechselt. Er dient vor allem dazu, die Verbindung zwischen beiden Gruppen zu festigen.

Cargo-Kulte: religiöse Bewegungen der Heilserwartung, deren Anhänger sich durch die Vermittlung ihrer Ahnen Anteil an dem materiellen Segen und Reichtum der Weißen bzw. der Kolonialherren erwarten.

Dämonen: eine Kategorie von übermenschlichen Wesen, die den Menschen Schaden bringen. Synonym von »böse Geister«.

Deszendenz: Abstammung; Deszendenzbeziehungen bestehen zwischen Eltern und ihren Nachkommen.

Diffusionismus: ethnologische Theorie, die den Evolutionismus ablöste bzw. überwand. Die Ähnlichkeit von Elementen in verschiedenen Kulturen wird durch Entlehnung im Lauf der Geschichte erklärt. Wegen ihrer spekulativen Züge in der Ethnologie heute überholt. In Mitteleuropa synonym mit »Kulturkreislehre« gebraucht.

Ehe: die sozial anerkannte dauerhafte Lebensgemeinschaft von mindestens zwei Personen unterschiedlichen Geschlechts zum Hervorbringen von legitimen Nachkommen. In Stammesgesellschaften dient die Ehe meist auch dazu, unterschiedliche Gruppen in einer Allianz zusammenzuführen.

Ekstase: Zustand der Bewusstseinsveränderung, der Trance, der rituell herbeigeführt wird, um mit Mächten und Kräften des übermenschlichen Bereichs Kontakt aufzunehmen. Wesentlicher Teil schamanistischer Riten.

Endogamie: Vorschrift, die Personen verpflichtet, den Ehepartner innerhalb der eigenen verwandtschaftlichen Gruppe (z.B. Lineage oder Klan) oder Lokal- und Statusgruppe zu suchen.

Enkulturation: der Prozess, in dem eine Person in die Kultur ihrer Gesellschaft hineinwächst. Ein informeller und formeller, unbewusster und bewusster, oft lebenslang andauernder Lernprozess, der dem Individuum seine kulturelle Kompetenz verschafft. Oft synonym mit »Sozialisation« gebraucht.

Ethnie: Man versteht darunter eine größere Gruppe von Personen mit gleicher Kultur (Sprache, Religion, Wirtschaftsform, Sozialstruktur, politischer Machtideologie usw.), mit meist zusammenhängendem Siedlungsraum, mit gemeinsamer Geschichte, mit einem gemeinsamen Wir-Gefühl. Oft synonym mit »Stamm« gebraucht.

Ethnologie, Ethnographie: die systematische Erforschung und Beschreibung fremder Kulturen, ihrer Geschichte und Struktur; sie hat das Ziel, diese Kulturen zu verstehen und verständlich zu machen. Bei der Ethnographie liegt der Schwerpunkt auf Materialsammlung und Beschreibung, Schwerpunkt der Ethnologie bilden Analyse und Vergleich der ethnographischen Daten. Ihre charakteristische Methode ist die teilnehmende Beobachtung der Feldforschung; zugrunde liegt ihr ein holistischer, ganzheitlicher Kulturbegriff.

Ethnozentrismus: Einstellung, nach der die Menschen fremder Kulturen aus dem Blickwinkel der eigenen Kultur gesehen und beurteilt werden; erst die sichere Verwurzelung in der eigenen Kultur ermöglicht es, fremde Kulturen einigermaßen objektiv und unvoreingenommen wahrzunehmen und darzustellen. Ethnozentrismus ist eine universale Erscheinung.

Evolutionismus: seit der Mitte des 19. Jahrhunderts vertretene ethnologische Theorie, die im Rückgriff auf Ideen der Aufklärung und in Abgrenzung zu zeitgenössischen rassistischen Theorien die Einheit der

Menschen postuliert. Ihr zufolge durchlaufen alle Völker und Kulturen eine unilineare, gleichartige Entwicklung in dieselbe Richtung; die Entstehung kultureller Formen wird dabei in ein fixes Entwicklungsschema gebracht (Wildheit – Barbarei – Zivilisation).

Exogamie: Vorschrift, die Personen verbietet, den Ehepartner innerhalb der eigenen verwandtschaftlichen Gruppe (z.B. Lineage oder Klan) oder Lokal- und Statusgruppe zu suchen.

Feldforschung: Erhebung ethnographischer Daten durch die Methode der teilnehmenden Beobachtung. Sie setzt gute Sprachkenntnisse voraus und verlangt einen mehrmonatigen bis mehrjährigen Aufenthalt des Ethnologen bei der untersuchten Gruppe. Heute eine der Hauptmethoden der Ethnologie, deren Gelingen gleichermaßen vom Ethnologen, von den Subjekten seiner Forschung und der Forschungssituation überhaupt abhängt.

Feste, religiöse: Zeiten oder Zeitabschnitte, die sich vom Ablauf des normalen, alltäglichen Lebens abheben. Religiöse Feste sind heilige Zeiten, die den Jahresablauf wie das individuelle Leben gliedern; in ihnen begegnen die Menschen in besonderer Weise übermenschlichen Mächten und überzeitlicher Wirklichkeit, sie schöpfen daraus die Kraft, das Leben zu erneuern und zu stärken.

Fetischismus, Fetisch: Verehrung von Fetischen, d.h. bestimmten sakralen, mit übernatürlicher Kraft geladenen Gegenständen. Er wird bestimmt vom Glauben, dass bestimmten materiellen Objekten eine übermenschliche Macht oder Kraft innewohnt, die der Mensch zu seinem Vorteil aktivieren kann.

Filiation: Abstammungsbeziehungen zwischen Kindern und ihren Eltern. Sie kann unilinear sein und die Abstammung ausschließlich nach der mütterlichen (matrilineare Filiation) oder der väterlichen (patrilineare Filitation) rechnen oder sie kann ambilinear (doppelte Filiation) sein und die Verwandtschaft nach beiden Elternteilen rechnen.

Funktionalismus, Strukturfunktionalismus: Richtung der Ethnologie, deren Hauptanliegen es war, auf synchroner Ebene die Beziehungen zwischen einzelnen Elementen und Institutionen einer Kultur zu untersuchen; dabei ging es vor allem um die Funktionen und Aufgaben dieser Elemente für das Gesamtsystem einer Kultur, für die Struktur einer Gesellschaft. Prozesse des Kulturwandels wurden von diesem theoretischen Ansatz vernachlässigt.

Geister: eine Kategorie übermenschlicher Wesen und Mächte; in der hierarchischen Ordnung der Überwelt, wie sie den Vorstellungen vieler Stammesreligionen entspricht, sind sie Göttern und Gottheiten untergeordnet. Ihr Verhalten wird von den Menschen oft als ambivalent erfahren und beschrieben; sie können nutzen und/oder schaden.

Genealogie: technischer Begriff für die graphische Darstellung von Verwandtschaftsbeziehungen (Stammbäume, Ahnentafeln usw.).

Gerontokratie: ein politisches und soziales System, in dem die Autorität von den Alten oder Ältesten ausgeübt wird. Oft mit Formen der Ahnenverehrung verbunden.

Götter, Gottheiten: in den Vorstellungen vieler Stammesreligionen die oberste Kategorie übermenschlicher Wesen und Mächte in der hierarchisch geordneten Überwelt; dieses Pantheon ist in sich selbst meistens wieder hierarchisch gegliedert, sodass oft von einem obersten Gott, einer obersten Gottheit, einem Höchsten Wesen gesprochen werden kann.

Großfamilie, erweiterte oder zusammengesetzte Familie: Gruppe von zwei oder mehreren Kernfamilien, die miteinander verwandt sind und eine Wohn-, Lebens- und Wirtschaftsgemeinschaft bilden und um Verwandte älterer Generationen erweitert sein können.

Häuptling: politischer Anführer einer Gruppe; seine politische Autorität ist oft mit religiöser und gesellschaftlicher Autorität verbunden.

Heiler, Heilerin: Experten in einer Stammesgesellschaft, die sich mit Diagnose und Therapien von Krankheiten befassen. Sie behandeln die Menschen ganzheitlich, d. h., sie kümmern sich auch um die sozialen, psychischen, ökonomischen, religiösen Aspekte der Krankheiten. Manchmal ist die Funktion des Heilers oder der Heilerin mit anderen Aufgaben und Ämtern verbunden (z. B. Priester/Priesterin, Medizinmann, Schamane/Schamanin).

Heirat: Eheschließung; oft in Form eines längeren Prozesses, der von Riten begleitet sein kann. Sie begründet Allianzbeziehungen zwischen den beiden Ehepartnern und ihren Gruppen.

Hexenglaube, Hexerei, Hexer, Hexe: Glaube, dass bestimmte Menschen (Hexer, Hexen) in der Lage sind, durch eine ihnen innewohnende Kraft oder durch magische Mittel auf andere Menschen einen schädlichen Einfluss auszuüben.

Himmel, Himmelswesen: Im Weltbild vieler Stammeskulturen ist das Himmelsgewölbe der Ort, wo Gottheiten und andere übermenschliche Wesen wohnen. In der Hierarchie übermenschlicher Wesen kommt oft Himmelswesen ein oberer Rang zu.

Hochgott, Höchstes Wesen: in vielen Stammesreligionen das oberste in der Reihe der übermenschlichen Wesen und Mächte; oft als Himmelsgottheit oder Schöpfergottheit gedacht. In den Sprachen vieler Kulturen werden solche Wesen nur mit Eigennamen identifiziert.

Horde: bei Jägern und Sammlern eine Gruppe von Personen, die ein Jagd- und Sammelterritorium teilen. Eine Lebens- und Wirtschaftsgemeinschaft ohne ausgeprägte politische Strukturen.

Initiation, Initiationsriten: Der Eintritt in das Lebensstadium der Erwachsenen, in eine geschlossene Gruppe oder Gesellschaft (Bruderschaften, Geheimgesellschaften), die Einführung in bestimmte Ämter oder Funktionen (z. B. Schamanenamt) sind durch bestimmte Übergangsriten gekennzeichnet. Die Kandidaten werden abgesondert, für den neuen Lebensabschnitt ausgebildet und geschult, in die neue Rolle eingeführt. Die Initiationsriten sind meist mit großen Festen verbunden, an denen die gesamte Gesellschaft teilnimmt.

Inzestverbot, Inzesttabu: Verbot sexueller Beziehung zwischen Personen, die in einem bestimmten Verwandtschaftsverhältnis stehen. Es findet sich in allen Kulturen, wobei Verwandtschaft je nach Kultur unterschiedlich definiert wird. Universal gilt das Inzestverbot zwischen Vater und Tochter, zwischen Mutter und Sohn, zwischen Bruder und Schwester.

Jäger und Sammler: Menschen, die sich den täglichen Lebensbedarf durch Beutezüge in die von keiner menschlichen Tätigkeit beeinflussten Natur verschaffen. Bei dieser Wirtschaftsform trägt das Sammeln weit mehr zur Nahrung bei als die Jagd. Synonym mit »Wildbeuter« gebraucht.

Kernfamilie, Kleinfamilie, Nuklearfamilie: Lebensgemeinschaft aus Eltern und ihren Kindern. Für die Aufstellung von Verwandtschaftssystemen eine zentrale Einheit, da in ihr die drei wichtigsten Verwandtschaftsbeziehungen zugrunde gelegt sind: Allianz, Deszendenz oder Filiation, Kollateralität.

Klan: eine unilineare Verwandtschaftsgruppe, die sich von einem gemeinsamen Urahn (Urahnin) herleitet, zu dem (der) aber die genealogische Abstammung nicht mehr aufgezeigt werden kann, weil dieser (diese) oft eine mythische Person ist. Er umfasst gewöhnlich mehrere Lineages, die nur selten eine solidarische Einheit bilden oder ein gemeinsames Oberhaupt haben. In vielen Stammeskulturen dürfen Mitglieder eines Klans einander nicht heiraten (Klanexogamie).

klassifikatorische Verwandtschaftsbezeichnung: Mehrere Personen, die unterschiedlichen Kategorien von Verwandten angehören, werden mit dem gleichen Begriff bezeichnet. So bezeichnet der deutsche Begriff »Großvater« z. B. sowohl den Vater des Vaters als auch den Vater der Mutter.

Kollateralität: Seitenverwandtschaft; Verwandtschaft durch geschwisterliche Beziehungen.

Kosmogonie: Vorstellungen über die Entstehung der Welt, des Kosmos.

Kult: Gesamtheit formgebundener Handlungen, in denen Menschen mit dem Bereich übermenschlicher Wesen und Mächte in Kontakt treten, um einerseits auf das Eindringen dieser Wesen in den menschlichen Bereich zu reagieren, um andererseits dieses Eingreifen (Hilfe) erst hervorzurufen. Kult lässt sich in Riten und Zeremonien gliedern.

Kultur: Kultur ist der einer Gruppe gemeinsame geistige Horizont, der ihr Handeln bestimmt: die Denk- und Lebensweise einer Gruppe von Menschen, der »way of life« und seine Dokumente und Ergebnisse, alle Eigenarten und Besonderheiten, die einem an einem fremden Volk auffallen. Kultur ist das erworbene, angewandte und mit anderen geteilte Wissen, das Menschen dazu dient, ihre Erfahrungen zu interpretieren und gesellschaftliches Verhalten zu bestimmen. Diese gemeinsame kognitive Orientierung lässt die Mitglieder einer Gruppe sich in einer gegebenen Situation so verhalten, wie es die Gruppe erwartet. Dieser Kulturbegriff der Ethnologie ist umfassend, d.h. ganzheitlich oder holistisch; demgegenüber kennt die Alltagssprache einen engeren Kulturbegriff, mit dem etwa Inhalte wie Bildung, Kunst, Literatur, das »Schöngeistige« assoziiert werden.

Kulturheroen: übermenschliche Wesen und Gestalten, die in fernen Urzeiten den Menschen die Güter ihrer Kultur gebracht haben (Kulturpflanzen, handwerkliche Fertigkeiten, Regeln des sozialen Verhaltens, Riten und Institutionen usw.) und die nun kultische Verehrung erfahren. Sie stehen im Zentrum zahlreicher Mythen.

Kulturwandel: Kulturen sind nicht statische Einheiten, sie sind dynamisch und unterliegen Veränderungsprozessen, sie haben Geschichte. Sie reagieren auf Einflüsse von außen, wehren sie ab oder integrieren sie.

Levirat: eine Heiratsregelung, nach der eine Witwe den Bruder ihres verstorbenen Mannes heiraten muss.

Lineage: eine solidarische Gruppe von unilinearen Verwandten, die sich alle von einem gemeinsamen Ahn (Ahnin) blutsmäßig herleiten und diese Abstammung genealogisch nachweisen können. Die Mitglieder einer Lineage teilen oft ein gemeinsames Siedlungsgebiet; in der Regel hat sie an der Spitze eine Person – vielfach die älteste geeignete Person – mit oberster ökonomischer, juridischer und religiöser Autorität als Bindeglied und Mittler zwischen den Lebenden und Verstorbenen; sie umfasst sowohl Lebende als auch Verstorbene bis zu einer Tiefe von sieben Generationen.

Magie, magische Praktiken: Magie umfasst die rituellen Handlungen und Verhaltensweisen, mit denen Menschen versuchen, auf Mächte, Dinge und Ereignisse einzuwirken, die jenseits ihres normalen Einflussbereiches liegen. Magisch gebrauchten Gegenständen und/oder Worten wird eine automatische, mechanistische Wirkungsweise zugeschrieben. Erreicht wird die Wirkung magischer Handlungen durch eine diesen immanente Kraft. Magie ist religiöses Verhalten, das die menschliche Anstrengung verabsolutiert. Andere religiöse Akte unterscheiden sich von Magie vor allem dadurch, dass sie sich an personale übermenschliche Wesen und Kräfte wenden, während personale Beziehungen zwischen Mensch und übermenschlicher Welt bei magischen Handlungen eher sekundär sind bzw. fehlen. Man spricht von »positiver« und »negativer« Magie, je nachdem ob ein Ereignis herbeigeführt oder verhindert werden soll; man spricht von »schwarzer« und »weißer« Magie, je nachdem ob jemandem damit Schaden zugefügt oder ob von jemandem Schaden abgewehrt werden soll. Magie gehört zu den alltäglichen Erscheinungsformen der Religionen.

Mana: in polynesischen und melanesischen Religionen eine außerordentliche übernatürliche Kraft, die den Menschen, aber auch unbelebten Gegenständen innewohnen kann; diese Lebenskraft ist Voraussetzung für jegliche Art von Erfolg; sie zu erwerben, ist Ziel des Lebens.

Matriarchat: Mutterrecht, Mütterherrschaft; ein Postulat evolutionistischer Theoretiker, nach dem in Gesellschaften mit matrilinearer Filiation die gesamte soziale und politische Macht von Frauen ausgeübt wird. Die Existenz eines Matriarchates ließ sich bisher für keine Kultur belegen.

Matriklan: Klan, bei dem die verwandtschaftliche Zugehörigkeit nach der mütterlichen Linie gerechnet wird.

Matrilinearität, matrilinear, matrilineal: Die Zugehörigkeit zu einer verwandtschaftlichen Gruppe wird ausschließlich über die mütterliche Linie gerechnet.

matrilokale Residenz: Regelung, nach der ein verheiratetes Paar sich am Wohnsitz der Mutter ansiedelt.

Medium: eine Person, die von einem übermenschlichen Wesen besessen wird.

Medizinmann: ein Heiler, der sich zur Ausübung seiner Tätigkeit vor allem auf seine Fähigkeit stützt, mit übermenschlichen Mächten und Kräften Kontakt zu pflegen.

Monogamie, monogam: Regelung, nach der eine Person nur mit einem Partner verheiratet ist.

Monotheismus, monotheistisch: Glaube an einen einzigen Gott, eine einzige Gottheit; in seiner strengen Form schließt er den Glauben an weitere göttliche Wesen aus.

Mutterrecht: Matriarchat.

Mythen, Mythologie: Mythen sind anschauliche Erzählungen vom Beginn der Dinge, von den lebenden Wesen der Urzeit, von den Taten göttlicher Gestalten und ihrem Verhältnis zu den Menschen. Mythen sind eine universale Erscheinung. In Stammesreligionen bilden sie einen wesentlichen Teil der oralen Literatur. Im Gegensatz zu Märchen sind Mythen »wahre« Geschichten.

Naturreligion: veralteter Ausdruck für die Religion von Stammesgesellschaften.

Naturvölker: veraltete, eurozentrische Bezeichnung für Völker mit größerer Naturnähe und -abhängigkeit und mit geringerer Technologiebeherrschung; Forschungsgegenstand der Ethnologie.

Opfer: rituelle Handlungen, bei denen übermenschlichen Wesen eine Gabe dargebracht wird; der Mensch entzieht in Opfern Güter jedweder Art, die ihm wertvoll sind, dem eigenen Gebrauch und übereignet sie einer übermenschlichen Macht. Opfer gehören zu den wichtigsten Formen kultischer Kontaktaufnahme der Menschen zum übermenschlichen Bereich.

Orakel: eine Methode, Künftiges oder Verborgenes, etwa den Willen und die Absichten übermenschlicher Wesen und Mächte, zu enthüllen und zu offenbaren.

orale Tradition, orale Literatur, orale Quellen: mündliche Überlieferung in schriftlosen Gesellschaften; zur oralen Literatur gehören Mythen, Märchen, Erzählungen, Legenden, Gesänge, Sprichwörter usw., alle Texte also, die für die Erinnerung einer Kultur Bedeutung haben, die soziales Verhalten in der Gegenwart bestimmen.

Patriarchat: politisch-rechtliches System, bei dem Autorität über Personen und Sachen an die patrilineare Filiation gebunden ist.

Patriklan: Klan, bei dem die verwandtschaftliche Zugehörigkeit nach der väterlichen Linie gerechnet wird.

Patrilinearität, patrilinear, patrilineal: die Zugehörigkeit zu einer verwandtschaftlichen Gruppe wird ausschließlich über die väterliche Linie gerechnet.

patrilokale Residenz: Regelung, nach der ein verheiratetes Paar sich am Wohnsitz des Vaters ansiedelt.

Pflanzerkulturen: Brandrodungsbau oder Umlage-Feldbau, wobei die Felder gewechselt werden; es wird nur für den eigenen Bedarf produziert und ausschließlich mit Handgeräten. Diese extensive Wirtschaftsform setzt eine geringe Bevölkerungsdichte voraus. In Religion und Weltanschauung spielen der Fruchtbarkeitsgedanke und die Beziehung der Menschen zur Erde eine große Rolle.

Phratrie: Zusammenschluss mehrerer Klans, die durch gemeinsames Interesse und/oder durch unilineare Abstammung miteinander verbunden sind.

Polyandrie, polyandrisch: Regelung, nach der eine Frau gleichzeitig mit mehreren Männern verheiratet ist.

Polygamie, polygam: Regelung, nach der eine Person gleichzeitig mit mehreren Partnern verheiratet ist.

Polygynie, polygyn: Regelung, nach der ein Mann gleichzeitig mit mehreren Frauen verheiratet ist.

Polytheismus: Glaube an mehrere Götter oder Gottheiten, die entweder gleichwertig nebeneinander existieren oder hierarchisch geordnet sind.

Priester: religiöse Funktionsträger/-trägerinnen, deren Aufgabe und Amt gesellschaftlich anerkannt und institutionalisiert sind. In Vertretung und für ihre Gruppe nehmen sie Kontakt mit übermenschlichen Wesen und Mächten auf. Ihre Funktion kann mit anderen Funktionen (des Schamanen/der Schamanin, des Medizinmannes, des Heilers/der Heilerin usw.) verbunden sein.

primitiv: wörtl. »ursprünglich«, doch bald mit negativer Grundbedeutung; abwertender Begriff, der in der Ethnologie früherer Jahre (Evolutionismus) zur Charakterisierung von Angehörigen von Stammeskulturen gebraucht wurde.

Pygmäen: Unter dem Namen Pygmäen fasst man eine Gruppe von Völkern zusammen, die im tropischen Regenwald Zentralafrikas von Kamerun im Westen bis zu den großen Seen im Osten siedeln und die sich durch Kleinwüchsigkeit, im Übrigen aber durch große genetische und kulturelle Vielfalt auszeichnen. Sie sind Wildbeuter; ihr eigentlicher Wirtschafts- und Lebensraum ist der Regenwald, doch leben fast alle Pygmäen in irgendeiner Form der sozialen und wirtschaftlichen Symbiose mit benachbarten Pflanzervölkern, deren Sprachen sie übernommen haben.

Religion: Religion kann definiert werden als ein System von Glaubensinhalten und Handlungsweisen, mit denen eine Gruppe von Menschen die zentralen Probleme des Lebens angeht. Religion umfasst: Glaubensvorstellungen und -überzeugungen, die darauf aufbauenden Verhaltensweisen (Kult, Riten), die daraus abgeleiteten Verhaltensnormen, die damit verbundenen Gefühle.

Riten, Ritual: Riten sind sakrale, oft formgebundene Handlungen, die in ihrer Gesamtheit den Kult bilden; Riten sind standardisierte, sozial gebilligte und glaubensmäßig sanktionierte regelhaft wiederholbare kultisch-religiöse Handlungsabläufe. Sie sind menschliches Handeln in der Begegnung mit übermenschlichen Wesen oder Mächten. Der

Kult vollzieht sich in Riten, in überschaubaren Einzelkomplexen von Kulthandlungen.

Rites de passage: Übergangsriten. Riten, die in kritischen Lebensphasen den Übergang von einem alten Zustand und sozialen Status in einen neuen begleiten; man nennt sie gelegentlich auch Riten der Lebenskrisen. Solche krisenhafte Einschnitte im Lebenszyklus des Individuums sind etwa Schwangerschaft, Geburt, Jugendinitiation, Verlobung, Heirat, Tod und Begräbnis. Zu den Übergangsriten im weiteren Sinn gehören auch Riten, die im Jahreszyklus mit zeitlichem Wechsel oder die mit Überschreiten eines Raumes zu tun haben. Ihre Form hat eine Dreiphasenstruktur (Trennungsphase, Schwellen- oder Umwandlungsphase und Angliederungsphase).

Sammler: Menschen, bei denen das Sammeln von Pflanzen (Wurzeln, Früchte, Knollen usw.) oder Kleintieren (Würmer, Raupen, Insekten usw.) den wichtigsten Teil des Nahrungserwerbs darstellt.

Schadenszauber: Scharze Magie; rituelle Handlungen und Verhaltensweisen, mit denen Menschen versuchen, auf Mächte, Dinge und Ereignisse einzuwirken, die jenseits ihres normalen Einflussbereiches liegen, um damit Mitmenschen zu schaden.

Schamane, Schamanismus: Schamanismus ist die institutionelle und formgebundene ekstatische Verbindung von Menschen mit übermenschlichen Wesen im Dienste ihrer sozialen Gruppe. In Ekstase oder Trance nimmt der Schamane/die Schamanin Verbindung mit jenseitigen Wesen auf: Es kommt entweder zur Jenseitsreise der Seele des Schamanen/der Schamanin oder zum Abstieg jenseitiger Wesen in die Person des Schamanen/der Schamanin (Besessenheit). Schamanismus ist keine eigene Religion, sondern ein religiöser Komplex, der sich in verschiedenen Religionen und Kulturen realisieren kann und dessen konkrete Formen und Ausprägungen daher von der jeweiligen Kultur und Tradition abhängen.

Schriftlosigkeit: ein wichtiges Kriterium zur Charakterisierung von Stammeskulturen, die nur die mündliche Überlieferung kennen.

Schwendbau: Brandrodungungsbau, bei dem die Vegetation eines Landstückes durch Feuer zerstört, die Wurzeln aber im Boden belassen werden.

Seelenvorstellungen: Vorstellungen, dass menschliche Personen (gelegentlich auch Tiere, Pflanzen oder Dinge) neben dem Körper aus einem oder aus mehreren weiteren konstitutiven Elementen gebildet werden, die immateriell sind. Solche »Seelen« oder Teile der Person werden oft mit Leben oder Lebenskraft assoziiert; sie können in oder außerhalb des Körpers lokalisiert sein; sie können im Traum oder

Trance den Körper verlassen; sie können unsterblich sein und nach dem Tod zu Geistern werden oder sie können mit dem Tod vergehen. Seelenvorstellungen der unterschiedlichsten Formen finden sich in fast allen Kulturen.

segmentäre oder akephale Gesellschaften: Stammesgesellschaften ohne politische Zentralinstanzen und formale politische Führerrollen.

Seniorität: Stufung der politischen und sozialen Autorität und Macht nach dem Lebensalter.

Sororat: eine Heiratsregelung, nach der ein Witwer die Schwester seiner verstorbenen Frau heiraten muss.

Sozialisation: das Hineinwachsen des Einzelnen in die Kultur der ihn umgebenden Gesellschaft. Durch diesen informellen und formellen, unbewussten und bewussten Lernprozess, der seinen Schwerpunkt im Kindesalter hat, erwirbt ein Individuum die Kompetenz in seiner Kultur. Es internalisiert die Werte und Verhaltensweisen seiner Gruppe. In diesem Prozess wird andererseits eine Kultur von einer Generation zur anderen weitergegeben. Die Begriffe Enkulturation und Sozialisation werden meistens synonym gebraucht.

Stamm: eine ethnische Einheit mit gemeinsamer oder verwandter Sprache, Religion und Kultur, die eine gemeinsame Verwandtschaft und Geschichte, bzw. der Glaube daran, verbindet und deren Mitglieder ein Siedlungsgebiet teilen. Ein Stamm kann eine politische Organisationseinheit bilden (z. B. Häuptlingstümer), in der Regel fehlt ihm jedoch eine politische und rechtliche Zentralautorität (akephale oder segmentäre Gesellschaft). Charakteristisch für den Stamm ist das Wir-Gefühl seiner Mitglieder; er bildet vielfach den Rahmen für religiöse Riten und Feiern. Mehrere Stämme können sich zweck- und zielgerichtet zu Konföderationen zusammenschließen, die meist zeitlich eng befristet sind.

Strukturalismus: Richtung in der Ethnologie, die hinter den empirisch fassbaren Erscheinungsformen der Kultur (Mythen, Riten, Verwandtschaftsformen usw.) eine allgemein gültige Struktur glaubt finden zu können.

Subsistenzwirtschaft: Wirtschaftsform, bei der vorwiegend für den Eigenbedarf der Gruppe produziert wird.

Synkretismus: eine Mischung von zwei oder mehreren Religionen, wobei Elemente aus den beteiligten Religionen zusammenkommen und sich gegenseitig beeinflussen. Synkretismus ist wesentlich eine Verschränkung religiös-kultureller Elemente verschiedener Herkunft zu einer funktionierenden Synthese; er ist universal zu beobachten, ein Ausdruck der Dynamik der Religionen.

Tabu: ursprünglich polynesischer Begriff; er bezeichnet ein Verbot magisch-religiösen Ursprungs, dessen Überschreitung Sanktionen aus dem Bereich des Außer- und Übermenschlichen nach sich zieht.

teilnehmende Beobachtung: wichtige Methode der ethnologischen Feldforschung; der Ethnologe nimmt am Alltagsleben der Gruppe teil, die er untersuchen will; er beeinflusst damit mehr oder weniger stark das Geschehen, das er beobachtet. Diese Methode setzt eine gewisse Dauer der Feldforschung voraus, sehr gute Sprachkenntnisse, die Zustimmung der Gruppe.

Totemismus, Totem, totemistisch: Glaubensvorstellungen, nach denen zwischen einem Individuum oder einer Gruppe von Menschen und bestimmten Tier- oder Pflanzenarten oder Gegenständen (Totems) dauerhafte, verwandtschaftsähnliche Beziehungen bestehen. Totems gelten vielfach als Helfer und Schützer; totemistische Beziehungen werden oft mit Tabus belegt.

Totenriten, Totenkult: Riten und Zeremonien angesichts des Todes eines Mitmenschen. Der Umgang mit dem Verstorbenen, mit Begräbnis- und Bestattungsformen bestimmt sich vom Glauben bzw. Nicht-Glauben einer Kultur her an ein Weiterleben nach dem Tod. Für Völker mit ausgeprägten Jenseitsvorstellungen zählen die Riten nach dem Tod eines Menschen zu den wichtigsten Übergangsriten. Das Verhalten dem Toten gegenüber ist meist geprägt von zwei grundlegenden Einstellungen: Liebe, Pietät, Trennungsschmerz, Verlustgefühl, Trauer einerseits, Gefährdung, Angst und Furcht vor dem Tod und dem Toten andererseits. Beiden Grundgefühlen versuchen die Totenriten gerecht zu werden. Durch viele Totenriten sollen die mit dem Tod gegebenen Gefahren abgewehrt werden; gemeinsame Trauer, Totenfeste, oft mit Totenmahl, stärken und verbinden die Betroffenen.

Trance: ein Zustand des veränderten Bewusstseins einer Person, in dem der Wille ausgeschaltet und die Reize der Außenwelt nicht mehr wahrgenommen werden. Trance und Ekstase bezeichnen den gleichen Sachverhalt und werden vielfach synonym gebraucht. In vielen Religionen dient die Trance dazu, mit der übermenschlichen Welt in Kontakt zu kommen (z. B. im Schamanismus). Trance kann willentlich herbeigeführt werden (durch Drogen, Fasten, Musik, Tanz usw.), setzt aber mediale Begabung voraus.

Traum: im Schlaf erlebte Ereignisse. In vielen Religionen wird der Traum als ein wichtiger Weg gesehen, mit der übermenschlichen Welt und ihren Mächten in enge und direkte Verbindung zu kommen; im Traum vermitteln übersinnliche Wesen den Menschen ihren Beistand, ihre Weisungen, Offenbarungen und Weissagungen. Eine solche Sicht des

Traums ist oft verbunden mit Vorstellungen einer Seele, die im Schlaf wandert und übermenschlichen Wesen begegnet. Wie Trance lassen sich auch Träume durch geeignete Methoden bewusst herbeiführen (z. B. durch Fasten, Meditation, Drogenkonsum).

Traumzeit: Urzeit bei den australischen Ureinwohnern; mythische Zeit, in der die Urzeitwesen die Erde gestalteten.

übernatürliche, übermenschliche Wesen und Kräfte: in den Vorstellungen vieler Religionen Wesen und Kräfte, die außerhalb des menschlichen Bereiches gesehen werden, in den sie aber hineinwirken können. Sie werden oft personal bzw. anthropomorph gedacht und mit übermenschlicher Macht ausgestattet. Im Kult nehmen Menschen mit diesen Wesen und Kräften Kontakt auf, um einerseits auf deren Eindringen in den menschlichen Bereich zu reagieren, um andererseits dieses Eingreifen (Hilfe) erst hervorzurufen.

Universalreligionen: Weltreligionen; Religionen, die den Anspruch erheben, sich mit allen Kulturen der Welt verbinden zu können.

Urmonotheismus: eine Theorie, nach der die kulturgeschichtlich ältesten noch lebenden Völker von monotheistischen Hochgott-Vorstellungen geprägt seien; sie konnte nie durch ethnologische Fakten untermauert werden.

uxorilokale Residenz: Regelung, nach der ein verheiratetes Paar sich am Wohnsitz der Familie der Ehefrau ansiedelt.

Verwandtschaft: Gesamtheit der sozialen zwischenmenschlichen Beziehungen, die durch Heirat oder Filiation entstehen. Blutmäßige Abstammung kann dabei durch fiktive Abstammung ersetzt werden.

virilokale Residenz: Regelung, nach der ein verheiratetes Paar sich am Wohnsitz der Familie des Ehemannes ansiedelt.

Wahrsager/Wahrsagerin: religiöse Spezialisten, deren Aufgabe es ist, mit rituellen Mitteln (z. B. durch Opfer) die Hintergründe und Zusammenhänge einer schwierigen Situation aufzudecken und so Voraussetzungen zu schaffen für die notwendigen Änderungen.

Wildbeuter: Menschen, die sich den täglichen Lebensbedarf durch Beutezüge in die von keiner menschlichen Tätigkeit beeinflussten Natur verschaffen. Bei dieser Wirtschaftsform trägt das Sammeln weit mehr zur Nahrung bei als die Jagd. Synonym mit »Jäger und Sammler« gebraucht.

Zauberei, Zauber: magische Handlungen zum Nutzen oder Schaden der Mitmenschen. Die Begriffe Zauberei/Zauber werden heute weitgehend als Synonyme für »Magie« verwandt. Nach ihrer Zielrichtung oder Methode bzw. den angewandten Mitteln lassen sich viele unterschiedliche Arten von Zauber benennen: z. B. Wetterzauber, Fruchtbarkeitszauber,

Liebeszauber, Heilzauber, Analogiezauber, Bildzauber usw. Schadenszauber, also schwarze Magie, wird normalerweise mit Hexerei assoziiert; Abwehr- oder Schutzzauber versucht, schädliche Einflüsse vonseiten übermenschlicher Kräfte fern zu halten, z. B. durch Amulette oder apotropäische (Unheil abwehrende) Riten.

Zauberer: Personen, die ihre religiösen Ämter und Funktionen mit Mitteln und Methoden der Magie ausüben. Soweit es sich dabei um schwarze Magie handelt, um Magie, die Mitmenschen schaden soll, spricht man von Hexer oder Hexe.

Zeremonien: einzelne Kulthandlungen nennt man Zeremonien; wenn mehrere Zeremonien einen überschaubaren Komplex bilden, spricht man von Ritus oder Ritual.

7 ZITIERTE LITERATUR

Achermann, Eduard (1993): Grundzüge des afrikanischen Menschenbildes. In: E. Achermann: Schrei geliebtes Afrika! Ein Kontinent braucht Hilfe; pp. 41–59. Solothurn: Walter-Verlag.
Andritzky, Walter (1989): Ethnopsychologische Betrachtung des Heilrituals mit Ayahuasca (Banisteriopsis Caapi) unter besonderer Berücksichtigung der Piros (Ostperu). Anthropos 84, 177–201.
Assmann, Aleida, und Jan Assmann (1998): Mythos. In: H. Cancik et al. (Hrsg.): Handbuch religionswissenschaftlicher Grundbegriffe, Bd. 4; pp. 179–200. Stuttgart: Verlag W. Kohlhammer.
Baaren, Th. P. van (1964): Menschen wie wir. Religion und Kult der schriftlosen Völker. Gütersloh: Gütersloher Verlagshaus Gerd Mohn.
Baer, Gerhard (1969): Reise und Forschung in Ost-Peru. Verhandlungen der Naturforschenden Gesellschaft Basel 80, 327–386.
– (1976a): A Particular Aspect of Matsigenka Shamanism (Eastern Peru). Male-Female Ambivalence. In: Actas del XLI Congreso Internacional de Americanistas (México, 2 al 7 septiembre de 1974), vol. 3; pp. 114–121. México: Instituto Nacional de Antropología e Historia.
– (1976b): Was Mythen aussagen. Das Beispiel der Matsigenka, Ost-Peru. Paideuma 22, 189–198.
– (1977): Masken der Piro, Shipibo und Matsigenka (Ost-Peru). Verhandlungen der Naturforschenden Gesellschaft Basel 87/88, 101–115.
– (1979a): Religión y chamanismo de los Matsigenka (Este Peruano). Amazonía Peruana 2/4, 101–138.
– (1979b): Zur heutigen Situation der Matsigenka und ihrer Nachbarn. In: W. Marschall (Hrsg.): Indianer heute; pp. 37–49. Basel: Schweizerische Ethnologische Gesellschaft.
– (1980): Weitere Materialien zu den Matsigenka- und Shipibo-Masken (Ost-Peru). Verhandlungen der Naturforschenden Gesellschaft Basel 92, 33–38.
– (1981): Religion and Symbols. A Case in Point from Eastern Peru. The Matsigenka View of the Religious Dimension of Light. Scripta Ethnologica 6, 49–52.
– (1984): Die Religion der Matsigenka, Ost-Peru. Monographie zu Kultur und Religion eines Indianervolkes des Oberen Amazonas. Basel: Wepf.
– (1986): »Der vom Tabak Berauschte« – Zum Verhältnis von Rausch, Ekstase und Wirklichkeit. Verhandlungen der Naturforschenden Gesellschaft Basel 96, 67–84.
– (1987): Peruanische ayahuasca-Sitzungen. Schamanen und Heilbehandlungen. In: A. Dittrich und C. Scharfetter (Hrsg.): Ethnopsychotherapie. Psychotherapie mittels außergewöhnlicher Bewußtseinszustände in westlichen und indigenen Kulturen; pp. 70–80. Stuttgart: Ferdinand Enke Verlag.
– (1988): Eindrücke von einem Kurzbesuch im Urubamba-Tal, Ost-Peru (1987). In:

A. Seiler-Baldinger (Hrsg.): Unter dem Kreuz des Südens. Neue Schweizer ethnologische Forschungen in Südamerika; pp. 205–215. Bern: Schweizerische Ethnologische Gesellschaft.

Baer, Gerhard (1992): The One Intoxicated by Tobacco. In: E. J. M. Langdon and G. Baer (eds.): Portals of Power. Shamanism in South America; pp. 79–100. Albuquerque: University of New Mexico Press.

Baer, Gerhard, und Gisela Hertle (1974): Zwei Matsigenka-Mythen, Versuch einer Analyse. Ethnologische Zeitschrift Zürich 1, 33–75.

Baer, Gerhard, and Wayne W. Snell (1974): An Ayahuasca Ceremony among the Matsigenka (Eastern Peru). Zeitschrift für Ethnologie 99, 63–80.

Balz, Heinrich (1987): Ahnenverehrung. Afrika. In: K. Müller und T. Sundermeier (Hrsg.): Lexikon missionstheologischer Grundbegriffe; pp. 22–25. Berlin: Dietrich Reimer Verlag.

Barney, G. Linwood (1981): The Challenge of Anthropology to Current Missiology. International Bulletin of Missionary Research 5, 172–177.

Baumann, Hermann (1936): Schöpfung und Urzeit des Menschen im Mythus der afrikanischen Völker. Berlin: Dietrich Reimer Verlag.

– (1959): Mythos in ethnologischer Sicht. Studium Generale 12, 1–17, 583–597.

Bazzi, Danielle (1994): Das Schweinetauschsystem *tee* der Enga im westlichen Hochland von Papua-Neuguinea. Bern: Peter Lang.

Beidelman, T. O. (1985): Rezension von C. Turnbull: The Mbuti Pygmies. Change and Adaptation. New York 1983. Anthropos 80, 752–753.

– (1996): Rezension von J. Mark: The King of the World in the Land of the Pygmies. Lincoln 1995. Anthropos 91, 274–276.

Belliger, Andréa, und David J. Krieger (Hrsg.) (1998): Ritualtheorien. Ein einführendes Handbuch. Opladen: Westdeutscher Verlag.

Berndt, Ronald M. (1974): Australian Aboriginal Religion; 4 Fasc. Leiden: E. J. Brill.

Berndt, Roland M., Catherine H. Berndt, Stephen A. Wild, and Kenneth Maddock (1987): Australian Religions. In: M. Eliade (ed.): The Encyclopedia of Religion, vol. 1; pp. 529–570. New York: Macmillan.

Blanc, Ulrike (1993): Lieder in Erzählungen der Bulsa. Eine musikethnologische Untersuchung. Münster: Lit Verlag.

Bolle, Kees W. (1987): Myth – An Overview. In: M. Eliade (ed.): The Encyclopedia of Religion, vol. 10; pp. 261–273. New York: Macmillan.

Brain, James L. (1973): Ancestors als Elders in Africa. Further Thoughts. Africa 43, 122–133.

Brandewie, Ernest (1999): Rezension von P. Wiessner and A. Tumu: Historical Vines. Enga Networks of Exchange, Ritual, and Warfare in Papua New Guinea. Washington 1998. Anthropos 94, 643–644.

Brennan, Paul W. (1977): Let Sleeping Snakes Lie. Bedford Park: Australian Association for the Study of Religions.

– (1982): Communication. In: B. Carrad et al. (eds.): Enga – Foundations for Development; pp. 198–216. Armidale: University of New England.

Bus, G. A. M. (1951): The *Tee* Festival or Gift Exchange in Enga (Central Highlands of New Guinea). Anthropos 46, 813–824.

Caduff, Corina, und Joanna Pfaff-Czarnecka (Hrsg.) (1999): Rituale heute. Theorien – Kontroversen – Entwürfe. Berlin: Dietrich Reimer Verlag.

Capell, A. (1956): A New Approach to Australian Linguistics. Sydney: University of Sydney.

Carrasco Hermoza, Juan R. (1970): La Tribu Machiguenga. Algunos aspectos de su cultura. Zeitschrift für Ethnologie 95, 231–274.

Catlin, George (1851): Die Indianer Nord-Amerikas und die während eines achtjährigen Aufenthaltes unter den wildesten ihrer Stämme erlebten Abenteuer und Schicksale. Brüssel, Leipzig und Gent: Carl Muquardt.

Cauquelin, Josiane (1991): Le chamanisme chez les Puyuma de Taiwan et son évolution sous l'impact de l'occupation japonaise. Archipel 41, 139–152.

– (1992): La ritualité puyuma (Taiwan). Bulletin de l'Ecole Française d'Extrême-Orient 79/2, 67–99.

– (1993): The Impact of Japanese Colonialism on Puyuma (Taiwan) Shamanism. In: M. Hoppál and K. D. Howard (eds.): Shamans and Cultures; pp. 97–104. Budapest: ISTOR.

– (1995): Système d'âge chez les Puyuma, Austronésiens de Taiwan. L'Homme 35/134, 159–170.

Charlesworth, Max (ed.) (1998): Religious Business. Essays on Australian Aboriginal Spirituality. Cambridge: Cambridge University Press.

Charlesworth, Max, Howard Morphy, Diane Bell, and Kenneth Maddock (eds.) (1984): Religion in Aboriginal Australia. An Anthology. St. Lucia: University of Queensland Press.

Christie, Emerson B. (1909): The Subanuns of Sindangan Bay. Manila: Bureau of Printing.

Combés, Francisco (1667): Historia de las Ilas de Mindanao, Jolo, y sus Adyacentes. Madrid.

– (1973): The Natives of the Southern Islands. In: E. H. Blair and J. A. Robertson (eds.): The Philippine Islands 1493–1898, vol. 40; pp. 99–182. Mandaluyong: Chachos Hermanos. [Reprint]

Dammann, Ernst (1978): Grundriss der Religionsgeschichte. Stuttgart: Verlag W. Kohlhammer. [2. Aufl.]

Dixon, R. M. W. (1980): The Languages of Australia. Cambridge: Cambridge University Press.

Dlugosz, Maria (1998): Mae Enga Myths and Christ's Message. Fullness of Life in Mae Enga Mythology and Christ the Life. Nettetal: Steyler Verlag.

Domeier, Iris (1993): Akkulturation bei den westlichen Aranda in Zentralaustralien. Bonn: Holos Verlag.

Dupré, Wilhelm (1975): Religion in Primitive Cultures. A Study in Ethnophilosophy. The Hague: Mouton.

Durkheim, Emile (1902): Sur le totémisme. L'année sociologique 5, 82–121.

– (1912): Les formes élémentaires de la vie religieuse. Le système totémique en Australie. Paris: Librairie Félix Alcan.

– (1984): Die elementaren Formen des religiösen Lebens. Frankfurt: Suhrkamp Verlag. [3. Aufl.]

Eliade, Mircea (1951): Le chamanisme et les techniques archaïques de l'extase. Paris: Editions Payot.

– (1961): Recent Works on Shamanism. A Review Article. History of Religion 1, 152–186.

Eliade, Mircea (1963): Myth and Reality. London: George Allen & Unwin.
– (1973): Australian Religions. Ithaca: Cornell University Press.
– (1980): Schamanismus und archaische Ekstasetechnik. Frankfurt: Suhrkamp Verlag.
Elkin, A. P. (1953): Delayed Exchange in Wabag Sub-District, Central Highlands of New Guinea, with Notes on the Social Organization. Oceania 23/3, 161–201.
Erckenbrecht, Corinna (1998): Traumzeit. Die Religion der Ureinwohner Australiens. Freiburg: Verlag Herder.
Feachem, Richard (1973): The Religious Belief and Ritual of the Raiapu Enga. Oceania 43/3, 259–285
Feil, Daryl K. (1980): Symmetry and Complementarity. Patterns of Competition and Exchange in the Enga *Tee*. Oceania 51/1, 20–39.
– (1983): A World without Change. Millennia and the *Tee* Ceremonial System in Tombema-Enga Society (New Guinea). Anthropos 78, 89–106.
– (1984): Ways of Exchange. The Enga *Tee* of Papua New Guinea. St. Lucia: University of Queensland Press.
Finley, John Park, and William Churchill (1913): The Subanu. Studies of a Sub-Visayan Mountain Folk of Mindanao. Washington: The Carnegie Institution of Washington.
Fischer, Hans (1998): Was ist Ethnologie? In: H. Fischer (Hrsg.): Ethnologie. Einführung und Überblick; pp. 3–20. Berlin: Dietrich Reimer Verlag. [4. Aufl.]
Fortes, Meyer (1945): The Dynamics of Clanship among the Tallensi. London: Oxford University Press.
– (1949): The Web of Kinship among the Tallensi. London: Oxford University Press.
– (1965): Some Reflections on Ancestor Worship in Africa. In: M. Fortes and G. Dieterlen (eds.): African Systems of Thought; pp. 122–144. London: Oxford University Press.
– (1973): On the Concept of the Person among the Tallensi. In: G. Dieterlen et al.: La notion de personne en Afrique noire; pp. 283–319. Paris: Editions du CNRS.
– (1976): An Introductory Commentary. In: W. H. Newell (ed.): Ancestors; pp. 1–16. The Hague: Mouton Publishers.
– (1987): Religion, Morality, and the Person. Essays on Tallensi Religion. Ed. by J. Goody. Cambridge: Cambridge University Press.
Foruno, Kiyoto (1945): Religious Life of the Formosan Aborigenes. Tokyo.
Frake, Charles O. (1955): Social Organization and Shifting Cultivation among the Sindangan Subanun. Unpublished Dissertation, Yale University, New Haven.
– (1957): Litigation in Lipay. A Study in Subanun Law. In: Ninth Pacific Science Congress of the Pacific Science Association. Abstracts of Papers; p. 38. Bangkok: Ninth Pacific Science Congress, Organizing Committee.
– (1960): The Eastern Subanun of Mindanao. In: G. P. Murdock (ed.): Social Structure in Southeast Asia; pp. 51–64. New York: Wenner-Gren Foundation.
– (1961): The Diagnosis of Disease among the Subanun of Mindanao. American Anthropologist 63, 113–132.
– (1964): A Structural Description of Subanun »Religious Behavior«. In: W. H. Goodenough (ed.): Explorations in Cultural Anthropology; pp. 111–129. New York: McGraw-Hill Book Company.

– (1980a): How to Ask for a Drink in Subanun. In: C. O. Frake, Language and Cultural Description. Ed. by A. S. Dil; pp. 166–173. Stanford: Stanford University Press. [1964]
– (1980b): Language and Cultural Description. Ed. by A. S. Dil. Stanford: Stanford University Press.
– (1980c): Litigation in Lipay. A Study in Subanun Law. In: C. O. Frake, Language and Cultural Description. Ed. by A. S. Dil; pp. 132–143. Stanford: Stanford University Press. [1963]
– (1993): Subanun. In: P. Hockings (ed.): Encyclopedia of World Cultures; vol. V: East and Southeast Asia; pp. 243–246. Boston: G. K. Hall.
Frazer, James George (1910): Totemism and Exogamy. A Treatise on Certain Early Forms of Superstition and Society; vol. 1. London: Macmillan.
– (1911): The Golden Bough; part 1, vol. 1: The Magic Art and the Evolution of Kings. London: Macmillan.
– (1968): Der goldene Zweig. Eine Studie über Magie und Religion. Köln: Kiepenheuer und Witsch.
Gächter, Othmar, und Anton Quack (1989): Symbole, Magie und Religion. Anthropos 84, 521–529.
Garcia, Secundino (1935–37): Mitología Machiguenga. Misiones Dominicanas del Perú 17: 95–99, 170–179, 220–228; 18: 2–13, 86–97, 131–139, 166–176, 212–219; 19: 11–17.
Gennep, Arnold van (1909): Les rites de passage. Paris.
– (1960): The Rites of Passage. Chicago: The University of Chicago Press.
– (1986): Übergangsriten (Les rites de passage). Frankfurt: Campus Verlag.
Gibbs, Philip (1975): Ipili Religion Past and Present. Dipl. Anth. Thesis, University of Sydney, Sydney.
– (1977): The Cult from Lyeimi and the Ipili. Oceania 48/1, 1–25.
– (1978): The Kpele Ritual of the Western Highlands of Papua New Guinea. Anthropos 73, 434–448.
Gill, Sam D. (1982): Beyond »The Primitive.« The Religions of Nonliterate Peoples. Englewood Cliffs: Prentice-Hall.
Godelier, Maurice (1973): Ökonomische Anthropologie. Untersuchungen zum Begriff der sozialen Struktur primitiver Gesellschaften. Reinbek: Rowohlt Taschenbuch Verlag.
Goodenough, Ward H. (1953): Ethnographic Notes on the Mae People of New Guinea's Western Highlands. Southwestern Journal of Anthropology 9, 29–44.
Grabner-Haider, Anton (1989): Strukturen des Mythos. Theorie einer Lebenswelt. Frankfurt: Peter Lang.
Greschat, Hans-Jürgen (1996): Ethnische Religionen. In: P. Antes (Hrsg.): Die Religionen der Gegenwart; pp. 261–279. München: Verlag C. H. Beck.
Gronbech, Vilhelm (1971): Primitive Religion I. In: J. P. Asmussen et al. (eds.): Handbuch der Religionsgeschichte, Bd. 1; pp. 11–54. Göttingen: Vandenhoeck & Ruprecht.
Haekel, Josef (1971): Religion. In: H. Trimborn (Hrsg.): Lehrbuch der Völkerkunde; pp. 72–141. Stuttgart: Ferdinand Enke Verlag. [4. Aufl.]
Hammond, Dorothy (1970): Magic: A Problem in Semantics. American Anthropologist 72, 1349–1356.

Hanzeli, Victor Egon (1969): Missionary Linguistics in New France. A Study of Seventeenth- and Eighteenth-Century Descriptions of American Indian Languages. The Hague: Mouton.

Harako, Reizo (1976): The Mbuti as Hunters. A Study of Ecological Anthropology of the Mbuti-Pygmies. Kyoto University African Studies 10, 37–99.

Hardacre, Helen (1987): Ancestor Worship. In: M. Eliade (ed.): The Encyclopedia of Religion, vol. 1; pp. 263–268. New York: Macmillan.

Heermann, Ingrid (1981): Subsistenz- und Marktwirtschaft im Wandel. Wirtschaftsethnologische Forschungen bei den Bulsa in Nord-Ghana. Hohenschäftlarn: Kommissionsverlag Klaus Renner.

Heidenreich, Conrad E. (1978): Huron. In: B. G. Trigger (ed.): Handbook of North-American Indians; vol. 15: Northeast; pp. 368–388. Washington: Smithsonian Institution.

Heiler, Friedrich (1979): Erscheinungsformen und Wesen der Religion. Stuttgart: Verlag W. Kohlhammer. [2. Aufl.]

Hellbusch, Sigrid (1941): Die Frauen bei den Aranda. Zeitschrift für Ethnologie 73, 71–87.

Herrmann, Ferdinand (1961): Symbolik in den Religionen der Naturvölker. Stuttgart: Anton Hiersemann.

Hultkrantz, Ake (1973): A Definition of Shamanism. Temenos 9, 25–37.

– (1993): Introductory Remarks on the Study of Shamanism. Shaman 1, 3–14.

Ichikawa, Mitsuo (1991): The Impact of Commodisation on the Mbuti of Eastern Zaire. In: N. Peterson and T. Matsuyama (eds.): Cash, Commodities, and Changing Foragers; pp. 135–162. Osaka: National Museum of Ethnology.

– (1996): The Co-Existence of Man and Nature in the African Forest. In: R. Ellen and K. Fukui (eds.): Redefining Nature. Ecology, Culture, and Domestication; pp. 467–492. Oxford: Berg.

– (1999): The Mbuti of Northern Congo. In: R. B. Lee and R. Daly (eds.): The Cambridge Encyclopedia of Hunters and Gatherers; pp. 210–214. Cambridge: Cambridge University Press.

– (2000): »Interest in the Present« in the Nationwide Monetary Economy. The Case of Mbuti Hunters in Zaire. In: P. P. Schweitzer et al. (eds.): Hunters and Gatherers in the Modern World; pp. 263–274. New York: Berghahn Books.

Jensen, Adolf E. (1951): Mythos und Kult bei Naturvölkern. Religionswissenschaftliche Betrachtungen. Wiesbaden: Franz Steiner Verlag.

Jentsch, Thunar, und Rainer Doetsch (1986): Keman, eine Siedlung im Hochland von Papua-Neuguinea. Bestandsaufnahme und Untersuchung des kulturellen Wandels. Berlin: Dietrich Reimer Verlag.

Johansen, J. Prytz (1971): Primitive Religion II. In: J. P. Asmussen et al. (eds.): Handbuch der Religionsgeschichte, Bd. 1; pp. 55–151. Göttingen: Vandenhoeck & Ruprecht.

Johnson, Allen (1975): Time Allocation in a Machiguenga Community. Ethnology 14, 301–310.

– (1983): Machiguenga Gardens. In: R. Hames and W. Vicers (eds.): Adaptive Responses of Native Amazonians; pp. 29–63. New York: Academic Press.

– (2003): Families of the Forest. The Matsigenka Indians of the Peruvian Amazon. Berkeley: Univerity of the California Press.

Johnson, Allen W., and Timothy Earle (1987): The Evolution of Human Societies. From Foraging Group to Agrarian State. Stanford: Stanford University Press.

Johnson, Orna R. (1978): Kinship Decisions among the Machiguenga. The Dravidian System in a Small Scale Society. In: D. J. Thomas (ed.): Social Correlates of Kin Terminology; pp. 54–62. Bennington: Bennington College.

Johnson, Orna R., and Allen W. Johnson (1975): Male/Female Relations and the Organization of Work in a Machiguenga Community. American Ethnologist 2, 634–648.

– (1994): Matsigenka. In: J. Wilbert (ed.): Encyclopedia of World Cultures; vol. 7: South America; pp. 230–233. Boston: G. K. Hall.

Kano, Tadao (1946–1952): Tônan Ajiya Minzokugaku Senshigaku Kenkyu (Studien zur Ethnologie und Archäologie Südostasiens); 2 Bde. Tokyo.

Kehrer, Günter (1998): Definitionen der Religion. In: H. Cancik et al. (Hrsg.): Handbuch religionswissenschaftlicher Grundbegriffe, Bd. 4; pp. 418–425. Stuttgart: Verlag W. Kohlhammer.

King, Winston L. (1987): Religion. In: M. Eliade (ed.): The Encyclopedia of Religion, vol. 12; pp. 282–293. New York: Macmillan.

Kohl, Karl-Heinz (1981): Entzauberter Blick. Das Bild vom Guten Wilden und die Erfahrung der Zivilisation. Berlin: Medusa Verlag.

– (1993): Ethnologie – die Wissenschaft vom kulturell Fremden. Eine Einführung. München: C. H. Beck.

Kojima, Y., et al. (1915–1922): Banzoku Kanshu Chôsa Hôkokushu (Survey Reports on the Customs of the Formosan Aborigenes); 8 vols. Taihoku (Taipei).

Kokubu, N., and E. Kaneko (1962): The Tribal Peoples of Formosa. Bulletin of the International Committee on Urgent Anthropological Research 5, 32–38.

Kopytoff, Igor (1971): Ancestors as Elders in Africa. Africa 41, 129–142.

Kramer, Fritz (1987): Ritual. In: B. Streck (Hrsg.): Wörterbuch der Ethnologie; pp. 181–183. Köln: DuMont Buchverlag.

Kröger, Franz (1978): Übergangsriten im Wandel. Kindheit, Reife und Heirat bei den Bulsa in Nord-Ghana. Hohenschäftlarn: Kommissionsverlag Klaus Renner.

– (1982): Ancestor Worship among the Bulsa of Northern Ghana. Hohenschäftlarn: Kommissionsverlag Klaus Renner.

– (1986): Der Ritualkalender der Bulsa (Nordghana). Anthropos 81, 671–681.

– (1992): Buli-English Dictionary. Münster: Lit Verlag.

Kung, Wen-chi, et al. (1992): The People of Song. Free China Review 42/6, 20–33.

Kuttner, Sven (1998): Handel, Religion und Herrschaft. Kulturkontakt und Ureinwohnerpolitik in Neufrankreich im frühen 17. Jahrhundert. Frankfurt: Peter Lang.

Kyakas, Alome, and Polly Wiessner (1992): From Inside the Women's House. Enga Women's Lives and Traditions. Buranda: Robert Brown & Ass.

Lacey, Roderic (1974): A Question of Origins. An Exploration of Some Oral Traditions of the Enga of New Guinea. The Journal of Pacific History 9, 39–54.

– (1980): Oral Traditions as History. An Exploration of Oral Sources among the Enga of the New Guinea Highlands. PhD Thesis at University of Wisconsin 1975. Ann Arbor: UMI.

– (1981): Traditions of Origin and Migration. Some Enga Evidence. In: D. Denoon and R. Lacey (eds.): Oral Traditions in Melanesia; pp. 45–55. Port Moresby: The University of Papua New Guinea.

Lafitau, Joseph François (1724): Mœurs des Sauvages Ameriquains, comparées aux Mœurs des premiers temps. Paris: Saugrin et Hochereau.
– (1987): Die Sitten der amerikanischen Wilden im Vergleich zu den Sitten der Frühzeit. Weinheim: VCH.
La Hontan (Lahontan), Louis-Armand de Lom d'Arce, Baron de (1703): Nouveaux voyages de Mr. le Baron de Lahontan dans l'Amérique septentrionale; 2 vols in 1. Et: Supplément aux Voyages du baron de Lahontan, où l'on trouve des dialogues curieux entre l'auteur et un sauvage de bon sens qui a voyagé. The Hague: Frères l'Honoré.
– (1981): Gespräche mit einem Wilden. Frankfurt: Qumran Verlag.
Lang, Adrianne (1973): Enga Dictionary, with English Index. Canberra: Pacific Linguistics.
– (1975): The Semantics of Classificatory Verbs in Enga (and Other Papua New Guinea Languages). Canberra: Pacific Linguistics.
Laubscher, Matthias (1998): Religionsethnologie. In: H. Fischer (Hrsg.): Ethnologie. Einführung und Überblick; pp. 221–243. Berlin: Dietrich Reimer Verlag. [4. Aufl.]
Leach, Edmund R. (1968): Ritual. In: D. L. Sills (ed.): International Encyclopedia of the Social Sciences, vol. 13; pp. 521–526. New York: The Macmillan Company & The Free Press.
Leonhardi, Moritz von (1907): Über einige religiöse und totemistische Vorstellungen der Aranda und Loritja in Zentralaustralien. Globus 91, 285–290.
– (1910): Vorrede. In: C. Strehlow: Die Aranda- und Loritja-Stämme in Zentral-Australien, 3. Teil, 1. Abt.; pp. v–xviii. Frankfurt: Joseph Baer.
Lessa, William A., and Evon Z. Vogt (1965): Reader in Comparative Religion. An Anthropological Approach. New York: Harper & Row.
Lévi-Strauss, Claude (1969): Die Struktur der Mythen. In: C. Lévi-Strauss: Strukturale Anthropologie; pp. 226–255. Frankfurt: Suhrkamp Verlag.
– (1973): Die Geschichte von Asdiwal. In: E. Leach (Hrsg.): Mythos und Totemismus. Beiträge zur Kritik der strukturalen Analyse; pp. 27–81. Frankfurt: Suhrkamp Verlag.
– (1976): Mythologica, 4 Bde. I: Das Rohe und das Gekochte; II: Vom Honig zur Asche; III: Der Ursprung der Tischsitten; IV: Der nackte Mensch. Frankfurt: Suhrkamp Taschenbuch Verlag.
Lingating, Fausto (1994): Practices of the Subanen Tribe Relative to Sickness, Death, and After-Death – A Theological Response by H. W. Kiley – Discussions. In: H. W. Kiley (ed.): Filipino Tribal Religious Experience; II: Sickness, Death, and After-Death; pp. 135–157. Quezon City: Giraffe Books.
Lounsbury, Floyd G. (1978): Iroquoian Languages. In: B. G. Trigger (ed.): Handbook of North-American Indians; vol. 15: Northeast; pp. 334–343. Washington: Smithsonian Institution.
Lutz, Hartmut (1985): »Indianer« und »Native Americans«. Zur sozial- und literarhistorischen Vermittlung eines Stereotyps. Hildesheim: Georg Olms Verlag.
Mabuchi, Toichi (1953): Retrospect on the Classification of the Formosan Aborigenes. Minzokugaku Kenkyu 18/1–2, 1–11.
– (1960): The Aboriginal Peoples of Formosa. In: G. P. Murdock (ed.): Social Structure in Southeast Asia; pp. 127–142. New York: Wenner-Gren Foundation.
– (1976): Optional Cult Group Affiliation among the Puyuma and the Miyako

Islanders. In: W. H. Newell (ed.): Ancestors; pp. 91–103. The Hague: Mouton Publishers.
Malinowski, Bronislaw (1986): Die Rolle des Mythos im Leben. In: B. Malinowski, Schriften in vier Bänden; Bd. 4/2: Schriften zur Anthropologie; pp. 139–144. Frankfurt: Syndikat.
Mark, Joan (1995): The King of the World in the Land of the Pygmies. Lincoln: University of Nebraska Press.
Mbiti, John S. (1974): Afrikanische Religion und Weltanschauung. Berlin: Walter de Gruyter.
Meggit, Mervyn (1956): The Valleys of the Upper Wage and Lai Rivers, Western Highlands, New Guinea. Oceania 27/2, 90–135.
– (1958): The Enga of the New Guinea Highlands. Some Preliminary Observations. Oceania 28/4, 253–330.
– (1962): Dream Interpretation among the Mae Enga of New Guinea. Southwestern Journal of Anthropology 18, 216–229.
– (1964): Male-Female Relationships in the Highlands of Australian New Guinea. In: J. B. Watson (ed.): New Guinea. The Central Highlands; pp. 204–224. Menasha: American Anthropological Association.
– (1965): The Mae Enga of the Western Highlands. In: P. Lawrence and M. J. Meggit (eds.): Gods, Ghosts, and Men in Melanesia; pp. 105–131. London: Oxford University Press.
– (1974): »Pigs Are Our Hearts!« The Te Exchange Cycle among the Mae Enga of New Guinea. Oceania 44/3, 165–203.
– (1991): Mae Enga. In: T. E. Hays (ed.): Encyclopedia of World Cultures; vol. 2: Oceania; pp. 148–151. Boston: G. K. Hall.
Meier, Barbara (1993): Doglientiri. Frauengemeinschaften in westafrikanischen Verwandtschaftssystemen, dargestellt am Beispiel der Bulsa in Nordghana. Münster: Lit Verlag.
Miller, Jay (1994): Begegnung der Welten. In: D. H. Thomas et al.: Die Welt der Indianer. Geschichte, Kunst, Kultur von den Anfängen bis zur Gegenwart; pp. 111–209. München: Frederking und Thaler.
Mithun, Marianne (1979): Iroquoian. In: L. Campbell and M. Mithun (eds.): The Languages of Native America. Historical and Comparative Assessment; pp. 133–212. Austin: University of Texas Press.
Morissoneau, Christian (1978): Huron of Lorette. In: B. G. Trigger (ed.): Handbook of North-American Indians; vol. 15: Northeast; pp. 389–393. Washington: Smithsonian Institution.
Morton, John (1991): Aranda. In: T. E. Hays (ed.): Encyclopedia of World Cultures; vol. 2: Oceania; pp. 16–19. Boston: G. K. Hall.
– (1999): The Arrernte of Central Australia. In: R. B. Lee and R. Daly (eds.): The Cambridge Encyclopedia of Hunters and Gatherers; pp. 329–334. Cambridge: Cambridge University Press.
Müller, Ernst Wilhelm (1969): Stamm. In: W. Bernsdorf (Hrsg.): Wörterbuch der Soziologie; pp. 1121–1122. Stuttgart: Ferdinand Enke Verlag.
Ogawa, Naoyoshi, and Erin Asai (1935): Taiwan Takasago-zoku Densetsushu (The Myth and Traditions of the Formosan Native Tribes. Texts and Notes). Taihoku (Taipei).

Okamatsu, Santarô (1918–1921): Taiwan Banzoku Kanshu (Studies on the Customs of the Formosan Aborigenes); 8 vols. Taihoku (Taipei).
Oppitz, Michael (1975): Notwendige Beziehungen. Abriss strukturaler Anthropologie. Frankfurt: Suhrkamp Verlag.
Pandian, Jacob (1991): Culture, Religion, and the Sacred Self. A Critical Introduction to the Anthropological Study of Religion. Englewood Cliffs: Prentice-Hall.
Payne, David L. (1991): A Classification of Maipuran (Arawakan) Languages Based on Shared Lexical Retentions. In: D. C. Derbyshire and G. K. Pullum (eds.): Handbook of Amazonian Languages, vol. 3; pp. 355–499. Berlin: Mouton de Gruyter.
Pettazzoni, Raffaele (1950): Die Wahrheit des Mythos. Paideuma 4, 1–10.
Planert, W. (1907): Aranda-Grammatik. Zeitschrift für Ethnologie 39, 551–566.
Post, Franz-Joseph (1997): Schamanen und Missionare. Katholische Mission und indigene Spiritualität in Nouvelle France. Münster: Lit Verlag.
Putnam, Patrick (1948): The Pygmies of the Ituri Forest. In: C. S. Coon (ed.): A Reader in General Anthropology; pp. 322–342. New York: Henry Holt.
Quack, Anton (1978): Riten nach der Kopfjagd bei den Puyuma von Katipol (Taiwan). Beschreibung und Analyse nach Aufzeichnungen aus dem Nachlass von P. Dominik Schröder. Magisterarbeit, Universität Köln.
– (1985): Priesterinnen, Heilerinnen, Schamaninnen? Die poringao der Puyuma von Katipol (Taiwan), dargestellt und analysiert nach Aufzeichnungen aus dem Nachlass von D. Schröder. Berlin: Dietrich Reimer Verlag. (Collectanea Instituti Anthropos, 32)
– (1987): Ethnologie. In: K. Müller und T. Sundermeier (Hrsg.): Lexikon missionstheologischer Grundbegriffe; pp. 92–94. Berlin: Dietrich Reimer Verlag.
– (1988a): Magie. In: H. Waldenfels (Hrsg.): Lexikon der Religionen; pp. 382–383. Freiburg: Verlag Herder. [2. Aufl.]
– (1988b): Opfer. I. Religionswissenschaftlich. In: H. Waldenfels (Hrsg.): Lexikon der Religionen; pp. 480–482. Freiburg: Verlag Herder. [2. Aufl.]
– (1988c): Schamane/Schamanismus. In: H. Waldenfels (Hrsg.): Lexikon der Religionen; pp. 580–582. Freiburg: Verlag Herder. [2. Aufl.]
– (1990): Enkulturation/Inkulturation. In: H. Cancik et al. (Hrsg.): Handbuch religionswissenschaftlicher Grundbegriffe, Bd. 4; pp. 283–289. Stuttgart: Verlag W. Kohlhammer.
– (1993): Inkulturation und Synkretismus. Religionsethnologische Anmerkungen. Theologie der Gegenwart 36, 134–145.
– (Hrsg.; 1981): Das Wort der Alten. Erzählungen zur Geschichte der Pujuma von Katipol (Taiwan). Gesammelt von D. Schröder und P. Veil. St. Augustin: Anthropos-Institut, Haus Völker und Kulturen. (Collectanea Instituti Anthropos, 12)
Renard-Casevitz, France-Marie (1972): Les Matsiguenga. Journal de la Société des Américanistes 61, 215–253.
– (1980–1981): Inscriptions. Un aspect du symbolisme matsiguenga. Journal de la Société des Américanistes 67, 261–295.
– (1988): L'histoire ailleurs. L'Homme 28/106–107, 213–225.
– (1991): Le banquet masqué. Une mythologie de l'étranger chez les indiens Matsiguenga. Paris: Lierre & Coudrier Editeur.
Riehl, Volker (1993): Natur und Gemeinschaft. Sozialanthropologische Untersuchungen zur Gleichheit bei den Tallensi in Nord-Ghana. Frankfurt: Peter Lang.

– (2003): Pygmäen. In: H. D. Betz et al. (Hrsg.): Religion in Geschichte und Gegenwart, Bd. 6; pp. 1842–1844. Tübingen: Mohr Siebeck. [4. Aufl.]

Rudolph, Wolfgang (1971): Kultur, Psyche und Weltbild. In: H. Trimborn (Hrsg.): Lehrbuch der Völkerkunde; pp. 54–71. Stuttgart: Ferdinand Enke Verlag. [4. Aufl.]

– (1998): Ethnos und Kultur. In: H. Fischer (Hrsg.): Ethnologie. Einführung und Überblick; pp. 53–71. Berlin: Dietrich Reimer Verlag. [4. Aufl.]

Sabbatucci, Dario (1988): Kultur und Religion. In: H. Cancik et al. (Hrsg.): Handbuch religionswissenschaftlicher Grundbegriffe, Bd. 1; pp. 43–58. Stuttgart: Verlag W. Kohlhammer.

Sahlins, Marschall D. (1968): Notes on the Original Affluent Society. In: R. B. Lee and I. DeVore (eds.): Man the Hunter; pp. 85–89. Chicago: Aldine Publishing Company.

Saler, Benson (1993): Conceptualizing Religion. Immanent Anthropologists, Transcendent Natives, and Unbounded Categories. Leiden: E. J. Brill.

Sayama, Yukichi (1913–1921): Banzoku Chôsa Hôkokusho (Survey Reports on the Formosan Aborigenes); 8 vols. Taihoku (Taipei).

Schebesta, Paul (1938): Die Bambuti-Pygmäen vom Ituri; Bd. 1: Geschichte, Geographie, Umwelt, Demographie und Anthropologie der Ituri-Bambuti. Bruxelles: Institut Royal Colonial Belge.

– (1941): Die Bambuti-Pygmäen vom Ituri; Bd. 2: Ethnographie der Ituri-Bambuti, 1. Teil: Die Wirtschaft der Ituri-Bambuti. Bruxelles: Institut Royal Colonial Belge.

– (1948): Die Bambuti-Pygmäen vom Ituri; Bd. 2: Ethnographie der Ituri-Bambuti, 2. Teil: Das soziale Leben. Bruxelles: Institut Royal Colonial Belge.

– (1950): Die Bambuti-Pygmäen vom Ituri; Bd. 2: Ethnographie der Ituri-Bambuti, 3. Teil: Die Religion. Bruxelles: Institut Royal Colonial Belge.

– (1963): Colin M. Turnbull und die Erforschung der Bambuti-Pygmäen. Anthropos 58, 209–223.

Schmidt, Wilhelm (1908a): Die Stellung der Aranda unter den australischen Stämmen. Zeitschrift für Ethnologie 40, 866–901.

– (1908b): On the Classification of Australian Languages. Man 8, 184–185.

– (1919): Die Gliederung der Australischen Sprachen. Geographische, bibliographische, linguistische Grundzüge der Erforschung der australischen Sprachen. Wien: Druck und Verlag der Mechitharisten-Buchdruckerei.

Schomburg-Scherff, Sylvia M. (1997): Arnold van Gennep (1873–1957). In: A. Michaels (Hrsg.): Klassiker der Religionswissenschaft; pp. 222–233, 392–394. München: Verlag C. H. Beck.

Schott, Rüdiger (1962): Beharrung und Wandel von Wildbeuterkulturen unter wirtschaftsethnologischen Aspekten. Anthropos 57, 700–724.

– (1970): Aus Leben und Dichtung eines westafrikanischen Bauernvolkes. Opladen: Westdeutscher Verlag.

– (1973/1974): Haus- und Wildtiere in der Religion der Bulsa (Nord-Ghana). Paideuma 19/20, 280–306.

– (1977): Sources for a History of the Bulsa in Northern Ghana. Paideuma 23, 141–168.

– (1980): Triviales und Transzendentes: Einige Aspekte afrikanischer Rechtstraditionen unter besonderer Berücksichtigung der Bulsa in Nord-Ghana. In: W. Fikentscher et al. (Hrsg.): Entstehung und Wandel rechtlicher Traditionen; pp. 265–301. Freiburg: Verlag Karl Alber.

Schott, Rüdiger (1982): Ehe und Familie in einer Gesellschaft westafrikanischer Bodenbauern (Bulsa in Nordghana). In: B. Mensen (Hrsg.): Ehe und Familie in verschiedenen Kulturen; pp. 55–74. St. Augustin: Akademie Völker und Kulturen.
– (1989): Gott in Erzählungen der Bulsa (Nord-Ghana). Paideuma 35, 257–272.
– (1990): Afrikanische Erzählungen als religionsethnologische Quellen. Opladen: Westdeutscher Verlag.
– (1994): Schenken und Geschenke in Erzählungen der Bulsa (Nordghana). In: T. Geider und R. Kastenholz (Hrsg.): Sprachen und Sprachzeugnisse in Afrika. Eine Sammlung philologischer Beiträge Wilhelm J. G. Möhlig zum 60. Geburtstag zugeeignet; pp. 409–428. Köln: Rüdiger Köppe Verlag.
– (1997): Orakel und Opferkulte bei Völkern der westafrikanischen Savanne. Opladen: Westdeutscher Verlag.
– (ed.; 1993): Bulsa Sunsuelima. Folktales of the Bulsa in Northern Ghana; vol. 1: Tales of the Sky-God (Wen, Naawen), part 1. Münster: Lit Verlag.
– (1996): Bulsa Sunsuelima. Folktales of the Bulsa in Northern Ghana; vol. 2: Tales of the Sky-God (Wen, Naawen), part 2–3. Münster: Lit Verlag.
Schröder, Dominik (1955): Zur Struktur des Schamanismus. Mit besonderer Berücksichtigung des lamaistischen Gurtum. Anthropos 50, 848–881.
– (1966): Die Puyuma von Katipol (Taiwan) und ihre Religion. Anthropos 61, 267–293.
– (1967): The Puyuma of Katipol (Taiwan) and Their Religion. A Brief Field Survey Report. Bulletin of the Department of Archaeology and Anthropology 29–30, 11–39.
– (1968): Zum Hochgottglauben der Puyuma von Katipol (Taiwan). In: Anthropica. Festschrift P. W. Schmidt; pp. 323–361. St. Augustin: Anthropos Institut. (Studia Instituti Anthropos, 21)
Schröder, Dominik, und Anton Quack (1979): Kopfjagdriten der Puyuma von Katipol (Taiwan). Eine Textdokumentation. St. Augustin: Anthropos-Institut, Haus, Völker und Kulturen. (Collectanea Instituti Anthropos, 11)
Schulz, Hermann (1993): Stammesreligionen. Zur Kreativität des kulturellen Bewusstseins. Stuttgart: Verlag W. Kohlhammer.
Schwab, John (1995): The Sandalu Bachelor Ritual among the Laiapu Enga (Papua New Guinea). Ed. by Philip Gibbs. Anthropos 90, 27–47.
Segal, Robert A. (ed.) (1998): The Myth and Ritual Theory. An Anthology. Malden: Blackwell Publishers.
Seitz, Stefan (1977): Die zentralafrikanischen Wildbeuterkulturen. Wiesbaden: Franz Steiner Verlag.
Sioui, Georges E. (1992): For an Amerindian Autohistory. An Essay on the Foundations of a Social Ethic. Montreal: McGill-Queen's University Press.
Spencer, Baldwin (1914): Native Tribes of the Northern Territory of Australia. London: Macmillan.
Spencer, Baldwin, and F. J. Gillen (1899): The Native Tribes of Central Australia. London: Macmillan. [Repr. 1968 New York: Dover Publications]
– (1904): The Northern Tribes of Central Australia. London: Macmillan.
– (1927): The Arunta. A Study of a Stone Age People; 2 vols. London: Macmillan.
Spiro, Melford E. (1966): Religion: Problems of Definition and Explanation. In:

M. Banton (ed.): Anthropological Approaches to the Study of Religion; pp. 85–126. London: Tavistock Publications.

Sprenger, Arnold (1971): The Numerals of the Puyuma Language (Katipol Dialect). Fu Jen Studies 4, 49–60.

– (1972): Overt Construction Markers in Poyoma (Katipol Dialect). In: C. T. C. Tang et al. (eds.): Papers in Linguistics in Honor of A. A. Hill; pp. 133–145. Taipei.

Steward, Julian H., and Alfred Métraux (1948): Tribes of the Peruvian and Ecuadorian Montana. In: J. M. Steward (ed.): Handbook of South American Indians; vol. 3: The Tropical Forest Tribes; pp. 535–656. Washington: Smithsonian Institution.

Strehlow, Carl (1907): Die Aranda- und Loritja-Stämme in Zentral-Australien; 1. Teil: Mythen, Sagen und Märchen des Aranda-Stammes. Bearb. von M. von Leonhardi. Frankfurt: Joseph Baer.

– (1908): Die Aranda- und Loritja-Stämme in Zentral-Australien; 2. Teil: Mythen, Sagen und Märchen des Loritja-Stammes. Die totemistischen Vorstellungen und die Tjurunga der Aranda und Loritja. Bearb. von M. von Leonhardi. Frankfurt: Joseph Baer.

– (1910): Die Aranda- und Loritja-Stämme in Zentral-Australien; 3. Teil: Die totemistischen Kulte der Aranda- und Loritja-Stämme; 1. Abt.: Allgemeine Einleitung und die totemistischen Kulte des Aranda-Stammes. Bearb. von M. von Leonhardi. Frankfurt: Joseph Baer.

– (1911): Die Aranda- und Loritja-Stämme in Zentral-Australien; 3. Teil: Die totemistischen Kulte der Aranda- und Loritja-Stämme; 2. Abt.: Die totemistischen Kulte des Loritja-Stammes. Frankfurt: Joseph Baer.

– (1913): Die Aranda- und Loritja-Stämme in Zentral-Australien; 4. Teil: Das soziale Leben der Aranda- und Loritja-Stämme; 1. Abt. Frankfurt: Joseph Baer.

– (1915): Die Aranda- und Loritja-Stämme in Zentral-Australien; 4. Teil: Das soziale Leben der Aranda- und Loritja-Stämme; 2. Abt. Frankfurt: Joseph Baer.

– (1920): Die Aranda- und Loritja-Stämme in Zentral-Australien; 5. Teil: Die materielle Kultur der Aranda- und Loritja-Stämme. Frankfurt: Joseph Baer.

Strehlow, T. G. H. (1944): Aranda Phonetics and Grammar. Sydney: The Australian National Research Council.

– (1947): Aranda Traditions. Carlton: Melbourne University Press.

– (1964a): The Art of Circle, Line, and Square. In: R. M. Berndt (ed.): Australian Aboriginal Art; pp. 44–99. New York: The Macmillan Company.

– (1964b): Personal Monototemism in a Polytotemic Community. In: E. Haberland et al. (Hrsg.): Festschrift für Ad. E. Jensen, 2. Teil; pp. 723–754. München: Klaus Renner Verlag.

– (1965): Culture, Social Structure, and Environment in Aboriginal Central Australia. In: R. M. Berndt and C. H. Berndt (eds.): Aboriginal Man in Australia; pp. 121–145. London: Angus and Robertson.

– (1970): Geography and the Totemic Landscape in Central Australia. A Functional Study. In: R. M. Berndt (ed.): Australian Aboriginal Anthropology. Modern Studies in the Social Anthropology of the Australian Aborigines; pp. 92–140. Nedlands: University of Western Australia Press.

– (1971): Songs of Central Australia. Sydney: Angus and Robertson.

Strehlow, T.G.H. (1978): Central Australian Religion. Personal Monototemism in a Polytotemic Community. Bedford Park: Australian Association for the Study of Religions.

Suenari, Michio (1969): A Preliminary Report on Puyuma Language. The Bulletin of the Institute of Ethnology 27, 141–163.

Sun, Ta-chuan (1992): The Mother of History. Free China Review 42/6, 52–57.

Sundermeier, Theo (1988): Nur gemeinsam können wir leben. Das Menschenbild schwarzafrikanischer Religionen. Gütersloh: Gütersloher Verlagshaus Gerd Mohn.

Swain, Tony (1995): Australia. In: T. Swain and G. Trompf: The Religions of Oceania; pp. 19–118. London: Routledge.

Tanno, Tadashi (1976): The Mbuti Net-Hunters in the Ituri Forest, Eastern Zaire. Kyoto University African Studies 10, 101–135.

Tenazas, R. C. P., and L. L. Ramas (1974): A Map of the Better-Kown Cultural Minorities of the Philippines. Philippine Quarterly of Culture and Society 1/2, 3–4.

Thiel, Josef Franz (1972): Die übermenschlichen Wesen bei den Yansi und einigen ihrer Nachbarn (Zaire). Anthropos 67, 649–689.

– (1977): Ahnen, Geister, Höchste Wesen. Religionsethnologische Untersuchungen im Zaire-Kasai-Gebiet. St. Augustin: Anthropos-Institut. (Studia Instituti Anthropos, 26)

– (1984): Religionsethnologie. Grundbegriffe der Religionen schriftloser Völker. Berlin: Dietrich Reimer Verlag. (Collectanea Instituti Anthropos, 33)

– (1992): Grundbegriffe der Ethnologie. Berlin: Dietrich Reimer Verlag. (Collectanea Instituti Anthropos, 16) [5. Aufl.]

Thompson, Michael (1980): The Geometry of Confidence. An Analysis of the Enga *tee* and Hagen *moka*, a Complex System of Ceremonial Pig Giving in the New Guinea Highlands. In: J. C. Mitchell (ed.): Numerical Techniques in Social Anthropology; pp. 235–272. Philadelphia: ISHI.

Thwaites, Reuben Gold (ed.) (1959): The Jesuit Relations and Allied Documents. Travels and Explorations of the Jesuit Missionaries in New France 1610–1791; 73 vols. New York: Pageant. [Orig. Cleveland: Burrows Brothers, 1896–1901]

Tindale, Norman B. (1974): Aboriginal Tribes of Australia. Their Terrain, Environmental Controls, Distribution, Limits, and Proper Names. With an Appendix on Tasmanian Tribes. Berkeley: University of California Press.

Ting, Pang-hsin (1978): Reconstruction of Proto-Puyuma Phonology. The Bulletin of the Institute of History and Philology 49, 321–392.

Tooker, Elisabeth (1964): An Ethnography of the Huron Indians, 1615–1649. Washington: U.S. Government Printing Office.

– (1978): Wyandot. In: B. G. Trigger (ed.): Handbook of North-American Indians; vol. 15: Northeast; pp. 398–406. Washington: Smithsonian Institution.

– (1994): Rezension von Sioui 1992. Anthropos 89, 309f.

Trigger, Bruce G. (1969): The Huron. Farmers of the North. New York: Holt, Rinehart, and Winston.

– (1976): The Children of Aataentsic. A History of the Huron People to 1660; 2 vols. Montreal: McGill-Queen's University Press.

Tsuchida, Shigeru (1980): Puyuma (Tamalakaw Dialect) Vocabulary, with Grammatical Notes and Texts. In: Kuroshio no Minzoku, Bunka, Gengo [Ethnology, Cultures, and Languages along the Black Current]; pp. 181–307. Kadokawa Shoten.

– (1983): Puyuma-English Index (Austronesian Language in Taiwan). In: Working Papers in Linguistics; pp. 11–63. Tokyo: University of Tokyo.

Turnbull, Colin M. (1960a): The elima. A Pre-marital Festival among the Bambuti Pygmies. Zaïre 14, 175–192.

– (1960b): The molimo. A Men's Religious Association among the Ituri Bambuti. Zaïre 14, 307–340.

– (1963a): Father Schebesta's Work among the Bambuti-Pygmies. In: Festschrift Paul Schebesta zum 75. Geburtstag; pp. 1–6. Wien-Mödling: St. Gabriel Verlag. (Studia Instituti Anthropos, 18)

– (1963b): Molimo. Drei Jahre bei den Pygmäen. Köln: Verlag Kiepenheuer & Witsch.

– (1965): The Mbuti Pygmies. An Ethnographic Survey. New York: The American Museum of Natural History.

– (1966): Wayward Servants. The Two Worlds of the African Pygmies. London: Eyre & Spottishwood.

– (1968): The Importance of Flux in Two Hunting Societies. In: R. B. Lee and I. DeVore (eds.): Man the Hunter; pp. 132–137. Chicago: Aldine Publishing Company.

– (1983): The Mbuti Pygmies. Change and Adaptation. New York: Holt, Rinehart & Winston.

– (1986): Survival Factors among Mbuti and Other Hunters of the Equatorial African Rain Forest. In: L. L. Cavalli-Sforza (ed.): African Pygmies; pp. 103–123. Orlando: Academic Press.

Turner, Victor W. (1969): The Ritual Process. Stucture and Anti-Structure. Chicago: Aldine Publishing Company.

– (1987): Rites of Passage. A Few Definitions. In: M. Eliade (ed.): The Encyclopedia of Religion, vol. 12; pp. 386–387. New York: Macmillan.

– (1989): Das Ritual. Struktur und Anti-Struktur. Frankfurt: Campus Verlag.

Tworuschka, Udo, et al. (1992): Ethnische Religionen. In: M. Tworuschka und U. Tworuschka (Hrsg.): Bertelsmann Handbuch Religionen der Welt. Grundlagen, Entwicklung und Bedeutung in der Gegenwart; pp. 405–407. Gütersloh: Bertelsmann Lexikon Verlag.

Tyler, Stephen A. (ed.) (1969): Cognitive Anthropology. New York: Holt, Rinehart, and Winston.

Tylor, Edward B. (1871): Primitive Culture. Researches into the Development of Mythology, Philosophy, Religion, Art, and Custom; 2 vols. London: John Murray.

Utsurikawa, Nenozô, et al. (1935): Taiwan Takasago-zoku Keitô-shozuku no Kenkyu (The Formosan Native Tribes. A Genealogical and Classificatory Study); 2 vols. Tokyo.

Vivelo, Frank Robert (1981): Handbuch der Kulturanthropologie. Stuttgart: Klett-Cotta.

Waddell, Eric (1972): The Mound Builders. Agricultural Practices, Environment, and Society in the Central Highlands of New Guinea. Seattle: University of Washington Press.

– (1973): Raiapu Enga Adaptive Strategies. Structure and General Implications. In: H. Brookfield (ed.): The Pacific in Transition. Geographical Perspectives on Adaptation and Change; pp. 25–54. London: Edward Arnold.

Wallace, Anthony F. C. (1966): Religion. An Anthropological View. New York: Random House.
Wei, Hwei-lin (1962): Matrilineal Clan-Lineage System of the Puyuma. Bulletin of the Department of Archaeology and Anthropology 19–20, 65–82.
– et al. (1954): Preliminary Report of the Ethnological Fieldworks in the Puyuma Tribe. Bulletin of the Department of Archaeology and Anthropology 3, 14–26, 71–92.
Weiss, Gabriele (1987): Elementarreligionen. Eine Einführung in die Religionsethnologie. Wien: Springer-Verlag.
Wiessner, Polly, and Akii Tumu (1998): Historical Vines. Enga Networks of Exchange, Ritual, and Warfare in Papua New Guinea. Washington: Smithsonian Institution Press.
Wilson, Monica (1954): Nyakyusa Ritual and Symbolism. American Anthropologist 56, 228–241.
Wirz, Paul (1952): Die Enga. Ein Beitrag zur Ethnographie eines Stammes im nordöstlichen zentralen Neuguinea. Zeitschrift für Ethnologie 77, 7–56.
Wise, Mary Ruth (1985): Indigenous Languages of Lowland Peru. History and Current Status. In: H. E. M. Klein and L. R. Stark (eds.): South American Indian Languages. Retrospect and Prospect; pp. 194–223. Austin: University of Texas Press.
– (1986): Grammatical Characteristics of Preandine Arawakan Languages of Peru. In: D. C. Derbyshire and G. K. Pullum (eds.): Handbook of Amazonian Languages, vol. 1; pp. 567–642. Berlin: Mouton de Gruyter.
Worms, Ernest A., und Helmut Petri (1968): Australische Eingeborenen-Religionen. In: H. Nevermann, E. A. Worms und H. Petri: Die Religionen der Südsee und Australiens; pp. 125–329. Stuttgart: W. Kohlhammer Verlag.
Wurm, Stephen. A. (1972): Languages of Australia and Tasmania. The Hague: Mouton.
– (1975): Eastern Central Trans-New Guinea Phylum Languages. In: S. A. Wurm (ed.): New Guinea Area Languages and Language Study; vol. 1: Papuan Languages and the New Guinea Linguistic Scene; pp. 461–526. Canberra: Pacific Linguistics.
– (1982): Papuan Languages of Oceania. Tübingen: Gunter Narr Verlag.
Yinger, J. Milton (1970): The Scientific Study of Religion. New York: Macmillan Publishing Company.
Yuan, Yvonne (1992): Migrate, Assimilate, or Integrate? Free China Review 42/6, 4–15.
Zinser, Hartmut (1986): Der Untergang des Aranda-Totemismus. In: H. Zinser (Hrsg.): Der Untergang der Religionen; pp. 183–191. Berlin: Dietrich Reimer Verlag.
Zuesse, Evan M. (1987): Ritual. In: M. Eliade (ed.): The Encyclopedia of Religion, vol. 12; pp. 405–422. New York: Macmillan.

8 REGISTER